河南省"十二五"普通高等教育规划教材

幼儿园教师资格考试试用系列教材

学前教育学

XUEQIAN JIAOYUXUE

主编 ◎ 岳亚平

郑州大学出版社
郑州

图书在版编目(CIP)数据

学前教育学/岳亚平主编. —郑州:郑州大学出版社,2017.7(2019.6 重印)
(河南省"十二五"普通高等教育规划教材)
ISBN 978-7-5645-4414-0

Ⅰ.①学… Ⅱ.①岳… Ⅲ.①学前教育-教育理论-高等学校-教材 Ⅳ.①G610

中国版本图书馆 CIP 数据核字(2017)第 136835 号

郑州大学出版社出版发行	
郑州市大学路 40 号	邮政编码:450052
出版人:张功员	发行部电话:0371-66966070
全国新华书店经销	
河南安泰彩印有限公司印制	
开本:890 mm×1 240 mm 1/16	
印张:10.5	
字数:343 千字	
版次:2017 年 7 月第 1 版	印次:2019 年 6 月第 3 次印刷
书号:ISBN 978-7-5645-4414-0	定价:26.00 元

本书如有印装质量问题,由本社负责调换

主编简介

岳亚平

　　南京师范大学学前教育学博士,河南大学教育科学学院教授,学前教育系主任,学科带头人,河南省幼儿教师教育专家。并任中国学前教育研究会理事,教师专业委员会委员。从事学前教育研究20多年,主要研究方向是学前教育基本理论和幼儿教师专业发展,先后在《学前教育研究》《教育导刊》等核心期刊上发表学术论文近70篇,主持和参与各级各类项目30余项,出版专著和参与编写著作10余部,获各类学术奖励30余项。

内容提要

本教材以生理学、心理学、教育学等学科为基础,较为系统地介绍了现代学前教育的基础知识和基本原理,以帮助学前教育专业学生了解学前教育理论的发展动态,明确不同年龄阶段学前儿童的心理特征和教育要领,形成正确的教育态度和理性的教育观念,并具备编制与实施具体教育方案的初步能力和对学前儿童实施科学保育和教育的技能。

本教材主要内容包括学前教育概论、学前教育与社会发展、学前教育与儿童发展、现代学前教育的基本观念、现代学前教育的基本理论、学前儿童的全面发展教育、幼儿园教育活动与环境设计、学前早期儿童的年龄特征与教育、幼儿园各年龄班幼儿的心理特征与教育、幼儿园教育的衔接与合作和幼儿园教师及其专业发展。每章前有本章概要,章后附有针对幼儿园教师资格考试的练习题,以利于学生对学习内容的理解和把握。

本教材是适用于学前教育专业学生的基础性教材,兼顾各级各类教育学院、教师进修学校等接受继续教育的幼儿园教师用书,同时也可以作为不同层级学前教育工作者的参考用书及培训教材。

作者名单

主　　编　岳亚平

副 主 编　田　燕

　　　　　　江苏第二师范学院副教授　博士

编　　委（按姓氏笔画排序）

　　　　　　王友缘

　　　　　　上海师范大学教师　博士

　　　　　　史　谨

　　　　　　首都师范大学教师　博士

　　　　　　李阿芳

　　　　　　河南师范大学教师　硕士

　　　　　　李　攀

　　　　　　石河子大学教师　硕士

　　　　　　张园园

　　　　　　江西萍乡学院教师　硕士

　　　　　　宋妍萍

　　　　　　郑州师范学院教师　博士

前 言

学前教育学是学前教育专业学生的专业必修课,是一门理论性与实践性相融合的基础性课程,在完成专业培养目标中起着重要作用。本教材是在国家大力发展学前教育、教师资格纳入全国统考的新的背景之下,集多位在学前教育领域从事教学和研究的学前教育工作者共同努力而完成的一本新编教材,并被评为"河南省'十二五'普通高等教育规划教材"。通过本教材的学习,我们力图达成以下目标:①引导学生了解学前教育在儿童发展过程及在整个教育系统中的地位与价值,掌握当代学前教育的先进理念及基本理论,形成科学的儿童观、教师观和教育观;②引导学生逐步树立学前教育工作者的专业意识,了解学前教育工作者的基本职责,激发对学前教育事业的热爱;③引导学生对0岁至入学前儿童的教育问题形成基本的认识和态度,掌握从事学前教育工作的基本知识与技能。在对基本概念认识的基础上,逐步形成关于学前教育的系统理论,进而为今后从事各个层级的学前教育工作和对学前儿童实施科学的保育与教育打下良好的专业基础。

与现有同类学前教育学的教材相比,本教材具有以下特点:

1. 基础性与前沿性的统一。本教材以学前教育专业学生应该掌握的基础知识、基本概念和原理为主,在全面介绍基础性内容的基础上,又融入了当代的学前教育理论和学术前沿问题。

2. 全面性与重点性的统一。本教材涵盖了学前教育学的基本内容,同时又重点突出地呈现了核心性的内容。对于为有专门课程研究的内容,比如幼儿园课程、学前儿童游戏等,在本教材中没有单独介绍,以免造成内容之间的重复。

3. 知识系统性与内在逻辑性的统一。本教材每一章节的内容,都是按照知识系统化的取向进行建构的,而每一章节之间又遵循教材内容的内在逻辑联系,以深入浅出的方式,把系统化的知识内容链接式地呈现出来,以便更有效地提高学习者的学习效率。

4. 理论性与实践性的统一。本教材既关注相关理论和科学理念的介绍,又关注理论指导下的实践方法与策略的应用,在坚持理论与实践紧密结合的前提之下,特别强调未来学前教育工作者实践意识和实践能力的培养。

本教材的参编者均是具有硕士以上学位的中青年学者,且直接从事学前教育领域的工作,拥有扎实的专业基础和较高的专业素养。全书编写分工如下:绪论,第一章,第六章第三节和第十章第一节由河南大学岳亚平教授(博士)编写;第三章,第四章,第七章和第十一章第一节由江苏第二师范学院田燕副教授(博士)编写;第二章和第五章由上海师范大学教师王友缘(博士)编写;第六章第一、第二、第四节和第五节由河南师范大学教师李阿芳编写;第八章由江西萍乡学院教师张园园编写;第九章由石河子大学教师李攀编写;第十章第二和第三节,由首都师范大学教师史谨(博士)编写;第十一章第二节、第三节和第四节,由郑州师范学院教师宋妍萍(博士)编写。本书的整体架构、纲目拟订和修改,由主编岳亚平教授和副主编田燕副教授共同完成,统稿工作由岳亚平教授独自完成。

  本教材的出版是全体编者共同努力的结果,我们力图使教材体系完整,内容丰富、新颖,结构合理并能汲取同类教材的优点,实现科学性、研究性和实用性的有机结合,提升学前教育学学科的公众形象。但我们深知由于能力有限和疏漏等问题的存在,本教材肯定有需要进一步改进和完善的地方,我们恳请所有使用该教材的师生提出宝贵意见,这将成为我们继续努力的方向和动力。

  本教材参考和引用了国内外学者的著作和研究成果,在此一并表示感谢。我们还要特别感谢郑州大学出版社为本教材提供的出版平台,感谢为本教材的出版付出细致而辛苦的努力的出版社工作人员。

编　者
2017 年 5 月

目 录

绪论	1
第一章 学前教育概述	4
第一节 学前教育的基础知识	4
第二节 学前教育的目标	7
第三节 学前教育理论的产生和发展	10
第二章 学前教育与社会发展	20
第一节 社会因素对学前教育的影响	20
第二节 学前教育对社会的能动作用	28
第三章 学前教育与儿童发展	32
第一节 儿童发展概述	32
第二节 影响儿童发展的因素	35
第三节 学前教育与儿童发展	37
第四章 现代学前教育的基本观念	41
第一节 儿童观的发展与演变	41
第二节 学前教育观	44
第三节 幼儿园教师观	47
第五章 现代学前教育的主要理论	50
第一节 多元智能理论	50
第二节 瑞吉欧学前教育理论	54
第三节 华德福学前教育理论	60
第六章 学前儿童全面发展教育	68
第一节 学前儿童全面发展教育概述	68
第二节 学前儿童德育	69
第三节 学前儿童智育	74
第四节 学前儿童体育	77

第五节 学前儿童美育	81

第七章　幼儿园教育活动与环境设计　87
第一节　幼儿园教育活动的组织与指导　87
第二节　幼儿园游戏活动的组织与指导　89
第三节　幼儿园生活活动的组织与指导　95
第四节　幼儿园环境与创设　97

第八章　学前早期儿童的年龄特征与教育　102
第一节　学前早期教育概述　102
第二节　0~1岁儿童的年龄特征与教育　105
第三节　1~3岁儿童的年龄特征与教育　110

第九章　幼儿园各年龄班幼儿的心理特征与教育　116
第一节　小班幼儿的心理特征与教育　116
第二节　中班幼儿的心理特征与教育　120
第三节　大班幼儿的心理特征与教育　123

第十章　幼儿园教育的衔接与合作　128
第一节　幼儿园与小学的衔接　128
第二节　幼儿园与家庭的合作　133
第三节　幼儿园与社区的合作　138

第十一章　幼儿园教师及其专业发展　143
第一节　幼儿园教师的职业特点及角色　143
第二节　幼儿园教师的专业标准　147
第三节　幼儿园教师的专业发展　151

参考文献　156

绪 论

学前教育学是教育学科的一个分支学科，是整个教育学体系的重要组成部分。由于教育的复杂性，使得教育学出现了许多分支学科，分别研究教育的不同领域。而学前教育学是专门研究出生至入学前儿童的教育现象，探索其特点和规律的一门学科。了解学前教育学的任务和意义，把握学前教育学的特点，掌握学习学前教育学的方法，是学好本门课程的基础和前提。

一、学前教育学的任务

学前教育学研究的范畴是学前社会教育中的主体，即托幼机构和幼儿园中的教育，同时，也为其他形式的学前社会教育和学前家庭教育提供科学的教育理论和方法。

（一）学前教育学承担着总结学前教育经验，研究和揭示学前教育规律的任务

学前教育学的首要任务就在于持续性地总结我国学前教育的经验，研究适合我国学前教育稳固发展的学前教育理论，并在不断引进和借鉴国外先进学前教育理论和实践经验的过程中，探讨和揭示出我国学前教育的发展规律及未来的发展趋势。

（二）学前教育学承担着指导学前教育实践，不断提高学前教育质量的任务

学前教育学既是一门理论学科，也是一门应用学科。其实践性较强的特点，决定了学前教育学不仅仅只探讨蕴藏在学前教育现象背后的内在规律，更重要的是把揭示出来的规律和建构出来的理论运用于学前教育的实践，指导学前教育工作者更新学前教育的理念，掌握科学的学前教育理论与方法，并在具体的教育教学过程中实施有效的教育行为，增强学前教育的科学性，提高学前教育的质量。

（三）学前教育学承担着向广大家长提供科学教育儿童的知识和方法的任务

学前教育是奠基性的教育，也是启蒙性的教育，其教育教学水平的高低直接影响着个体小学教育及其他教育阶段教育质量的高低。大量国内外的研究表明，学前时期是一个人一生中生长发育最迅速的时期，也是身心发展的关键期，儿童在这一时期蕴藏着巨大的发展潜力。正是因为如此，越来越多的家长在认识到学前教育重要性的同时，也深感自身学前教育理论知识和科学方法的缺乏。所以，学前教育学在担负着提高学前社会教育质量的同时，还肩负着为广大家长提供教育儿童的科学知识和正确的教育方法，使学前社会教育和学前家庭教育一起来共同高质量地完成学前教育目的的任务。

（四）学前教育学承担着把其研究的科学成果为国家和相关部门制定学前教育的政策与措施提供理论依据的任务

学前教育学是在教育基本原理指导下对学前教育规律进行专门研究的科学，其研究和探索出来的学前教育规律，既为丰富教育领域的内容提供了材料，又为我国制定学前教育方面的政策、措施及进行教育改革提供理论基础和现实依据。目前，国家颁发的一系列有关学前教育发展的纲要、文件等，就是根据我

国社会快速发展的需要和学前教育发展的内在需求,结合学前儿童生理、心理发展的基本特征,以学前教育规律为理论基础而制定出来的。

当前,我国的学前教育事业正处于加速发展的时期,学前教育理论也处在持续丰富和完善的状态之中。因此,在我国现有学前教育发展的基础之上,不断总结新经验、探讨新问题、揭示学前教育发展的客观规律,研究学前教育如何更好地为促进儿童的和谐发展服务,应成为学前教育学的重要任务。

二、学前教育学的特点

(一)学前教育学是一门年轻的学科

在古代哲学的著作中,很早就有关于学前教育学思想的详细论述。之后,在17、18世纪出现的一批教育论著中更系统、完整地论述了学前教育的思想。但一直到19世纪中叶,伴随着第一所学前教育的专门机构——幼儿园的建立,才使得学前教育学从教育学科中分离出来,成为一门独立的学科。与其他学科相比,学前教育学的建立至今不过一百多年的历史,是一门年轻的学科,还很不成熟,需要不断地丰富与完善。

(二)学前教育学是一门理论与实践相统一的学科

学前教育学的主要任务是对学前教育过程中的现象和问题进行理论的阐述和研究,进而挖掘出学前教育的基本规律,形成属于本学科的理论体系。由此看来,它是一门理论性较强的学科。同时,学前教育学的研究课题来自于学前教育的实践,而研究出来的规律和结果又进一步解决学前教育实践中的具体问题,直接服务于学前教育的实践,因而,学前教育学又是一门实践性很强的学科。理论性与实践性相统一的特点正是学前教育学不同于其他学科的特殊之处。

(三)学前教育学是一门综合性的学科

学前教育学是在广泛吸收相邻学科的基本理论和最新科研成果的基础上逐步建立起来的一门独立学科,其学科体系的形成、丰富与发展,均与其他相邻学科为其提供的多方面、多角度的理论支撑是分不开的。例如,学前教育学与哲学、人类学、社会学、生态学、文化学、卫生学、心理学、生理学、语言学等学科都有着十分密切的关系。

三、学习学前教育学的意义

(一)通过对学前教育基础知识和基本理论的学习,逐步形成正确的学前教育观念和态度

学前教育学是学前教育专业学生的专业必修课,具有专业基础理论课的特点。通过该课程的学习,可以引导学生对学前教育中的基本问题形成正确的认识和态度,在掌握当代学前教育基本知识和先进理念的基础上,逐步形成关于学前教育的系统理论,并为其他专业课程的学习奠定扎实的理论基础。

(二)提高对学前教师职业的认识,激发对学前教育事业的热爱

学前教育是基础教育的基础,而学前教师则是帮助儿童打好基础的重要导师,在学前儿童健康成长的过程中起着不可替代的作用。通过对学前教育学的学习,学生可以提高对学前教育工作重要性的认识,增强对幼儿教师职业的认识和认同,激发对学前教育事业的兴趣和热爱。

(三)培养学生的专业素养,为有效指导学前教育的实践工作奠定理论基础

学前教育学通过向学生介绍学前教育的发展历史、基本教育观念、现代学前理论、教学原则与方法、幼儿园与家庭的关系、幼儿园教师的职业特点和专业发展等基础性的问题,可以帮助学生储备专业知识,

掌握专业技能,培养专业素养,进而更好地运用学前教育的规律、原则和方法去指导学前教育的实践,从而提高学前教育实践工作的科学性和有效性。

四、学习学前教育学的方法

(一)基础性知识与拓展性知识的学习相结合

学前教育学的内容体系中包含着许多基本概念和基本原理,这是深入学习的基础和前提。学习学前教育学,首先需要梳理清楚其中的基础性知识,明确学前教育中的基本观念(如儿童观、教师观、教育观等),深入理解学前教育的基本理论。在精读教材的基础上,广泛涉猎相关学科的知识,参阅国内外有关学前教育的最新书籍和报刊,拓展学习的内容和范围。

(二)系统理论学习与专业能力提高相结合

学前教育学拥有完整的知识结构和理论体系,系统地学习学前教育的基本理论,把握好学前教育学中的一些基本事实和逻辑关系,是学习学前教育学的基本任务。同时,也要逐步形成对学前教育的基本态度,学会开展相关的专业活动,提高自身的理论素养和利用专业知识进行研究、实践、分析和解决问题的专业技能。

(三)理论研究与实践运用相结合

学习学前教育学的目的,不仅仅是获取有关学前教育的基本理论和掌握相关的理论研究成果,更多是为了运用理论知识对学前教育中的现实问题进行理智分析和科学判断,进而更有依据地去解决学前教育实践中的实际问题,以达到学以致用、学用结合的效果。

第一章 学前教育概述

本章概要

本章在介绍学前教育基础知识的基础上,对学前教育的目标进行了重点阐述,并从国外和国内两个维度,借助各发展阶段代表性人物有关学前教育的主要理论观点,详细介绍了学前教育理论产生和发展的基本过程。

第一节 学前教育的基础知识

一、学前教育的年龄对象

学前教育作为基础教育的基础,因其固有的客观规律而拥有自己特殊的研究对象。学前教育的年龄对象却因国家的不同、历史时期的不同和年龄阶段划分的不同而不同。

在我国古代,只有家庭教育而没有专门的学前教育机构。在国外,最早提出按儿童年龄分期实施教育的是17世纪捷克的教育家夸美纽斯。他提出,从出生到6岁前的儿童应接受"母育学校"的教育。这是早期对学前教育的年龄划分,相对比较粗略。幼儿园出现后,因幼儿园主要接收3至6岁的孩子,而把学前教育的年龄对象趋向于3岁至入学前的儿童,此时的教育被称为幼儿教育。新中国成立前的幼稚园接收4~8岁的儿童,称为幼稚生。新中国成立后,我国分别建立了托儿所和幼儿园,招收入学前的孩子,但学前教育只指向幼儿园阶段的教育。而苏联在20世纪60年代前已将学前儿童的年龄划分为"先学前期"(0~3岁)和"学前期"(3~7岁),以3岁为分界年龄。1978年9月,泰国曼谷举办了一次"学前教育新态度"的区域性专家会议,这次会议提出学前期应从胎儿开始直到受正式教育前的建议。1981年10月,联合国教科文组织在法国巴黎召开的"国际学前教育协商会议"上,又对学前教育的概念进行了专门讨论。会议认为:学前教育应是"能够激起出生直至进入小学的儿童的学习愿望,给他们学习体验,且有助于他们整体发展的活动总和"。

我们现在普遍认为,学前教育的年龄对象是出生到入学前的儿童(小学入学年龄因国家不同而不同)。它又细分成两个阶段的教育,即0~3岁的学前早期教育和3岁至入学前的学前教育。其中,0~3岁的教育我们又称作"婴儿教育"或先学前期教育。

二、学前教育的实施形式

学前教育的实施主要包括两种形式,即学前家庭教育和学前社会教育。

(一)学前家庭教育

学前家庭教育是利用家庭资源,并借助家长力量对学前儿童实施的教育。家庭教育的历史悠长,它是伴随着人类的发展和家庭的形成而存在的,具有领先性、长久性、单独性、随意性和随机性等特征。

孩子离开母体首先进入的就是家庭。家庭是孩子接触的第一所学校,父母是孩子的第一任教师,学前早期教育的影响是从家庭教育开始的。孩子在与父母朝夕相处的过程中,通过家庭生活方式的熏陶和家庭成员的言传身教,逐步获得了粗浅的生活经验、知识技能和初步的行为习惯。家庭教育是学前儿童接受教育的起点,是学校教育、社会教育的先导和准备。

(二)学前社会教育

学前社会教育是利用社会各方为学前儿童开设的集体保教机构或借助社区组织而开展的教育形式,主要包括学前机构教育和学前社区教育两种类型。与学前家庭教育相比,学前社会教育具有群体性、目标性、计划性和多样性等特征。

除了学前社区教育,学前社会教育中对学前儿童实施社会教育的主体还包括学前早期教育机构(招收0~3岁的儿童)和幼儿园(招收3岁至入学前的儿童)。此外,还有儿童玩具图书馆、儿童博物馆、儿童体验馆、儿童游泳馆、儿童游戏场、亲子活动室、儿童剧院等多种形式非正规的社会学前教育机构,它们以灵活自由的方式发挥着多样化的教育功能。

三、学前教育的意义

学前教育在儿童发展中具有重要的价值。它无论是对个体,对家庭还是社会的发展,都具有特殊的意义。

(一)学前教育对儿童个体发展的意义

1. 科学的学前教育有助于促进儿童的生长发育,提高儿童的身体素质

学前期是人一生中生长发育最为迅速的时期,身高、体重、脑重、神经系统等的发展速度都很快,机体的一切功能也都在加速发展。但同时,儿童身体的各种机能很不健全,对疾病的抵抗力弱,自我防御或规避危险的能力差,缺乏相应的生活能力,这就需要抚育人主动学习教养儿童的科学方法,确保儿童身体健康和生理机能的正常发展。

学前期还是儿童良好的生活习惯、卫生习惯和学习习惯逐步养成的重要时期。但良好习惯的养成是一个日积月累的过程,这需要我们坚持循序渐进的原则,根据孩子的年龄及现有水平和个性差异进行培养,不能急于求成,应由易到难,由少到多地进行。

2. 科学的学前教育有助于开发儿童的学习潜力,促进儿童智力的发展

近年来,大量脑科学的研究表明,学前期是儿童智力发展的关键期,学前儿童具有巨大的学习潜力。美国著名的佩里学前教育研究计划(Perry Preschool Program Study)是美国最早启动,也是最有名气的学前教育长期效果研究项目,其先后对123名3至4岁儿童(大部分是3岁儿童,且均是家境贫困、智商为60至90的低智商的黑人孩子;父母文化程度都较低,只受过八九年教育;居住同一地区,被试5岁后都进入同一幼儿园与学校)进行了近40年的实验跟踪研究。根据斯坦福智力测试结果显示,实验组三四岁儿童经过一至两年的高瞻—佩里早期教育方案以后,其智力水平明显胜过对比组:4岁时平均高出13分,5岁时高出11分,六七岁时高出5分。而后期的跟踪研究也表明,早期接受教育干预的儿童不仅以后"学习成绩好,精神发展迟缓与受特殊教育的少,中学毕业率高,文化水平高",而且"进大学的多,有职业的多,经济上能自立的多,领取救济金的少"。由此可以看出,学前期是儿童学习潜能发展的重要时期,儿童在这个时期所受的教育为其今后的智力发展起着全面的、奠基性的作用。

3. 科学的学前教育有助于促进儿童社会性和人格品质的发展

学前期是个体社会化的起始阶段,也是儿童的个性、性格、道德品质、行为习惯等逐步形成的重要时期。1978年,当75名诺贝尔奖获得者聚集一堂,记者问获奖者"您在哪所大学、哪个实验室学到了您认为最重要的东西"时,一位白发苍苍的学者沉思片刻回答道:"在幼儿园。"并说自己在幼儿园学到了最重要的东西:把自己的东西分一半给小伙伴;不是自己的东西不拿;东西要放整齐;吃饭前要洗手;做错了事情要表示歉意……由此可以看出,高质量的学前教育对于儿童社会性、人格的发展具有积极的促进作用。

4. 科学的学前教育有助于培育儿童的美感,促进儿童审美能力的发展

郭沫若先生曾经说过:"人类社会根本改造的步骤之一,应当是人的改造。人的根本改造应从儿童的情感教育,美的教育入手。"这些话语很好地诠释了学前儿童美育的重要价值。儿童天性爱美,他们喜欢鲜艳的颜色、明丽的色彩,喜欢唱歌跳舞,喜欢画画、做手工,喜欢听故事等。科学的学前教育正是借助以上的审美活动,满足儿童爱美的天性,萌发儿童的审美情趣,激发他们表现美、创造美的欲望,发展他们的审美能力。

(二)学前教育对社会发展的意义

学前教育是社会公共服务体系的一个重要组成部分,它以自己特有的功能服务于社会,对社会发挥着能动作用。学前教育通过解放妇女劳动力促进社会经济的发展,通过提高劳动力的素质促进社会生产力的发展,通过社会文化的传承促进社会文明的发展,并以最低的投入获取最大的社会经济效益。

戴维·维卡尔特(David Weikart)等研究人员在佩里学前教育研究计划的基础上,将佩里计划学前教育的开支(包括教职员工资、管理费、房费、孩子的供给)作为投入,把因学前教育而减少的特殊教育、拘留审讯费用及以后持续的福利救济费等支出作为效益,对学前教育的经济效益又进行了分析,计算结果为:每个孩子每学年学前教育投入4 818美元,效益29 000美元,即在学前教育上每投入1美元,其效益为6美元[1]。而其后的研究进一步表明,学前教育是一种最省钱、回报率最大的公共投资:在儿童到27岁时,投资回报率为1∶7.16;在这些儿童到40岁时,投资的总体回报率已高达1∶17.07。其中,对儿童个人的回报率为1∶4.17,对社会的回报率为1∶12.9。细致分析表明,社会回报中88%源于犯罪率的减少;4%源于教育开支(特殊教育与辅导,比如心理救助等)的减少;7%源于收入税的增加;1%来自于社会福利开支的减少[2]。由此可以看出,学前教育对社会发展的回报率远远高于对个体发展的回报率。

(三)学前教育对家庭的意义

孩子能否安全成长、健康发展,已经成为决定家庭生活是否和谐幸福、是否拥有高品质家庭生活质量的一个关键性因素。同时,家庭作为社会的基本单位,每一位学前儿童的教育既连接着家庭,也牵动着全社会。当前,随着国家对学前教育重视程度的持续提高和各项政策法规的不断颁布和实施,更多有品质的学前教育机构承担起了为家长参加工作和学习提供便利的任务。这就使得在广大家长普遍重视孩子学前教育的当代,学前教育的质量更成为家长关注的核心。

四、学前教育的基本原则

(一)尊重儿童的原则

儿童是作为一个独立的个体存在于社会之中的,他们拥有与成人一样的人的尊严和权利。成人应将儿童当成有独立人格的人来对待,尊重他们的思想感情、兴趣、爱好和需求,注意倾听他们的想法,尊重他们的意愿,使儿童意识到他们是这个社会中有价值、有能力、不可缺少的成员之一,从而建立起自信心,获得良好的自我认同和积极的自我概念,进而为其今后的持续发展奠定良好的人格基础。

(二)保教结合的原则

保教结合是我国学前教育的一大特色。"保"就是保护儿童的健康,包括身体方面、心理方面和社会方面。身体方面包括预防疾病,加强营养和锻炼,使儿童有健康的体魄;心理方面是指培养儿童良好的情

---

[1] 方明,陈厚云.幼儿教育影响长远——介绍美国学前教育长期效果的研究.教育科学研究,1995(5).
[2] Schweinhart, Lawrence (2006). The High/Scope Perry Preschool study through age 40: Summary, conclusions, and frequently asked questions. Retrieved April 28.

绪,注重其健康、积极的情感培育;社会方面是指培养儿童探索环境、适应社会的能力,注重培养儿童良好的交往能力,使儿童不仅有与他人交往的勇气,还要掌握与他人交往的技巧。"教"即按照德、智、体、美的要求,有目的、有计划地对儿童进行全面发展的教育。如合理安排儿童的饮食、睡眠,帮助他们养成良好的生活习惯;传授知识经验,发展智力、语言及社会适应能力;培养其积极的情感和良好的个性品质等。"保""教"之间是相互融合、同步进行的,是一个不可分割的统一体,即我们常说的"保中有教,教中有保"。

(三)重视个别差异的原则

每个儿童都是独立发展的个体,都有不同于其他儿童的身心发展的独特性。因此,在实施学前教育的过程中,教育者首先应该重视儿童个别差异的存在,同时还应该考虑到每个儿童的特殊需要,从每个儿童的差异性特点出发,有针对性地采取最有效、最合理的方式,因人而异地进行教育,使每个儿童在充分发挥自身优势和特长的过程中,在自己原有的水平上得到应有的发展。

(四)全面发展的原则

《幼儿园工作规程》(2016年版,下同)明确指出,对儿童"实施德、智、体、美等方面全面发展的教育,促进其身心和谐发展",它体现了国家对学前教育的根本要求,而学前教育正是在不断追求这一目标的过程中发展和提高的。全面发展的原则主要体现在:①学前儿童的发展是整体性发展而不是片面性发展;②学前儿童的发展是协调性的发展;③学前儿童的发展是有个性的发展。

(五)发展适宜性原则

发展适宜性原则是指学前教育既要符合儿童已有的发展水平,又要能够促进儿童在最近发展区之内的适度发展。"发展适宜性"包括年龄发展适宜性、个体发展适宜性和文化适宜性三个方面的内容:①年龄发展适宜性,即学前教育要与儿童的年龄相适应;②个体发展适宜性,即学前教育要与每位儿童的发展特点相适应;③文化适宜性,即学前教育要与每位儿童所处的文化背景相适应。学前教育工作者要学会关注儿童之间存在的个体差异和文化差异,尊重这种差异,创设机会建立相互尊重、相互分享和相互理解的人际环境。

(六)以游戏为基本活动的原则

游戏是儿童的正当权利,是儿童的基本活动。学前儿童正是在游戏中生活、游戏中学习和游戏中成长的。通过游戏,不仅可以促进儿童身体的健康和机体的正常发育,而且还可以促进儿童的感知能力、记忆能力、想象能力、思维能力、解决问题的能力和创造能力等认知能力的发展。同时,游戏又是儿童进行社会交往的起点,在游戏中,儿童学会了分享、合作、协商,学会运用游戏规则引导自己的行为和协调人际关系,从而促进社会性交往能力的发展。游戏还是一种积极的情感交往方式,它们可以丰富儿童的情绪情感,体验各种积极的情感和宣泄消极的情感,进而促进各类情感的产生。我们应该树立正确的游戏价值观,鼓励学前儿童的游戏行为,提供丰富的游戏材料和充足的游戏时间,确保游戏活动作为学前儿童基本活动地位的实现和各种游戏活动的正常开展。

第二节 学前教育的目标

一、学前教育目标的历史演进

学前教育目标是教育目的在学前教育阶段的具体体现,是国家对学前教育提出的人才培养规格和要求,它制约着学前教育任务的确定和内容的选择。

自1840年世界上第一所幼儿园开办以来,公共学前教育已走过了近两个世纪的发展历程。尽管世界各国因其政治、经济、文化等的不同而使各自的学前教育目标经历了不同的变化,但它们走过了大致相同的发展路径。总体来讲,学前教育目标主要经历了四个发展阶段:①以保育为主的阶段(19世纪中叶以前);②促进幼儿潜能发展的阶段(19世纪中叶至20世纪50年代);③以智力为主的阶段(20世纪50年代至80年代初);④促进幼儿个性全面发展的阶段(20世纪80年代至今)①。

由以上保教目标的演进过程可以看出,各国的学前教育目标不是一成不变的,而是具有明显的时代特征,它是随着社会和科学的不断进步而逐步发展、改进和完善的。

二、学前教育目标的价值取向

（一）目标的发展取向

儿童作为学前教育的对象,其身心发展既具有连续性,又具有阶段性,是一个从低一阶段向高一阶段渐进的过程。这就要求我们必须把儿童发展的实际水平、需要和可能性作为确定教育目标的基础和前提,而学前教育目标的制定,也必须改变急功近利、急于求成的短期行为,以促进儿童德、智、体、美全面和谐发展作为其根本性的发展目标。在整个教育目标体系中,儿童是教育活动的价值主体,儿童的发展应该是确定学前教育目标的出发点和落脚点。

（二）目标的教育取向

儿童从出生开始就拥有了各种发展的可能性,而教育是促使各种可能性转化为现实性的重要途径。促进儿童的身心和谐发展是学前教育的终极目标,但这一目标的实现唯有通过科学的方法,借助具体的教育内容才能完成。具体来讲,就是通过发挥儿童自身的主体性、独立性、创造性和教师有目的的教育教学活动,使儿童逐步获得语言、科学、社会、健康、艺术五大领域的基础性知识,形成基本的技能和素养,为未来的学习生活打下良好的基础。

（三）目标的社会取向

学前儿童接受教育的过程,也是社会要求逐步影响他们的过程。学前教育目标的制定,离不开对社会的政治、经济、文化、人口等多种因素的考察,而作为社会群体的一个组成部分,学前儿童又是以社会人的身份存在的。所以,学前教育目标的制定,也应考虑到学前教育的社会功能,通过社会领域的教育,帮助儿童养成良好的社会习惯和态度,从而使儿童的自然天性得以充分发展的同时,也能够拥有较强的社会发展与适应能力。

三、学前教育目标的层次结构

教育目标具有一定的层级性,学前教育目标作为国家教育总目标中的一个阶段性目标,只有层层分解,逐步转化为操作性强的具体目标,才能成为日常教育教学工作的有效依据。目标的逐级分解形成了学前教育目标的金字塔结构。

如果以时间纬度来划分,学前教育的目标可分为五个层次:①学前教育的总目标,即《幼儿园工作规程》中规定的纲领性目标;②学前教育的年龄班目标;③学前教育的学期目标;④学前教育的月计划或周计划目标;⑤活动目标。

如果以教育目标的范围来划分,学前教育的目标也可分为五个层次:①学前教育的总目标;②各幼儿园的教育目标;③各年龄班的教育目标;④各领域目标;⑤教育行为目标。

---

① 蔡迎旗著.学前教育概论.武汉:华中师范大学出版社,2006:140.

四、学前教育的保教目标

"贯彻国家的教育方针,按照保育与教育相结合的原则,遵循幼儿身心发展特点和规律,实施德、智、体、美等方面全面发展的教育,促进幼儿身心和谐发展",是《幼儿园工作规程》中关于我国学前教育总目标的完整表述。由于我国的学前社会教育机构主要包括托幼机构和幼儿园,因此,我国学前教育的目标包括托幼机构的保教目标和幼儿园的保教目标。

(一)托幼机构的保教目标

托幼机构是对 0~3 岁儿童实施集体保育和教育的机构。1981 年,卫生部妇幼卫生局颁发的《三岁前小儿教养大纲(草案)》提出我国托幼机构总的保教目标为:"培养小儿在德、智、体、美各方面得到发展,为造就体魄健壮、智力发达、品德良好的社会主义新一代打下基础。"具体要求是:

(1)发展小儿的基本动作,进行适当的体格锻炼,增强儿童的抵抗力,提高婴幼儿的健康水平,促进身心正常发展。

(2)发展小儿模仿、理解和运用语言的能力,通过语言及认识周围环境事物,使小儿智力得到发展,并获得简单知识。

(3)进行友爱、礼貌、诚实、勇敢等良好的品德教育。

(4)培养小儿的饮食、睡眠、衣着、盥洗、与人交往等各个方面的文明卫生习惯及美的观念。

该目标只是比较笼统地提出了 3 岁以下儿童身心发展的几个方面,未明确指出各年龄阶段的发展目标和应达到的理想水平,指导性不强,且时间太久,亟须结合当代儿童的身心发展水平制定更具体、更新的托儿所保教目标。

(二)幼儿园的保教目标

幼儿园是对 3 周岁以上学龄前儿童实施保育和教育的机构。2016 年,教育部颁布实施的新的《幼儿园工作规程》中,具体规定了现阶段我国幼儿园的保教目标:

(1)促进幼儿身体正常发育和机能的协调发展,增强体质,促进心理健康,培养良好的生活习惯、卫生习惯和参加体育活动的兴趣。

(2)发展幼儿智力,培养正确运用感官和运用语言交往的基本能力,增进对环境的认识,培养有益的兴趣和求知欲望,培养初步的动手探究能力。

(3)萌发幼儿爱祖国、爱家乡、爱集体、爱劳动、爱科学的情感,培养诚实、自信、友爱、勇敢、勤学、好问、爱护公物、克服困难、讲礼貌、守纪律等良好的品德行为和习惯,以及活泼开朗的性格。

(4)培养幼儿初步感受美和表现美的情趣和能力。

新的幼儿园保教目标更符合儿童身心发展的年龄特点,更全面、翔实,也更切合时代的要求。

(三)五大领域的保教目标

2001 年 9 月,在深入实施素质教育的基础上,教育部根据儿童身心发展的特点和新的社会发展要求,正式颁布了《幼儿园教育指导纲要(试行)》,以全面提高幼儿园的教育质量。与以往的学前教育目标相比,现行《幼儿园教育指导纲要(试行)》中提出的教育目标更明确、更具体,可操作性更强。它对幼儿园教师思想和观念的规范作用,对教育过程的指导和控制作用以及对儿童发展的规范、评价作用会发挥得更加淋漓尽致。

《幼儿园教育指导纲要(试行)》指出,幼儿园的教育内容是全面的、启蒙性的,并将幼儿园的教育内容相对划分为健康、语言、社会、科学、艺术五个领域,同时也相应提出了五大领域的教育目标。

1. 健康领域

(1)身体健康,在集体生活中情绪安定、愉快。

(2)生活、卫生习惯良好,有基本的生活自理能力。

(3)知道必要的安全保健常识,学习保护自己。
(4)喜欢参加体育活动,动作协调、灵活。

2. 语言领域
(1)乐意与人交谈,讲话礼貌。
(2)注意倾听对方讲话,理解日常用语。
(3)清楚地说出自己想说的事。
(4)喜欢听故事、看图书。
(5)听懂和会说普通话。

3. 社会领域
(1)主动参与各种活动,有自信心。
(2)乐意与人交往,学习互助、合作和分享,有同情心。
(3)理解并遵守日常生活中基本的社会行为规则。
(4)努力做好力所能及的事,不怕困难,有初步的责任感。
(5)爱父母长辈、老师和同伴,爱集体、爱家乡、爱祖国。

4. 科学领域
(1)对周围的事物、现象感兴趣,有好奇心和求知欲。
(2)运用各种感官,动手动脑,探究问题。
(3)用适当的方式表达、交流探索的过程和结果。
(4)从生活和游戏中感受事物的数量关系并体验到数学的重要和有趣。
(5)爱护动植物,关心周围环境,亲近大自然,珍惜自然资源,有初步的环保意识。

5. 艺术领域
(1)初步感受并喜爱环境、生活和艺术中的美。
(2)喜欢参加艺术活动,并能大胆地表现自己的情感和体验。
(3)用自己喜欢的方式进行艺术表现活动。

第三节 学前教育理论的产生和发展

学前教育理论的产生、建立和发展经历了一个漫长的历史过程。

一、国外学前教育理论的产生与发展

国外学前教育理论的产生与发展主要经历了五个阶段。

(一)学前教育理论的孕育阶段(从原始社会至16世纪)

学前教育的思想早在古希腊时期就已显现,只是没有系统化和理论化,其主要是在一些哲学、政治学和社会学的著作中对学前教育的实践和经验进行了总结和论述。

1. 柏拉图(公元前427—公元前347)

柏拉图的著名政治论著是《理想国》和《法律篇》,但其中却包含了许多关于学前教育的主张。

(1)强调学前教育的重要性。柏拉图是第一个论述学前教育重要性的人。他认为对儿童越早教育越好。除此之外,他还论述了儿童优生优育的问题,并主张胎教。

(2)主张对学前儿童实施公共教育。柏拉图是第一个提出学前社会教育主张的人。他认为,从学前期开始,应由国家对哲学家、军人、农民和手工业者的子女(不包括奴隶的子女)进行公共教育。

(3)重视游戏、体育、唱歌、讲故事等活动对学前儿童发展的价值。因为游戏符合儿童的天性,体育可以强健儿童的身体,唱歌可以陶冶儿童的心灵,而讲故事则可以培养儿童的美德。柏拉图的这些主张,标志着学前公共教育思想的诞生。

2. 亚里士多德（公元前384—公元前322）

亚里士多德主要是在其著名的哲学著作《政治观》中阐述了他的学前教育思想。他主张教育应成为国家的事业，自由民都要接受教育，并第一次提出了划分年龄阶段的问题。他根据人的生长发育情况，以7年划分为一个自然阶段，每一阶段都提出了该阶段的教育重点。

柏拉图和亚里士多德提出的学前教育主张，只是对其生活时代学前教育经验的总结，带有一定的阶级偏见。同时，由于社会和历史发展的局限，部分学前教育的主张在当时也很难得到实现。

（二）学前教育理论的萌芽阶段（17世纪至19世纪初期）

14世纪以前的西方"原罪说"盛行，它认为儿童天生是来赎罪的，并把希望寄托于来世的天堂，由此带来的是人的精神受到压抑，头脑受到禁锢，身体受到奴役。直到14世纪震撼欧洲、声势浩大的文艺复兴运动的爆发，才使得人文主义"反对神权统治，崇拜人的解放和人的作为，主张发展人的个性"的世界观得以传播并渗透到教育领域。教育学开始从哲学、政治学中分离出来并成为一门独立的学科。与此同时也产生了一批颇具影响力的教育家和教育专著，而关于学前教育理论的论述也较之前更系统、更完整地呈现在教育论著之中。

1. 夸美纽斯（1592—1670）

夸美纽斯是捷克著名的教育家，其教育代表作有《大教学论》《母育学校》《世界图解》等。

《大教学论》是近代教育理论的奠基之作，该书包含了许多关于学前教育的思想。其中，夸美纽斯提出理想的学制涉及从出生的婴儿到24岁的青年，以6年作为划分的界限，第一阶段0~6岁的儿童应进入的是"母育学校"，这是由母亲对孩子进行的一种家庭教育。

《母育学校》是夸美纽斯为父母们编写的一本儿童教育手册，是历史上第一本学前教育的专著，该书集中阐述了他的学前教育思想。

《世界图解》是夸美纽斯根据"通过眼见耳闻来学习"的观点编写的带有插图的教科书，是直接放到儿童手里的读物。该书包括对儿童知识教育的20个项目，每个项目均用图像来表示，并在每幅图的上端写出它所代表的物体名称。

2. 卢梭（1712—1778）

卢梭是法国教育家，其教育名著是《爱弥儿》。该书是以遵循自然成长的法则为基础，设计了一个贵族出身的爱弥儿受教育的蓝图。在书中，卢梭提出了"提倡自然教育""教育应注重儿童精神的存在""重视感官训练"等学前教育主张。

卢梭关于学前教育的许多思想，在推动当时社会重视儿童的自然天性、关注儿童内在的发展规律等方面具有不可忽视的作用，对后世学前教育的理论建构也做出了重要的贡献。首先是"儿童的发现"。他认为儿童不是小大人，儿童有他自己独特的生活；儿童期的存在是自然规律，并非单纯地为成年生活做准备，它具有独立存在的价值。其次是强调教育应当尊重自然，反对揠苗助长①。在卢梭看来，教育就是通过"人的教育"来培养"生活在社会中的自然人"，而学前教育则力图通过"事物的教育"来实现培养"自然人"的目的。

3. 裴斯泰洛齐（1746—1827）

裴斯泰洛齐是瑞士民主主义教育家，他在《林哈德和葛笃德》一书中集中呈现了他的学前教育思想：

（1）非常重视学前教育。

（2）学前教育论就是家庭教育论。

（3）提出了直观教学的思想。

（4）强调儿童身体、智力和道德的发展。

裴斯泰洛齐把自己的一生贡献给了教育事业，并一直为儿童的美好未来而进行斗争，被誉为"孤儿教

---

① 刘晓东，卢乐珍等著．学前教育学．南京：江苏教育出版社，2009：4．

育之父"和"贫民教育家"。

4. 欧文(1771—1858)

欧文是英国空想社会主义者,著有《新社会观》《新道德世界书》《人类思想和实践中的革命》等。欧文十分重视儿童性格的养成。他认为,造就适应新社会的人,需要养成良好的性格,而良好性格的形成,是人和环境相互作用的结果。但一般贫民没有条件和能力来教育孩子,为此,欧文为贫民的孩子开设游戏场并派专人进行管理。1816年,欧文还在苏格兰纽纳克纺织厂附近,创办了世界上第一所专为工人子女创办的学前教育机构——性格形成新学园,以期借助良好环境中丰富的自然物和人工物,通过音乐、舞蹈、户外游戏、运动、谈话、直观教学及儿童集体内部的交流等,把他们培养成为健康、快乐、合乎理性的孩子。欧文主张利用公共教育促进学前儿童发展的思想及其办园的方式,为其后学前公共教育机构的创建奠定了基础。

(三)学前教育理论的初创阶段(19世纪中期)

伴随着专门的学前社会教育机构——幼儿园的建立,学前教育学从教育学科中正式分离了出来,成为一门独立的学科,从此进入学前教育理论的初创阶段。在这一时期,德国著名的学前教育家福禄贝尔(1782—1852),为学前教育理论的产生和发展做出了重要贡献。

福禄贝尔的著作有《人的教育》《幼儿园教育学》《慈母游戏和儿歌》《幼儿园书信集》等。1837年,福禄贝尔在德国的勃兰根堡创建了一所"幼儿学校",专门接收3~7岁的儿童。1840年又将此学校改名为幼儿园(Kindergarten),世界上第一所幼儿园正式建立。在这里,他研究幼儿园的教学方法,积极倡导开办幼儿园,并通过讲习班等形式培训了大批幼儿园教师,他也由此被誉为"学前教育之父"。

1. 学前教育思想

(1)学前教育应当适应儿童的发展。福禄贝尔认为,人自出生起,在其内部就存在着处于萌芽状态的既完美又善良的东西,而教育的目的,就是助长这些内在东西的发展,因此,真正的教育是遵循儿童自然天性的教育。

(2)学前教育是循序渐进的发展过程。福禄贝尔认为,人的发展要经历从婴儿、幼儿、少年、青年到成年,乃至老年这样一个无间断且连续性的发展过程,每一阶段既是前一阶段的延续又是后一阶段的开始。如果中间出现明显的阶段界限或极端的对立过程,那将会从根本上危害、妨碍甚至破坏人的继续发展,而人的生命精髓也将因此而被忽略。每一阶段都应按照该阶段的教育重点实施教育,且婴儿期和幼儿期的教育最为重要。

(3)学前教育应促进儿童的全面发展。福禄贝尔认为,学前教育的任务是"为儿童的全面发展进行全面的引导",而不是过早地接受某一特殊领域的专业训练。学前儿童应当成为不仅是身体上受到照顾的对象,而且是承受全面教育的对象。

(4)游戏具有重要的教育价值。福禄贝尔认为,儿童具有"活动冲动与造型冲动",而游戏是满足并培育这种冲动的主要方式。他以活动和游戏为主要内容建立了一套完整的课程体系,并详细论述了儿童游戏的教育价值。福禄贝尔是第一个承认游戏教育价值的教育家。

2. 学前教育的方法

(1)在自主活动中发展。福禄贝尔认为,儿童是在自由自主的各种活动中实现身心两方面的发展的。学前教育应该借助不同类型的活动来丰富儿童的知识,发展儿童的能力。特别是在幼儿园里,教师要专门设计发展儿童的活动能力、感知能力和智力等几方面的活动,以促使教育过程能够达到"想和做的统一,认识和行动的统一,知识和能力的统一"。

(2)在快乐游戏中发展。福禄贝尔认为,游戏能够给儿童带来快乐、自由和满足,游戏的价值就在于游戏活动的本身,游戏活动的过程既是目的,又是动机,通过游戏实施学前教育是最佳的教育方式。

(3)在操作"恩物"中发展。"恩物"是福禄贝尔为儿童设计的一系列活动玩具材料。命名为"恩物"即意为"神恩赐儿童的玩具",是根据自然界的法则、性质、形状等用简单的物体制成,作为儿童了解自然、认识自然的初步训练。"恩物"不仅为儿童提供了"玩物",而且还考虑到游戏和作业的趣味性和创造性。

(4)在耕作园地中发展。福禄贝尔认为,幼儿园应该为孩子开辟可以耕作和种植的园地以作为教育的实践基地。这个园地包括集体园地和个人园地。通过园地中的耕作活动,可以培养儿童的观察力、动手能力、责任感和与他人友好相处的美好品质。

福禄贝尔的教育思想和教学活动在学前教育理论和实践的发展中起到了积极的作用,他的学前教育体系在许多国家获得了极大的声誉。至此,学前教育已成为一门独立的学科。

(四)学前教育理论流派的多样化阶段(19世纪后期至20世纪中期)

进入20世纪之后,学前教育理论开始呈现风起云涌之势,形成了相互吸收又各具特色的理论流派,学前教育进入理论流派的多样化时期。

1. 杜威的学前教育理论

杜威(1859—1952)是20世纪最伟大的教育思想家之一。他的著作主要有《民主主义与教育》《经验与教育》《儿童与课程》等。杜威认为,教育是从出生开始贯穿于终身的学习过程,是不断适应新情况的经验再组织过程,而儿童正是通过生活过程中的直接经验和行动来学习的。对儿童来说,生活本身就是教育,我们不能把儿童总是摆在受教育的被动地位上,而应该以儿童为中心,充分发挥主观能动性在儿童学习过程中的重大作用,增强他们自身的求知欲望,提高他们自我生长的能力。

尽管杜威没有专门论及学前教育和从事学前教育的实践,但他所阐述的教育与发展的关系,即"教育即生长,教育即生活,教育即经验的不断改造"的论述,却成为20世纪前期关于学前教育发展的重要理论基础。他针对传统教育"以学科作为教育中心"的弊病提出的"儿童中心论"的思想,对学前教育的实践产生了巨大影响,推动了进步主义教育运动的发展。

2. 蒙台梭利的学前教育理论

蒙台梭利(1870—1952)是继福禄贝尔之后对学前教育理论产生重大影响的意大利著名的学前教育家。她的主要著作有《蒙台梭利教学法》《童年的秘密》《儿童的发现》《吸收的心智》等。

蒙台梭利以她广博的医学、生物学、哲学、心理学、教育学、人类学和精神病理学等知识为基础,在教育实践的过程中形成了她的学前教育理论。

(1)儿童具有与生俱来的"内在生命力"。蒙台梭利认为,儿童生长的过程其实就是其内在生命潜力发展的过程,教育的目的就在于发现儿童的"生命法则",激发儿童的内在潜力,并按照儿童生命发展的自身规律促进其自然和自由的发展。

(2)儿童具有吸收的心智。蒙台梭利认为,"儿童具有一种天赋的、强烈的内在能力和不断发展的积极力量,就像海绵吸水一样,能持续地从环境中吸收感觉信息"①,且儿童具有吸收力的心理发展过程经历了从出生到3岁的无意识吸收阶段和3到6岁的有意识吸收阶段。

(3)儿童具有成长的敏感期。蒙台梭利认为,儿童在生命发展的每一阶段都会对某种外部的条件特别敏感,从而表现出某种比较明显的心理倾向性,而过了这个特定的时期其敏感性则会自然消失,且永远不会使其复原。因此,教育者应利用好敏感期确保各阶段特性的充分发展。

(4)科学的教育应当尊重儿童自由发展的权利。蒙台梭利认为,每个孩子在成长的过程中,都具有自我成长的潜能并拥有遵循自我内在法则的"自由",他们通过自由活动、自我控制、自我教育的方式来满足自我发展的需求。但"自由"与"放纵""为所欲为"是完全不同的,她所说的"自由"是包含着"自律"与"自治"的"自由"。

蒙台梭利为了实现她的教育思想,1907年,她开始建立学前教育机构——儿童之家进行教育实验,并根据儿童生理和心理的发展特点,逐步形成了一套独特、系统的教育方法,即著名的蒙台梭利法。这套方法主要由三个部分组成:①有准备的环境;②消极的教师;③科学的教具。教具是蒙台梭利教学法中最重要的部分,它是根据儿童身心特点及所提供环境的需要来设计的,主要包括日常生活训练的教具、感官教具、学术性教具和文化艺术性教具四类。

---

① 李生兰著. 学前教育学. 上海:华东师范大学出版社,2010:8.

3. 皮亚杰的学前教育理论

皮亚杰(1896—1980)是瑞士著名的心理学家,是发生认识论的创始人,其创建的认知发展理论是对学前教育影响最大的理论。皮亚杰主要在《教育科学和儿童心理学》及《理解即是发明——展望未来教育》两部著作中,阐述了他的学前教育思想。

(1)提出了儿童认知发展阶段说。他把儿童的认知发展分为四个阶段:感知运动阶段(0~2岁),前运算阶段(2~7岁),具体运算阶段(7~12岁)和形式运算思维阶段(12~15岁)。各阶段都有其独特的心理结构,前一阶段是后一阶段的基础,后一阶段是前一阶段的发展,二者有一定的交叉,但又有着质的区别。

(2)重视儿童的智慧发展问题。皮亚杰认为,人的适应过程具有同化和顺应两大功能,主体主要是通过动作与客体发生联系,并不断地实现着同化和顺应之间的循环适应状态。儿童智慧的发展,就是同化与顺应的平衡达到最高水平的状态和能力。

(3)强调活动的重要性。皮亚杰认为,"知识来源于动作,而非源于物体",动作是连接主客体的桥梁和中介,一切知识是主客体相互作用的产物,儿童通过活动方式获取的知识才是真正的知识。

(4)强调兴趣与需要对儿童发展的重要价值。皮亚杰认为,兴趣和需要对儿童心理的发展起着动力作用,教育只有从每名儿童的特殊兴趣和需要出发,才能达到教育的应有效果。

4. 维果斯基的学前教育理论

维果斯基(1896—1934)是苏联早期著名的心理学家,其著作主要包括《思维和语言》《学龄前期的教学与发展》《学龄期教学与智力发展的问题》等。维果斯基关于学前教育的基本观点如下:

(1)社会文化是影响学前儿童心理发展的决定因素。维果斯基是"文化—历史"理论学派的创始人,他认为,社会文化在儿童的发展中起着决定性的作用,学前儿童心理发展的源泉就来自于不断变化着的社会文化。

(2)语言是促进学前儿童认知发展的工具。维果斯基提出了"符号中介说",详细论述了语言在儿童认知发展中的作用和价值。他认为,语言是思考和认知的工具,正是有了语言,学前儿童才能逐步从直接的、不随意的、自然的低级心理机能逐步走向间接的、随意的、社会的高级心理机能。

(3)学前儿童的心理发展是通过"内化"机制实现的。维果斯基的"心理发展内化说"告诉人们,"任何高级的心理活动形式最初都是作为外部形式的活动而形成,而后以语言为中介,移至内部作为内部的活动形式,才能默默地在头脑中进行"[①]。而教育教学活动的过程就是儿童内化人类经验,促进内部机能发展的过程。

(4)提出了著名的"最近发展区"理论。"最近发展区"即儿童现有的发展水平(儿童独立完成任务所达到的水平)与儿童潜在的发展水平(在教师或其他成人帮助下完成任务所达到的水平)之间的距离。"最近发展区"的理论告诉人们:教育在儿童发展中起着主导和促进作用,教育教学应该走在儿童发展的前面,但不能超越儿童身心发展的可能性,教育教学的作用就在于创造"最近发展区",推动儿童内部机能的不断发展。

5. 格塞尔的成熟发展理论

格塞尔(1880—1961)是美国著名的心理学家。1915年,他创办了"格塞尔儿童发展研究中心"(起初为儿童发展诊所)。在这里,他一直致力于儿童发展的研究,并在经过近半个世纪对儿童发展的实验研究后,提出了著名的成熟发展理论。

成熟发展理论认为:儿童的发展是一个有规律的、依照顺序模式展开的过程,而这个模式是由机体的成熟预先决定和表现的。所有儿童都按照这样的顺序发展,但发展速度则由每个儿童的遗传类型来决定。环境和教育虽然会对儿童的发展起到一定的影响作用,但它们不是发展的主要原因,只是给发展提供了适当的时机而已,成熟则是儿童发展中的主导性因素。

格塞尔著名的"双生子爬楼梯"实验对其理论起到了很大的支撑作用。在该实验中,格塞尔让一对

---

① 蔡迎旗著.学前教育概论.武汉:华中师范大学出版社,2006:21.

同卵双胞胎练习爬楼梯。其中一个为实验对象(代号为T),在他出生后的第46周开始练习爬楼梯,每天练习10分钟。另外一个(代号为C)在他出生后的第52周开始接受同样的训练。两个孩子都练习到他们满54周的时候,T练了8周,C只练了2周。那么,这两个小孩哪个爬楼梯的水平高一些呢?实验结果出人意料,C在10秒钟内爬上那特制的五级楼梯的最高层,T则需要20秒钟才能完成。只练了2周的C爬楼梯的水平比练了8周的T好。

格塞尔指出,46周就开始练习爬楼梯,为时尚早,孩子没有做好成熟的准备,所以训练只能取得事倍功半的效果;52周开始爬楼梯,这个时间孩子做好了成熟的准备,所以训练就能达到事半功倍的效果。格赛尔认为,教育要尊重孩子的实际水平,在孩子尚未成熟之前,要耐心地等待,不要违背孩子发展的自然规律,不要违背孩子发展的内在"时间表"人为地通过训练加速孩子的发展。

尽管该理论因过分夸大生理成熟的作用而忽视了儿童发展的其他条件,但该理论对学前教育理论发展的贡献却是不容忽视的。具体体现在以下三个方面:①学前教育应建立在儿童身心成熟的基础之上,循序渐进;②学前教育应考虑到儿童的个别差异,因材施教;③量表提供的年龄常模为儿童行为的早期诊断提供了依据。

6. 班图拉的社会学习理论

班图拉(1925—)是美国的心理学家,他在吸收行为主义和认知心理学理论的基础之上提出了著名的社会学习理论。该理论认为:儿童的学习不是简单的"刺激—反应式"的学习,而主要是在一定社会情境中,借助观察他人的行为及其结果而完成的学习过程,观察是儿童行为及个性形成的重要方式。该过程主要经历了四个基本阶段:对榜样示范者的注意过程—模仿行为的保持过程—运动复现过程—动机过程,而这四个过程是紧密相联的。

社会学习理论对学前教育的影响主要表现在:①重视个人和环境因素对儿童学习的影响;②给儿童树立良好的榜样;③正确运用奖惩方式。

(五)现代学前教育理论的发展阶段(20世纪中期至今)

20世纪中期以来,学前教育逐步成为世界范围内的热门话题,学前教育学也开始从一门新的独立学科逐步发展成为具有完善体系的学科,而且学前教育理论更加多样化和科学化,并呈现高度分化的局面。该阶段主要呈现出以下三个方面的特征。

1. 学前教育理论在邻近学科的发展之下走向更加科学的理论建构

20世纪中期之后,随着研究方式的改变和实验条件的改进,生理学、神经学、卫生学、心理学等邻近学科迅猛发展,特别是儿童脑科学和儿童心理学研究成果的不断涌现,为学前教育理论的进一步发展提供了新的科学依据。在此影响之下,学前教育理论的建构逐步摆脱了经验的总结,走向了有科学基础的理论建构。

2. 多学科视野下的学前教育理论研究逐步深入

伴随着生态学、人类学、社会学等学科与教育学科的不断融合,儿童教育生态学、儿童教育人类学、儿童教育社会学等交叉性的学前教育领域学科开始逐步出现,并带来了学前教育理论研究范围的扩大和研究内容的更新,由此也形成了新的理论观点。

3. 学前教育理论的发展与课程方案的形成相结合

现代学前教育理论的发展,不再仅仅定位在理论的丰富与完善,而更加强调理论建构对学前教育实践的指导价值,并逐步生成了相关的课程方案。比如以多元智能理论为基础的光谱方案,以瑞吉欧学前教育理论为基础的生成课程等。

二、我国学前教育理论的产生与发展

我国自古以来都重视对学前儿童的早期教育,但教育的实施形式主要是学前家庭教育,而学前社会教育的实施却相对较晚,由此致使我国的学前教育理论经历了一个滞后而又曲折的发展过程。

(一)学前教育理论的孕育阶段(1840年前)

在我国,学前教育理论的建立尽管是近代之事,但实际上,关于学前教育思想的论述自古就有,主要散见在哲学、政治学、医学、蒙学等著作中。我国古代封建社会较长,其生产方式又是自给自足的小农经济,因此,在这一时期,儿童接受的是家庭式的学前启蒙教育,该阶段的学前教育思想也体现出以家庭为背景的学前教育特征。其中,颜之推、王守仁、司马光、朱熹等在其各自的论著中表述了他们的学前教育主张。

该时期的学前教育思想主要体现在以下几个方面:

(1)重视早期教育,重视胎教。
(2)重视家庭教育对儿童的特殊价值。
(3)重视环境教育对儿童潜移默化的作用。
(4)重视儿童的道德教育和日常行为规范的养成。
(5)重视教育方法中的循循善诱,量资循序。

(二)学前教育理论的萌芽阶段(1840—1903)

1840年,当世界上第一所幼儿园由福禄贝尔在德国创立之时,英帝国的大炮却轰开了中国的国门,他们在进行军事占领、政治控制和经济掠夺的同时,也开始加强文化的入侵。在这样的背景之下,中国传统的以家庭为主体实施学前早期教育的模式开始受到冲击。而到了19世纪后期,随着反帝反封建旧民主主义革命的兴起和西方资产阶级教育思想的传入,国内一批具有先进思想的改良人士开始不断把国外的学前教育思想引入到中国的教育领域,建立和推广学前社会教育的思想开始萌芽并逐步深入。这一时期我国的学前教育呈现出以下特征。

1. 提出了实施学前公共教育的主张

维新运动的领导人康有为在其代表作《大同书》中,首次提出了"公养人且公教之,人人皆自幼而学"的思想,主张由政府对儿童实施公共教育。他借鉴福禄贝尔的经验,把学前儿童分为几个阶段,根据不同的阶段设置不同的教育结构。他还从入园资格、环境设置、教养宗旨、教养员职责、管理制度等方面提出了具体要求。尽管他的教育理想未能实现,但却较为全面地论述了学前教育的思想,他是我国第一个倡导公共学前教育主张的思想家。

2. 引进了国外的学前教育思想

1902年,梁启超借鉴西方按照年龄实施分期教育的方式,提出了"教育期区分表",并把5岁以下的儿童列入"家庭教育期"和"幼稚园期"的教育范畴。他还最早将日本的幼儿园制度介绍到了中国[①]。20世纪初,冯世德在其《新教育学》一书中,除了介绍裴斯泰洛齐、康德、斯宾塞等人的教育思想外,还阐述了儿童早期教育的必要性。

3. 慈善性质的学前教育机构已建立且数量较多

鸦片战争后,西方传教士在将西方的学前教育思想介绍到中国的同时,也开始在教会机构中附设育婴堂、孤儿院等具有慈善性质的养育场所。而"大约从19世纪80年代起,外国教会在中国沿海开始办有近代性质的幼儿教育机构,以后数量不断增加"[②]。这一时期学前教育机构的发展没有整体的规划,基本处于自发状态,学前教育的内容、方法,甚至设备和玩具,也主要效仿国外,并从效仿日本后转为效仿西方。

(三)学前教育理论的建立阶段(1903—1949)

清朝末年,西方学前教育的思想经由一些具有民族精神的思想家引进到了中国,而教会幼儿园的增

---

① 陈汉才著. 中国古代幼儿教育史. 广州:广东高等教育出版社,1996:276.
② 刘晓东,卢乐珍等著. 学前教育学. 南京:江苏教育出版社,2009:13.

多和教育改革呼声的高涨,促使清政府在1902年指定管学大臣张百熙制定了《钦定学堂章程》,其中把初等教育分为三期:蒙学堂为四年,寻常小学堂和高等小学堂各为三年,而蒙学堂实施的即是学前教育,但该章程未能实行。1903年,清政府又命张百熙、荣禄、张之洞以日本学制为蓝本,重定了《奏定学堂章程》,又叫"癸卯学制",在全国范围内正式颁行。这是我国第一个在全国颁布实施的学制,它第一次将学前教育列入学制系统,并以国家学制的形式确定了学前教育机构的名称。1903年9月,我国第一所官方开办的学前教育机构——湖北幼稚园在武昌创办,从此开始了我国公共学前教育的发展之路。

"五四"运动以后,我国的学前教育进入到了理论快速发展的时期,与此同时,国内也出现了一大批对我国学前教育做出重要贡献的有识之士。

1. 蔡元培(1868—1940)

民主教育家蔡元培在倡导对学校教育进行一些重要改革的同时,提出了学前社会教育体系,主张设立胎教院、乳儿院、幼稚园等一套养育机构,以代替家庭教育。他的学前教育思想主要包括:

(1)彻底的学前儿童公育思想。

(2)重视胎儿教育。

(3)"尚自然,展个性"的儿童教育原则。

(4)提倡美育。

2. 陶行知(1891—1946)

陶行知以"为贫苦大众办幼儿教育和生活教育"理论为指导思想,发起了学前教育的平民化运动。他在《创设乡村幼稚园宣言书》《幼稚园之新大陆》等文中,抨击了当时幼稚园的三大弊病——外国病、花钱病和富贵病,并提出了自己的学前教育思想。

(1)关于学前教育的意义。他强调了6岁前教育的重要性,"凡人生所需要之重要习惯、倾向、态度,多半可以在6岁以前培养成功"。

(2)关于幼稚园。他致力于创办"中国的""省钱的""平民的"幼稚园,为解决贫苦妇女的负担服务。1927年,他创建了我国第一所乡村幼稚园——南京燕子矶幼稚园,1934年又在上海郊区创办了上海劳工幼稚园。

(3)关于教学内容和教法。他提倡通过健康的、劳动的、科学的、艺术的和集体的等多方面的教育,来培养具有生活能力的公民,并提出实施和谐的生活教育和"教学做合一"的教育主张。

(4)关于儿童。他主张教师应到儿童中去,理解儿童,因材施教,并提出了儿童的"六大解放",即解放儿童的头脑、双手、眼睛、嘴巴、空间、时间,让他们去接触大自然,扩大视野,提高创造力。

3. 陈鹤琴(1892—1982)

陈鹤琴是我国专门研究学前教育问题的专家,主要著作有《儿童心理之研究》《家庭教育》《家庭教育——怎样教孩子》《活教育理论与实施》等。他早年留美,回国后进行了国产化的"学前教育研究",并在系统研究儿童心理发展的基础上,于1923年创办了南京鼓楼幼稚园,作为推行中国化、科学化学前教育的一个实验基地,从而被誉为"不失赤子之心的教育家"。

陈鹤琴的学前教育思想极其丰富,概括起来有以下几个方面:

(1)强调游戏对儿童发展的特殊价值。陈鹤琴从儿童的心理特征出发,探讨了儿童游戏的价值、特征、种类、材料等一系列的问题,并认为游戏最符合儿童的生活特点,是儿童最喜欢的活动,儿童是通过游戏而生活的,采用游戏的方式开展教学活动是最有效的方式。

(2)创立了"课程中心制"的学前教育课程模式。陈鹤琴是我国学前儿童课程论的奠基人,提出了"活教育"理论。他和张宗麟一起,在南京鼓楼幼稚园开展了为期3年的实验,并创立了"课程中心制"的学前教育课程模式。1928年,他接受政府有关部门委托,起草了《幼稚园课程标准》,同年8月通过审查并向全国颁发实施。

(3)提倡幼儿园和家庭的紧密配合。陈鹤琴认为,学前教育是幼稚园和家庭共同的责任,只有双方共同合作才能使孩子得到有效的发展,因此,他十分重视学前家庭教育,并提出了101条家教的方法和原则。

(4)重视幼稚园师资的培养。为发挥教师在学前教育中的指导作用,陈鹤琴提出,必须从多方面加强对学前教育师资的培养,为此,他曾在江西泰和创建江西省立实验幼稚师范学校(后改国立,增设幼稚师范专科),作为培养优质师资队伍的重要基地。

4. 张雪门(1891—1973)

张雪门是我国学前教育界与陈鹤琴齐名的另一名学前教育专家,曾任北平香山慈幼院——幼稚园师范部主任,主要著作有《幼稚园教育概论》《幼稚园教育新论》《新幼稚教育》《幼稚园的研究》等。张雪门主要在北京等地开展学前教育研究与师资培训工作,而陈鹤琴则长期在南京、上海开展实验研究,培训学前教育师资的工作,时人称他们二位为"南陈北张"。

张雪门从幼稚园教育入手,对学前教育理论和幼稚园课程进行了长期研究,并形成了自己的学前教育思想:

(1)重视课程和教材对儿童的影响作用,提出了选择教材的4项标准。即教材必须符合现实社会生活的需要,合乎社会普遍生活的标准,合乎儿童目前生长阶段的需要,合乎儿童当前的学习能力。

(2)提出了"行为课程"的理论体系。张雪门认为,课程的本质是经验与行为,是学前儿童生活中有价值的"选品",应该让儿童在幼稚园生活实践中进行学习。

(3)重视师范学生的实习,实施"半日授课,半日实习"的培养方式。

(4)注重教师在教学中的指导作用,提出了"做学教合一"的教学方法。

5. 张宗麟(1899—1976)

张宗麟曾协助陈鹤琴创办了我国第一所幼稚教育实验中心——鼓楼幼稚园,并成为中国学前教育史上第一位男幼儿教师。他在担任陈鹤琴助手期间,做了大量的心理观察和实验,开创了我国学前教育实践研究和实验研究的先河,为我国学前教育的科学化做出了贡献。

(四)学前教育理论的发展阶段(1949年至今)

新中国的成立,使我国的学前教育事业进入新的曲折发展时期。在经历了第一阶段(1949—1957)学前教育事业开始初步发展和第二阶段(1958—1976)学前教育在曲折中前进,进入第三阶段(1977年至今)学前教育在改革中快速发展以后,我国的学前教育又获得了新生并迈入新的发展历程。特别是20世纪80年代以后,我国的学前教育进入快速发展的时期并呈现出以下新的特征。

1. 颁布并实施了一系列的法规条例,使我国的学前教育走上了法制化、科学化的轨道

主要法规条例有:《幼儿园教育纲要》(1981)、《托儿所、幼儿园卫生保健制度》(1981)、《幼儿园管理条例》(1989)、《幼儿园工作规程(试行)》(1989)、《幼儿园工作规程》(1996)、《幼儿园教育指导纲要(试行)》(2001)、《幼儿园工作规程》(2016)。

2. 出版了一大批学前教育方面的书籍,建构了我国自己的学前教育理论体系

20世纪80年代以来,我国翻译出版了一批美、苏、法、日等国的学前教育著作,整理出版了陶行知、陈鹤琴、张雪门等学前教育专家的论著,并陆续出版了《学前教育学》《学前心理学》《学前儿童语言教育》等各级各类师范院校学前教育专业的教科书,逐步形成了我国自己的学前教育理论体系。

3. 学前教育研究更加科学而深入,研究成果广泛而丰富

随着各个层级学前教育研究机构和学术团体的成立,我国学前教育的研究范围逐步扩大,研究方法更趋科学,研究成果广泛且丰硕。同时,国际学术交流活动也日益频繁,多元智能理论、瑞吉欧学前教育体系等国外先进学前教育理论和实践经验的引入,对建构中国特色的学前教育理论体系和实践体系起到了很大的促进作用,学前教育理论也进入了充满生机的、快速发展的新阶段。

【本章练习题】

一、单项选择题

1. 根据"通过眼见耳闻来学习"的观点编写的教科书是( )。
   A.《理想国》   B.《爱弥儿》
   C.《世界图解》   D.《大教学论》

2.卢梭《爱弥儿》一书的基础是( )。
   A.综合教育   B.自然教育
   C.感知教育   D.赏识教育
3.世界上第一所幼儿园的创建者是( )。
   A.福禄贝尔   B.夸美纽斯
   C.蒙台梭利   D.裴斯泰洛齐
4.王老师知道洋洋小朋友不喜欢吃红萝卜,每次幼儿园做有红萝卜的菜肴时,王老师总是帮洋洋事先把红萝卜挑出来。王老师的做法( )。
   A.正确,遵循了尊重儿童的原则   B.正确,遵循了尊重儿童个体差异的原则
   C.错误,违背了科学性原则   D.错误,违背了全面发展性原则
5.儿童的发展是一个从低一阶段向高一阶段逐步渐进的过程,这就要求我们在确定学前教育目标时,应该遵循( )。
   A.目标的发展取向   B.目标的教育取向
   C.目标的社会取向   D.目标的个人取向

二、简答题
1.学前家庭教育和学前社会教育有哪些不同的特征?
2.什么是发展适应性原则?
3.蒙台梭利法提出了哪些学前教育主张?
4.社会学习理论对学前教育的影响是什么?
5.请简述"南陈北张"的学前教育思想。

三、论述题
试述陶行知"儿童的六大解放"的基本观点及其对当代学前教育的启示。

四、材料分析题
小班儿童通通正在图书区域中看一本刚刚上架的新的绘本,正当他看得开心时,王新小朋友走过去抢通通手中的图书也要看。通通抓住图书久久不放,王新一巴掌打到通通脸上,趁通通大哭时,抢到图书跑掉了。
问题:请阐述上述材料中两名儿童各自的行为表现并进行原因分析。

五、活动设计题
请根据下面素材设计一个大班科学活动方案,要求写出活动名称、活动目标、活动准备和活动的主要环节。
大班王老师出外旅游买了一个精致的两面镜,把它带到活动室后,引发了班上孩子的浓厚兴趣。两面镜非常有趣,它照出来的物体成像有很多的变化,好玩、有趣又好操作。根据孩子的兴趣,胡老师打算设计一节主题为"好玩的两面镜"的科学活动,以通过对两面镜的成像操作,培养孩子对科学活动的兴趣,发展探索、观察以及表达的能力。

六、写作题
一个6岁的男孩伊恩正在看电视中自己喜爱的节目,进来一对带着三个孩子的父母,这三个孩子不喜欢伊恩看的节目,就换成了他们喜欢的节目,伊恩很不高兴。妈妈对他说:"让三个孩子快乐总比一个人快乐好。"伊恩却想了一会儿说:"为什么三个人自私比一个人自私好呢?"

——马修斯《哲学与幼童》

综合上述材料引发的思考和感悟,写一篇不少于800字的议论文。
要求:用规范的现代汉语写作,角度自选,立意自定,标题自拟。

第二章 学前教育与社会发展

本章概要

　　学前教育是社会发展的产物,与社会众多因素有着直接或间接的联系。经济、政治、文化、环境、人口等社会因素对学前教育的产生和发展起着影响与制约作用。而同时,学前教育作为社会公共服务体系的一个重要组成部分,又以特有的方式服务于社会,对社会发挥着能动作用。

第一节　社会因素对学前教育的影响

　　研究学前教育,首先要了解学前教育与社会诸因素之间的关系,以便更全面地把握现代学前教育发展的总趋势。本节将分别从社会经济、政治、文化、生态环境、人口等方面分析社会因素与学前教育之间的内在联系。

一、经济与学前教育

　　"经济"一词来源于希腊语,意思为"管理一个家庭的人"。经济的概念有多种,在本书中,经济是指人们在物质资料生产过程中结成的、与一定的社会生产力相适应的生产关系的总和。经济因素对学前教育的影响巨大,学前教育的产生、发展与完善都与社会经济密切相关,并受社会经济发展的制约。

（一）社会经济的发展促进了学前教育机构的产生

　　经济是学前教育产生和发展的物质前提,学前教育是工业革命的产物,正是经济的发展产生了对学前教育的客观需求。

　　在资本主义大工业生产以前,世界上大多数国家还处在自然经济和小商品经济阶段,以畜力操作和手工操作为主,生产力的发展水平很低,人们参加社会劳动还不需要特殊的技术上的准备,学前儿童在日常生活和劳动中接受教育。因此,学前教育长期处在自然状态,发展十分缓慢。

　　资本主义大工业的兴起提出了建立学前教育机构的社会需要。18世纪后期至19世纪,爆发了史无前例的工业革命,导致了生产方式的巨大变化。蒸汽机的发明以及其他机器在生产上的应用,使得资本主义大工业迅速发展,生产力水平不断提高,社会物质财富急剧增加,经济实力大大增强,为学前教育机构的建立提供了物质基础。同时,工厂的发展需要雇佣大批女工和童工,如英国1839年的41万工厂工人中妇女占24万,约占58%①。由于妇女走出家庭外出劳动,孩子无人照料,加之生活贫困,医疗卫生条件低下,导致工人的子女大量死亡,产生了严重的社会问题,建立学前教育机构的需要也由此自然产生。当时,一些工业发达的国家,如英、法、德、美等国为解决以上矛盾,首先建立起了各种学前教育机构,而在

---

①　黄人颂主编.学前教育学.北京:人民教育出版社,2000:32.

一些社会经济水平较低的国家,学前教育机构的建立则一般较晚。

（二）社会经济的发展影响着学前教育发展的速度和规模

经济是教育发展的物质基础,无论什么时代,兴办学前教育都需要有一定的经济条件,而学前教育发展的速度和规模与社会经济发展的水平直接相关。从我国学前教育的发展历程来看,在20世纪上半叶,社会经济发展缓慢,我国幼儿园的发展速度也较慢,而在经济较发达的沿海地区则首先逐步建立起了学前教育的机构。新中国成立后,随着社会经济的发展,学前教育有了较快的发展。教育部门举办的幼儿园呈现逐年的渐进式增长,如1946年教育部门办园数是824所,1956年是4 538所,1965年是4 404所,1976年是11 938所①,1996年是25 217所②,2009年达5.5万所左右。社会经济的发展水平同样影响着学前儿童的入园率(入园率通常是衡量一个国家和地区学前教育水平的一个重要指标)。我国学前儿童的入园率也随着社会经济水平的提高呈现平稳增长的态势,特别是进入2000年以后,我国的学前教育事业得到了快速发展,学前教育的毛入园率从2000年的35%上升到2010年的56.6%③。截至2015年,我国学前教育在园儿童4 264.8万人④,学前教育毛入园率达到75%⑤,实现了学前教育跨越式大发展。

社会经济的发展水平制约着学前教育的发展速度与规模。学前教育机构的设置,必须考虑到本国的社会经济发展水平。如果不顾社会经济发展水平盲目发展,就会使学前教育事业遭受挫折,如1958年,全国幼儿园由1957年的16 400余所增至695 000所,增长了41倍,而工农业总产值,1958年比1957年只增长18.2%。因缺乏相应的经济基础和物质保障,很多幼儿园在1961年纷纷停办,幼儿园数量又逐步退回到1957年的规模。由此看出,学前教育机构的设置与发展不能超越现有的社会经济水平,唯有与经济的发展水平相适应,才能保证学前教育事业的稳步发展。

（三）社会经济的发展影响着学前教育的任务和内容

学前教育的任务是随着社会经济的发展而不断变化的。从创建初期到现在,世界学前教育的任务先后经历了四个阶段的变化:①创建初期——主要为工作的母亲照管儿童,只负担儿童生活与安全方面的照顾;②19世纪下半叶至20世纪上半叶——由看护儿童转向对儿童实施促进身心发展的教育;③20世纪60年代至70年代——以发展儿童智力为中心的学前教育;④20世纪80年代至今——培养"完整儿童",促进儿童的全面发展。我国学前教育的任务也是随着不同时代社会经济发展水平的不同而呈现不同的任务内容。20世纪50年代初期,我国学前教育的主要任务是保障儿童的身体安全,重保育而不重教育。但现在,随着我国经济的迅猛发展和对新一代劳动力素质结构的要求变化,"坚持保育与教育相结合的原则,对幼儿实施德、智、体、美诸方面全面发展的教育"就成了新时期学前教育的主要任务。

学前教育的内容也与社会经济的发展紧密相联。社会经济的快速发展,使得许多科学现象和科技产品成为儿童科学教育的内容;现代社会新的工种和生活方式成为儿童游戏的主要题材;现代生产对人的道德要求也成为儿童德育的主要内容;而知识经济对社会成员提出的合作、共享、共赢等新的人才要求,又促使学前儿童社会性能力的培养得到了前所未有的重视。

（四）社会经济的发展影响着学前教育的组织形式与方法

1.社会经济的发展影响着学前教育的组织形式

在经济不发达的古代社会,学前教育主要在家庭中进行。大工业生产兴起后,出现了正规的学前教

---

① 中国教育部计划财务司编.中国教育成就统计资料(1949—1983).北京:人民教育出版社,1984:229-230.
② 王海英著.学前教育社会学.南京:江苏教育出版社,2009:37.
③ 国务院.中国儿童发展纲要(2011—2020).
④ 中华人民共和国国家统计局.2015年国民经济和社会发展统计公报.
⑤ 袁贵仁.全面二孩政策实施后预计每年新增300万儿童,学前教育面临压力.http://www.hlj.xinhuanet.com/info/2016-03/07/c_135162308.htm,(2016-03-07)/[2016-03-15]

育机构,幼儿园成为主要组织形式。随着经济多元化格局的形成,托儿中心、学前班、游戏中心、流动幼儿园等形式也应运而生。但新中国成立之初,在计划经济的体制下,幼儿园主要由教育部门、卫生部门举办,学前教育机构类型单一、服务范围狭窄、机制不灵活。随着我国社会主义经济体制改革的日益深入和社会主义市场经济的逐步建立,民营资本和民间力量开始不断投资学前教育,办园体制日益多元化。同时,由于自身工作、生活的需求,家长对各种学前教育机构在办园的形式、管理制度、入托时间、保育范围、运作机制等方面提出了更多的要求,学前教育的组织形式也日益多样化,除了全日制幼儿园之外,半日制、计时制、寄宿制等形式的学前教育机构逐步出现。

2. 社会经济的发展影响着学前教育的方法和手段

在古代社会,生产力水平低下,学前教育与谋生活动、生产活动基本处于同一过程中,母亲及家庭成员在从事家务劳动及生产活动的同时就可以照料儿童,谈不上自觉地实施教育,也没有专门的教育方法。随着社会经济的发展,出现了专门的学前教育机构,但受经济发展水平及其他社会条件的制约,这时的学前教育以口授法和教师演示法为主,儿童主要通过听课进行学习。而现代社会更强调儿童的自主学习,教师给儿童提供丰富的物质材料和大量的操作机会,让儿童成为学习的主人,在自主探索中学习。儿童学习的内容与形式也更加丰富多彩,录音、电影、电视、录像、计算机等现代化教学手段在学前教育领域得到了广泛应用。随着社会经济的发展,学前教育的方法与手段将会更加丰富,从而更好地满足儿童教育和发展的需要。

二、政治与学前教育

政治主要指国家性质、各阶级和阶层在政治生活中的地位及国家管理的原则和组织形式等。政治体系一般由两部分构成:一是指理念、意识,其中包括政治观念、政治态度、政治信念、政治标准等;二是指权力机构,其中包括政治权力、政治制度、政权机关、政党等。这些构成因素对学前教育及其发展产生着不同程度的影响与制约作用。

(一)社会政治决定着学前教育的性质

教育是一个国家进行社会控制和意识形态传承的主要工具,在不同形态的社会中,由于社会政治不同,学前教育的性质也不相同。学前教育为社会培养什么样的人,对哪个阶级和阶层子女进行教育,进行什么样的教育,这些关乎学前教育的领导权、方针政策、目的任务、内容选择等,主要是由社会政治所决定的。

(二)社会政治决定着学前教育的目标

学前教育的目标通常是由国家直接制定,或在国家的指导方针下由地方政府制定的。国家的政治制度不同,学前教育的目标和内容也不相同。我国1981年颁发的《幼儿园教育纲要(试行草案)》明确规定了幼儿园的教育目标、任务和内容,而学前儿童德育的目标和内容常常是国家意志在学前教育方面的集中反映。《幼儿园教育纲要(试行草案)》中我国学前儿童德育的教育目标为:"萌发幼儿爱家乡、爱祖国、爱集体、爱劳动、爱科学的情感,培养诚实、自信、好问、友爱、勇敢、爱护公物、克服困难、讲礼貌、守纪律等良好的品德行为和习惯,以及活泼、开朗的性格。"这些目标和内容在一定程度上体现了学前教育的政治方向。

(三)社会政治影响着学前教育的发展程度

1. 政府权力机关及其职能部门对学前教育的重视与领导,是发展学前教育的重要条件

教育是一项公益性事业,它需要政府力量的介入。学前教育作为一种既具教育性又具福利性的准公共产品,其本质属性必然要求政府的重视与投入,因此,政府权力机关及其职能部门对学前教育的重视与领导,是发展学前教育的决定性条件。

纵观国际学前教育发展的历史,我们可以看到,世界各国由于社会政治的需要,都十分重视学前教育事业的发展。日本在战后振兴计划中对学前教育事业的重视,使得该国学前教育发展的速度在战后领先于西方国家。美国在20世纪60年代与贫穷战斗的运动中,为3到6岁环境不利儿童设立了"早期开端计划",主要提供教育、营养及医药的服务,使他们从早期开始就能获得较好的发展,以改变其不利的处境。这一方案遍及美国联邦各州,仅1965年就收托536 108名儿童。我国政府对学前教育重视程度的提高,也推动了学前教育事业的快速发展。特别是2010年,在国家的重视和支持下,我国学前教育事业迎来了大发展的春天。2010年7月29日发布的《国家中长期教育发展与改革规划纲要》(简称《规划纲要》)指出,"学前教育是国民教育体系的重要组成部分,是重要的社会公益事业。办好学前教育,关系亿万儿童的健康成长和千家万户的切身利益,关系国家和民族的未来",《规划纲要》首次明确了政府在学前教育中的职责。学前教育作为社会公益事业的性质得以确立,政府真正承担着学前教育发展的主导责任。2010年开始,一系列改变学前教育事业发展轨迹的政策法规密集出台,各地人民政府召开的学前教育会议数量史无前例,各种旨在探索学前教育发展新路的改革试点在全国全面铺开。2014年,全国幼儿园总量为20.99万所。2011至2014年,全国新增幼儿园43 131所[①]。截至2015年,学前教育三年毛入园率达到75%,比2009年提高24.1个百分点,提前实现《规划纲要》确定的2020年70%目标。

2. 政府对学前教育的重视程度,决定着学前教育的经费投入

政府部门对学前教育的重视程度,决定着经费投入的状况。这主要表现在两个方面:一是决定着学前教育经费份额的多少。政府根据社会发展的需要,可以不断调整教育经费以及学前教育经费在整个教育经费中的份额。世界各国学前教育经费投入的差异主要取决于政府政策的差异。二是决定着学前教育经费的筹措。政府会根据其财政收支情况及发展需要决定学前教育经费的筹措办法。目前世界各国的学前教育经费有完全由政府财政支出的、有民间集资的、有私人出资的,还有三者兼而有之的。例如,爱尔兰政府实行免费学前教育计划,德国学前教育机构的运作经费绝大部分由政府提供,而美国学前教育经费的资金则是由家长、私人部门和政府共同承担。目前,我国各级政府、学界正在着力探索政府投入、社会举办者投入、家庭合理分担的投入机制。2011年财政部、教育部颁布的《关于加大财政投入支持学前教育发展的通知》提出"政府主导、社会参与""地方为主、中央奖补"的投入体制政策,为学前教育投入体制机制的制度设计确立了总体方向和基本原则。2011年,中央财政开始部署学前教育国家重大项目。据统计,2011—2015年,中央财政共安排支持学前教育发展中央专项资金719.3亿元[②]。在中央财政的引导下,仅2011—2013年地方各级政府财政投入达到1 600多亿元[③]。这三年间,中央财政支持利用闲置校舍改建幼儿园和增设附属园6.5万所,补助各类幼儿园13.9万所,普惠性民办幼儿园快速发展,直接惠及学前儿童1 700万人次,鼓励地方解决了731.9万农民工随迁子女入园问题。在园儿童增长了918万,相当于过去10年的总和[④]。

三、环境与学前教育

环境是人类生存和发展的基础,人类和一切生物都不可能脱离环境而生存。从生态学的角度看,环境就是生物栖息地,是由自然界的光、热、空气、水分以及各种有机和无机元素相互作用构成的空间,是生物有机体生存空间内各种状况和条件的总和。

[①] 新华社. 四大数字折射学前教育跨越式发展. http://www.gov.cn/xinwen/2015-11/24/content_5016223.htm. (2015-11-24)/[2016-03-6].

[②] 财政部. 中央财政下拨2015年学前教育发展资金150亿元. http://www.gov.cn/xinwen/2015-08/24/content_2918967.htm. (2015-08-24)/[2016-03-13].

[③] 财政部. 中央财政三年投400余亿元支持学前教育发展. http://www.gov.cn/xinwen/2014-06/06/content_2695581.htm. (2014-06-06)/[2016-03-13].

[④] 财政部. 中央财政三年投400余亿元支持学前教育发展. http://www.gov.cn/xinwen/2014-06/06/content_2695581.htm. (2014-06-06)/[2016-02-28].

(一)环境的分类

人类赖以生存的环境是复杂、多变的,各种环境因素与生物之间以及各种环境因素之间都处于相互依赖、相互制约之中。环境可分为两大类,即物质环境和精神环境。

1. 物质环境

根据其受人类社会影响程度的差别,物质环境可分为天然环境和人为环境。天然环境是环绕人们周围的各种自然因素的总和,只受到人类间接或轻微影响,而原有自然面貌未发生明显变化,如大气、水、植物、动物、土壤、岩石矿物、太阳辐射等。人为环境指受到人类直接影响和长期作用而使自然面貌发生重大变化的因素总和。物质环境对人的生存与发展有着直接的影响,如在某些局部区域中空气湿度偏大,高寒地区气温低,空气稀薄;有的地区饮用水缺乏,或饮用水中缺乏人体生长必需的微量元素及含有对人体生长发育不利的元素等。这些物质环境因素将会对儿童的成长及健康带来不同程度的影响。

2. 精神环境

人类在生产过程中建立的生产关系和与此相适应的多种社会关系便构成人类社会的精神环境。精神环境包括人在社会生活中人与人的社会关系及社会信息,它表现为思想观念、政治、法律、宗教、伦理道德、文化、民俗习惯等。

需要注意的是,环境是一个多层次、多方位、多特性的系统。虽然我们把环境划分为物质环境和精神环境,但它们之间并不是简单的二维交叉。物质环境不仅与精神环境相互影响、渗透和依赖,物质环境和精神环境还包含了许多更为具体的微观环境,而这些微观环境之间又形成了各种错综复杂的联系。我们应当从环境更广泛的、多层次、多维度的交叉联系中来更全面地把握影响学前儿童发展的众多环境因素和组合性的影响。

(二)物质环境与学前教育

物质环境是学前教育存在与发展的必备条件,它既关系到学前教育的持续发展,也关系到儿童的健康成长。儿童作为独特的生物个体,首先必须与外界进行物质的交换,但由于其还不具备独立生活的能力,他们对物质环境的依赖性更大,也更需要成人为其提供身心发展必需的物质保障和支持。儿童的成长有赖于多方面的物质条件,如居住环境、饮食条件、玩具、游戏材料等,而自然环境的影响力最为直接。自然环境不仅为儿童的成长提供了物质空间,还提供了教育资源。因此,我们一方面应该让儿童生活在一个良好的自然环境中,尽可能减少水源、空气、土壤等的污染,绿化、美化生活空间,确保社区绿化面积及区域生态平衡,空气新鲜,采光充足,使儿童能享受到大自然的恩赐;另一方面,还应该注重自然环境的规划、设计和营造,从儿童身心发展的特点出发,规划他们的生活、学习及游戏空间,优化教育环境,确保微观环境的和谐和温馨。很多幼儿园专门设立了饲养角,开辟了种植园地,它们除了美化、"活化"环境外,还有助于儿童观察、了解动植物的生长过程,培养儿童简单的劳动意识、技能及习惯。有些幼儿园常常利用周边的自然环境组织教育活动,如山丘、河流、湖泊、森林等均可成为儿童欣赏、感知的对象,公园、植物园、动物园、自然博物馆等也可以成为儿童的活动天地。

(三)精神环境与学前教育

儿童在与外界进行物质交换的同时,还与环境进行着信息的交换。他们不论是在家庭、早教中心、幼儿园或其他学前教育机构中,还是在接触社会生活中,都在潜移默化地接受着来自精神环境的影响。与学前教育有密切影响的精神环境包括:父母及家庭成员的表率作用,家庭生活氛围(生活方式、生活情趣、生活内容、交往关系等),居处环境中的人际关系与生活情调,社会环境中的道德水准与文明程度,幼儿园中的园风,教育者的品德修养等。这些因素对儿童的学前教育均产生着潜移默化的作用。

瑞吉欧·艾米利亚是意大利北部的一个小城镇,自20世纪60年代以来,该市的一所学前教育学校——戴安娜学校在著名的学前教育专家马拉古兹的领导下,逐渐探索出一种颇具特色的学前教育模式,并且在20世纪80年代迅速传播开来。1991年,戴安娜学校被美国新闻周刊组织的专家委员会鉴定为世界上最先进的儿童早期教育机构之一。时至今日,经过不断的完善和发展,意大利瑞吉欧学前教育已形成了从理论到实践的一整套成熟体系,这一体系由于其思想的先进性和实践的有效性,受到世界各国学前教育界的普遍关注,成为美国、日本等国学前教育改革和发展的主要参考和借鉴对象。意大利瑞吉欧教育认为:儿童除了每班的两名教师之外,环境则是"第三位教师"。为保证学前教育的优化实施和儿童的健康成长,家庭、学前教育机构和社会都应努力创设有利于儿童精神健康的环境,排除不良的精神污染对学前儿童的消极影响。

四、文化与学前教育

学前教育是文化的重要组成部分,是文化大系统中的一个子系统。要考察学前教育的发展与规律,必须把握文化对学前教育的影响作用;同时,学前教育又是继承、传播、发展文化的重要手段,二者彼此影响,相互渗透。

（一）文化与教育的关系

文化是一种复杂的社会现象,也是人类社会特有的现象,它以人的活动方式以及由人的活动所创造的物质财富和精神财富为其内容系统。文化的内涵丰富,有广义和狭义之分。广义的文化是指人类在社会历史实践过程中所创造的物质财富和精神财富的总和;狭义的文化是指社会的精神文化,即社会的价值观念、思想道德、科技、教育、艺术、文学、宗教、传统习俗及制度的一种复合体。我们这里讨论的文化主要指狭义的文化。

文化与教育相伴而生、相随而长,在漫长的历史长河中,文化给教育以社会价值和存在意义,教育给文化以生存依据与生机活力[①]。教育是文化的一部分,而文化则是教育传递的内容,文化的水平决定着教育的水平;一般社会都将其人口受教育的水平作为该社会文化水平的重要指标。文化水平对教育的间接影响表现为:文化发达→促进生产力发展→增加教育的物质来源→增进人口受教育水平。文化水平对教育的直接影响表现为:教师文化水平高→教育水平高→学生文化水平高→受教育者文化水平高→家长文化水平高→下一代的文化素质高。

教育的功能之一是对文化的传承,它是文化传递的前提、动力和重要途径。但教育不是对所有文化进行传递,它对文化的传递是有选择的,它只传递有价值的文化、符合社会需要的主流文化和适合教育内容的文化,并在选择、传递文化的过程中补充、丰富和创造着新的文化。

（二）文化对学前教育的影响

文化对学前教育的影响表现在诸多方面,主流的文化价值观念影响和左右着学前教育的价值选择和发展的方向与层级。

1. 文化影响着学前教育的目标

学前教育的目标既受制于社会政治经济的制约,又受到文化的影响。例如,我国的伦理文化把"崇善"作为最高范畴,传统教育的培养目标为"明人伦",二者都把道德教育放在首位。即使是在学前教育阶段,教育目标的中心依然被定格在伦理道德教育的范畴,在教育过程中重视道德自觉和人格培养,以人际关系和谐作为追求的目标,并且这种传统文化的积淀,带来的是学前教育在很长一段时间内,都把道德教育放在目标的首位。随着社会文化的不断发展和更新,人们更加关注儿童的年龄特征和发展特点,学前教育也由以道德教育为首的目标走向了"促进儿童德、智、体、美全面发展"的更为科学的培养目标。

2. 文化影响着学前教育的内容

学前教育以文化作为教育的内容,从丰富和发展着的文化中汲取自己发展所需的营养。在此过程中,一个国家的文化传统会对学前教育产生内在的影响。例如,我国的传统文化历来重视内省而不重视外求,对学前教育的影响则表现在以往的学前教育十分强调单纯的、分学科的知识、技能、技巧的机械传

---

① 郑金洲著.教育文化学.北京:人民教育出版社,2000:1.

授与学习,而不注重儿童自身对外部世界的主动探索,现代文化则逐步弥补了以往学前教育内容的缺失与不足。

3. 文化影响着学前教育的理念与方法

文化是学前教育理念生成与发生的背景,同时也影响着学前教育方法的取舍。意大利的瑞吉欧教育格外重视民主与参与的意义,强调儿童、教师、家长的共同参与,教学方法上主要采用强调活动的方案教学。这些教育理念和方法来自于瑞吉欧地区多年来形成的优良民主传统,它们渗透在瑞吉欧教育的目标、内容和方法之中,贯穿于幼儿园管理和教学的全过程,并成为引领瑞吉欧教育的核心精神。虽然世界很多国家和地区都在学习瑞吉欧的教育模式,但它们难以学到的是其独特的社会文化根源。

4. 文化影响着学前儿童的身心发展

不同的文化对儿童身心的发展有着不同的影响。在西方中世纪的宗教文化看来,人生而有罪,儿童自然而然也是具有原罪的,而只有通过"畏神"的教育,才可能消除所谓的原罪。在教会学校里,儿童因为学业不良或出现微小的违纪行为等,常常要遭受体罚,这很容易导致儿童身心的畸形发展。随着社会的进步和现代文化的发展,越来越多的国家和地区都摒弃了体罚、心罚的教育方式,在儿童教育的过程中重视营造尊重、关心、爱护的氛围,以有利于儿童身心的健康发展。

五、人口与学前教育

人口是指生活在一定社会、一定地区,具有一定数量、质量与结构的人的总体。人口是人类社会存在和发展的基础,教育与人口有着内在的关系。教育实践的主体是人,因而教育活动离不开人;而人口自身的发展变化、人口素质的提高与教育息息相关。社会现存的人口状况与人口发展的趋势,对学前教育事业的未来规划与发展也有着不同程度的影响。

(一)我国人口现状

我国是世界上人口最多的国家,人口问题一直是制约我国各方面发展的重要因素。人口多,底子薄,人均耕地少,人均占有资源相对不足等是我国的基本国情。目前,我国人口的总体发展状况呈现出以下特点。

1. 总人口"低增长率,高增长量"

我国现在进入"低生育率、低增长率"的阶段。但由于人口基数大,即使是保持很低的人口自然增长率,人口变动还是呈现"高增长量"的特点。据2010年第六次人口普查结果显示,10年来我国人口增长处于低生育水平阶段,但人口总量依然在攀升中,现我国内地总人口已达13.4亿。即使在我国人口控制的预期目标能够顺利实现的前提条件下,我国人口也只是到2050年才能实现零增长,到那时我国人口总数将会达到16亿。人口过多仍然是我国长期面临的首要问题。

2. 人口质量不断提高但总体水平偏低

人口质量主要包括生理健康素质、思想道德素质和科技文化素质三项主要内容。在上述三项人口质量指标体系中,科技文化素质是最为关键的指标,而科技文化素质低是我国人口质量偏低的突出表现。个体受教育程度的高低是决定社会人口尤其是劳动年龄人口科技文化素质的重要因素,但2010年我国第六次全国人口普查的权威资料显示,与2000年人口普查相比,每10万人中具有大学文化程度的由3 611人上升为8 930人;具有高中文化程度的由11 146人上升为14 032人;具有初中文化程度的由33 961人上升为38 788人;具有小学文化程度的由35 701人下降为26 779人[①]。1949年新中国成立,尤其是从1978年改革开放以来,我国劳动人口的科技文化素质在受教育程度和受教育年限方面较以前有了较快提升,但整体素质较低的发展格局迄今仍然没有发生根本性的改变。

---

① 中华人民共和国国家统计局.2010年第六次全国人口普查主要数据公报(第1号).2011.

3. 人口结构不合理,地域分布不均衡

人口结构也称人口构成,依据各种不同(如自然的、社会经济的、地域的等)特征把人口进行划分①,它主要包括人口的年龄、性别、地域分布、阶层分布等方面。我国目前的人口结构呈现三个方面的特点:

(1)人口老龄化进程持续加快,少年儿童比例不断下降。2014年,65岁及以上人口占全国总人口的10.1%,比2000年人口普查上升3.14个百分点,已进入老龄化社会,且呈现速度快、规模大的特点。与此同时,中国进入低生育率时期,少年儿童占总人口的比例不断下降,从1964年普查时的40.69%,下降到了2010年普查时的16.60%,下降了一半多。

(2)出生人口性别比例偏高。从出生人口性别结构看,从20世纪80年代开始,出生人口男女性别比持续升高,1981年为109,只略高于正常范围(103~107),而2008年则为120.56,严重偏离正常范围。人口性别比在2014年虽下降到115.88,但总体仍然偏高。

(3)人口地域分布不均。我国人口分布总体不均衡,区域人口分布结构的特点是东密西疏,而城乡人口分布结构的特点则表现为城镇化速度加快,农村人口的比例在不断下降。

(二)我国人口发展趋势

1. 人口增长率维持在低水平,有向负增长发展的倾向

2000年12月19日,国务院新闻办公室发表《中国21世纪人口与发展》白皮书,指出未来几十年,中国人口与发展将进入新的历史时期。在稳定低生育水平的前提下,中国人口将由低增长逐步过渡到零增长,人口总量达到峰值后开始缓慢下降。2015年10月,我国开始全面实施一对夫妇可生育两个孩子的二胎政策,以期影响人口增长率,调整人口结构。

2. 人口城镇化速度加快,流动人口持续增加

随着社会与经济的快速发展,我国城镇化的速度还将进一步加快,将会有越来越多的人口向城市迁移,人口的城乡分布将发生更大的变化,人口城镇化速度呈加快趋势,人口城镇化率以每年超过1个百分点的速度增长。第六次人口普查显示,城镇人口占总人口的49.68%,乡村人口占50.32%,城镇人口比重将持续上升。城镇化速度的加快,使得大量的农村人口向城镇转移,由此带来了流动人口的大量增加:2010年,流动人口为26 139万人,同2000年人口普查相比,增长81.03%②。未来相当长一段时间里,我国的流动人口还将继续攀升。

3. 年轻一代的人口质量不断提高

改革开放以来,我国各地认真实施《中华人民共和国儿童发展纲要(2001—2010年)》《中华人民共和国婚姻法》《中华人民共和国母婴保健法》等有关法律法规,医疗卫生保健逐步完善,国民教育事业大力发展,出生人口的质量逐步得到提高,我国2010年的文盲率(15岁及以上不识字的人口占总人口的比重)为4.08%,比2000年人口普查的6.72%下降2.64个百分点。

4. 老龄化速度继续加快

随着多年来生育水平的下降和人们健康水平的提高,未来中国人口的年龄结构类型将急速从轻度老龄化转变成重度老龄化,老年人口的规模迅速扩大,老龄化程度还将继续加深。我国人口老龄化速度在未来的20~30年将明显加快,特别是在2020—2040年。2040年前后,我国老龄化程度将超过20%;2050年,将达到21%~24%③。

(三)人口与学前教育

1. 人口的数量与学前教育

我国是世界上儿童队伍最为庞大的发展中国家,但学前教育资源尤其是优质资源却总体短缺。社会现存的人口状况、人口发展的趋势、学前儿童数量的继续增加和流动儿童队伍的不断壮大等,都将对未来

---

① 刘铮主编.人口学词典.北京:人民出版社,1986:23.
② 中华人民共和国国家统计局.2010年第六次全国人口普查主要数据公报(第1号).2011.
③ 李建新著.中国人口结构问题.北京:中国科学文献出版社,2009:32.

学前教育事业的规模、结构、目标、内容等带来新的影响。目前"入园难""入园贵"的现象日益凸显并已成为事关民生的重要社会问题,全面二胎政策又提出新的挑战,这就要求我们必须根据人口的变化做好对未来学前教育发展的规划与预测。

2. 人口的质量与学前教育

整体人口科技文化素质偏低是我国目前人口质量的突出表现。而学前教育作为基础教育的基础、终身教育的开端,它对促进个体在早期的全面健康发展,奠定和提高义务教育质量的基础,全面提升国民素质具有不可或缺的意义和价值。学前教育事业是提升我国人口质量的奠基工程,唯有大力推动学前教育的持续发展,才能从"根部"为整体国民素质的提高打下坚实的基础。

3. 人口的性别比例与学前教育

我国目前的男女性别比例很不均衡。虽然经过综合治理,全国出生人口性别比升高的势头得到了初步遏制,但总体仍然偏高。这带来的直接问题是我国偏远地区女童的入园率较低,而城市地区的早教机构和幼儿园在编排班级、选择教育内容、组织教育教学活动等方面也遇到了较大的麻烦。

4. 人口地域分布与学前教育

我国人口在地域分布上呈现东密西疏的不平衡状态,其直接导致的是学前教育机构布局的不平衡,大量的优质学前教育资源集中在东部经济发达的城镇地区,而西部大量的农村人口却占有着很少的学前教育资源。这就决定了在今后相当长的一段时期内,大力研究农村学前教育的特点和规律,重点发展适应中西部农村的学前教育将是我国学前教育界的首要任务。

另外,随着城乡流动人口的增加,一些原在农村接受教育的儿童随其父母大量流入城镇,城镇平均7.5个流动人口中就有一个0至6岁的儿童,由此使得流动儿童的入园问题日益凸显,中央及各级政府尽快制定合理的政策解决流动儿童的学前教育问题迫在眉睫。

第二节 学前教育对社会的能动作用

学前教育是社会公共服务体系的一个重要组成部分,学前教育事业的发展在受到社会各因素影响的同时,也以其特有的功能服务于社会,对社会发挥着能动的作用。

一、学前教育对妇女解放的影响

妇女解放是通过男女劳动者共同奋斗,反对歧视妇女,使妇女获得应有的社会地位和权利,实现男女权利完全平等的一项社会目标或社会运动。妇女解放是社会解放的天然尺度,是社会进步的重要标志。由于人类历史的传统及妇女和儿童的天然联系,教养年幼子女就成了母亲的天然职责,她们担负着沉重的家务,经济不能独立,无法参加社会活动,地位低下。但学前教育机构的出现,则使妇女从繁重的家务劳动中解放出来,从家庭的拖累中走向工作场所,为妇女争取自己的社会权利,大规模地参加生产创造了条件。正如恩格斯所说,"妇女解放的第一个先决条件就是女性重新回到公共的劳动中去","妇女解放只有在妇女可以大量地,社会规模地参加生产,而家庭劳动只占她们极少的工夫的时候,才有可能"。

国内外的实践均证明,学前教育机构的建立是解放妇女的重要条件,它使得妇女有可能走出家庭这个私人领域走向更广阔的公共空间;而经济上的独立则改变了妇女在家庭中对丈夫的依附局面,使得妇女逐渐拥有了更多的社会角色,更放心地参与社会的公共生活领域。这种解放,也使得更多妇女看到了自己的能力与价值,从而更有勇气去争取自己在家庭和社会生活中应有的地位,获得更彻底的解放。

二、学前教育对社会生产力的影响

(一)提高劳动力素质

进入21世纪,人类社会走向了一个全新的知识经济时代。在这样的时代,科学技术逐步成为经济发展的决定因素。科学技术属于知识形态的生产力,人只有掌握了一定的科学技术知识和相应的劳动能力后才有可能成为生产力中的劳动力要素。同时,科学技术知识也只有内化为劳动者的素质,才有可能转化为现实的生产力,而这种内化需要一定的教育或训练。教育使人掌握科学技术,提高劳动者的素质,从而提高劳动生产率,并在科学技术上有所创新和发明,最终促进生产力的发展。学前教育是基础教育的基础,并且在一个人一生所有的教育阶段中,学前教育是投入最少但效益最高的一个阶段,它关系着儿童健康、社会性、情感和认知等多领域的可持续发展,为未来的劳动力奠定了初步的素质基础。在当今世界,一个国家能否持续稳定地发展,不仅取决于国家的综合实力,更取决于人才的质量和包括学前教育在内的整个教育的水平。从这个意义上说,对学前教育的投入就是对未来社会生产力的投入。

(二)保护和解放劳动力

从世界各国的发展来看,学前教育机构的出现,是对家庭教育功能的补充和改造,它不仅弥补了家庭教育的不足,而且将父母尤其是母亲从单纯的养育孩子中解放出来,走向工厂和更广阔的社会空间,增加了社会发展的劳动力。孩子入园,在减轻家长养育子女负担的同时,也使他们有充沛的精力投入到工作和学习之中,从而拥有了更多的就业机会、更好的学业进修和职业发展空间,直接保护和解放了劳动力。

(三)提高社会经济效益

学前教育是教育事业的组成部分,也是人才强国战略工程的起始环节。西方一些研究者对学前教育机构的教育质量进行经济学分析的结果表明:就生产力的提高、成本的节约、投资回报率而言,对早期教育的投资具有长远的社会效益,能使社会在未来得到巨额回报;而关于公共财政投资学前教育的成本和社会效益的研究也表明,学前教育投资是社会回报率最高,收益最大的一种财政投资。此外,对于贫困儿童与贫困家庭而言,政府支持的学前教育能使他们获得改善自己现状的机会,使教育公平在底层首先得到保障,缩小贫富差距,走出贫困的恶性循环,并给整个社会带来巨大的社会经济效益。

三、学前教育对社会文明的影响

从表面上看,学前教育的直接受益人是儿童及其家庭,但实际上,整个社会在学前教育发展的过程中也不断受益,并且成为最大的受益方。从某种意义上来看,学前教育普及率的高低是衡量一个社会文明程度的标尺[1]。

(一)有利于社会文化的传承与创新

文化既是社会活动的产物,又是新生一代生存与发展的基础。人类社会的延续在本质上就是人类文化的延续,而教育则是保障优秀文化传承和文化创新的最基本、最重要的手段。学前教育也不例外,学前教育的内容必然涉及社会文化的传承。儿童自幼接受科学、文明的教育,必将传播于家庭与社会,改变着家庭的生活内容与情调,在社会风尚中注入新的内容。为儿童教育服务的电视、广播、图书、娱乐游戏场所、玩具等教育设施与手段的普遍应用,在塑造儿童文化的同时也广泛影响着社会文化,带来社会文化的创新。

---

[1] 王海英著.学前教育社会学.南京:江苏教育出版社,2009:110.

（二）有利于提高国民素质

国民素质的高低是社会文明的重要内容。国民素质是一个综合概念,它包括了很多方面,具体可以分为三类八种:三类素质是指自然素质、心理素质和社会素质;八种素质是指政治素质、思想素质、道德素质、业务素质、审美素质、劳技素质、身体素质和心理素质。国民素质不是先天拥有的,而是经过后天的培育逐步养成的,教育则是提高国民素质的重要手段。学前教育作为国民素质教育的起点,它培养的是国民的基础性素质,为国民素质的进一步提高打下良好的基础。

（三）有利于促进社会公平

社会公平是社会文明进步的题中之意,而教育公平是实现社会平等的"最伟大的工具",是社会公平的起点。温家宝总理在第十届全国人大五次会议上的政府工作报告中也明确指出:"教育是国家发展的基石,教育公平是重要的社会公平。"学前教育作为国民教育体系的初始阶段,是教育公平的起点。没有学前教育的公平就没有完全意义上的教育公平。学前教育通过提供公民在最初教育机会上的平等,来消除贫困,缩小穷富人群的差距,并为实现进一步的社会公平奠定坚实的基础。

（四）有利于增强社会凝聚力

作为准公共产品,学前教育具有很强的福利性,直接关系到千家万户、广大人民群众的切身利益。对于处境不利的儿童和家庭来说,适宜的学前教育可以弥补教育缺失的不足,改变自己的社会处境和生存条件,克服贫困的代际循环;而对于一些特殊儿童而言,学前教育可以提供一些早期的补偿教育,为其融入社会生活打下基础。有研究表明,发展学前教育有利于降低犯罪率,改善公民的健康状况和生活质量,节约公共行政、司法、医疗和福利开支,从而增强社会凝聚力,促进社会的稳定发展。

四、学前教育对教育学科的影响

（一）学前教育拓展了教育学科的研究对象

学前教育从教育学科中分离出来,成为一门独立的学科之后,就踏上了学科独立发展的道路。学前教育作为教育学科的子学科,它专门研究和探讨从出生到6岁儿童的教育现象及规律,这使得教育学科研究对象的年龄得以向前延伸。当然,这并不是说教育学科并不涉及6岁之前的儿童研究,而是说学前教育学科的出现,使得对学前儿童教育问题的专门研究得以形成,对学前教育规律的研究也更加细致和深入。正是在这个意义上,教育学科的研究对象得以拓展。

（二）学前教育丰富了教育学科的思想内涵

学前教育是教育学科的重要组成部分,学前教育的思想、理论是教育思想宝库中不可或缺的内容,教育思想形成和发展的过程中一直孕育着关于学前教育的理念、方法和内容,而学前教育思想的发展和理论的建构又补充和丰富着教育理论的内容和体系。在众多教育家的论著中,都包含有关于学前教育观点的论述,如前文已提到的捷克教育家夸美纽斯的教育名著《大教学论》《母育学校》《世界图解》,法国教育家卢梭的《爱弥儿》,意大利教育家蒙台梭利的《童年的秘密》《蒙台梭利法》等,都包含着学前教育的思想。正是这些重要的学前教育思想为日后教育学科的发展奠定了思想基础。

（三）学前教育加强了教育学科的实践旨趣

学前教育受教育对象的特殊性以及承担任务的实践性,决定了学前教育从事的主要是基础性、应用性和开发性的研究工作,这就使得学前教育学科既具有理论指向性,又具有实践指向性。与教育学科其他阶段的研究方式相比,学前教育更强调儿童的实践活动和学科的实践应用价值,这在一定程度上丰富了教育理论的实践来源,加强了教育学科的实践旨趣。

（四）学前教育丰富了教育学科的体系

学前教育特定的研究对象与教育规律,在一定程度上拓展了教育学科体系的研究领域和实践范畴。学前教育作为教育学科的分支学科,在不断走向成熟的过程中,其内容的不断丰富和理论体系的持续建构,推动着教育学科体系的丰富和完善。

【本章练习题】

一、单项选择题

1. 影响一个国家学前教育性质的主要因素是（　　）。
   A. 人口　　　　　　　　　　　　　　　B. 文化
   C. 经济　　　　　　　　　　　　　　　D. 政治
2. 促进学前教育机构产生的主要社会因素是（　　）。
   A. 人口　　　　　　　　　　　　　　　B. 文化
   C. 经济　　　　　　　　　　　　　　　D. 政治
3. 文化发达→促进生产力发展→增加教育的物质来源→增进人口受教育水平。这种现象反映了文化水平对教育的（　　）。
   A. 间接影响　　　　　　　　　　　　　B. 直接影响
   C. 相关影响　　　　　　　　　　　　　D. 重要影响
4. 幼儿园的园风和幼儿园教师的品德修养造就儿童成长的（　　）。
   A. 物质环境　　　　　　　　　　　　　B. 精神环境
   C. 文化环境　　　　　　　　　　　　　D. 人文环境

二、简答题

1. 影响学前教育发展的社会因素有哪些?
2. 经济对学前教育的发展有何影响?
3. 政治与学前教育发展之间存在怎样的关系?
4. 学前教育对社会发展的能动作用表现在哪些方面?

三、论述题

试述环境与学前教育发展之间的关系。

四、材料分析题

进入2000年以后,我国的学前教育事业得到了快速发展,学前教育的毛入园率从2000年的35%上升到2010年的56.6%,再到2015年的75%,实现了学前教育跨越式的大发展。

问题:请对上述材料进行多层面分析并推测我国学前教育的未来发展趋势。

五、活动设计题

请根据下面素材设计一个中班社会活动方案,要求写出活动名称、活动目标、活动准备和活动的主要环节。

我们的生活中存在着各种各样的标志,简洁明了的标志大大方便了人们的生活。儿童在生活中也经常接触到各种各样的标志,但却较少关注标志的意义。中班王老师发现此现象后,就引导家长有意识地带着孩子观察生活中的标志,积累相关的经验,并设计了一节主题为"有用的标志"的社会活动,以激发儿童对标志的兴趣,了解标志的特征和作用,进而自己设计喜欢的标志。

六、写作题

苏霍姆林斯基曾经说过,"我们要努力做到,使学校的墙壁也能说话",意大利的瑞吉欧学前教育也提出了"环境是儿童的第三位老师"的观点。

综合上述材料引发的思考和感悟,写一篇不少于800字的议论文。

要求:用规范的现代汉语写作,角度自选,立意自定,标题自拟。

第三章 学前教育与儿童发展

本章概要

本章主要介绍了儿童发展的基本概念,关于儿童发展的争论和影响儿童发展的主要因素。在此基础上,又深入揭示了学前教育与儿童发展之间的关系。

第一节 儿童发展概述

一、儿童发展的概念

发展,指的是人类个体从诞生到成年再到衰亡的有规律的身心变化过程,包括整个生命过程中所发生的各种身心变化现象。发展不仅包括生理的变化,也包括心理的变化;不仅包括量的变化,也包括质的变化;不仅包括向前推进的过程,也包括衰退消亡的过程。但不是所有的身心变化都叫作发展。例如,由于疾病、疲劳、药物等原因所导致的身心变化就不属于发展,因为这类变化只是一种暂时性的现象,可以通过休息或治疗而得到恢复①。

儿童发展是指人类个体从出生到成熟这一时期所发生的有规律的身心变化过程。怎样才能叫作成熟呢?一般说来,心理学将成熟看作个体身心发育过程的完成,认为个体的成熟大致在十七八岁左右,儿童发展就是人类个体从出生到十七八岁这一时期所产生的有规律的身心变化过程。儿童发展既包括有规律的生理变化,也包括有规律的心理变化。其中,生理变化主要是儿童身体正常的生长、发育,是身体各器官、系统的结构与形态由不完善到完善的过程;心理变化主要是儿童的认知、情感、意志和个性等方面的发展。如儿童出生时用哭声表达自己的需要,到四五个月时能发出类似说话的咿呀学语,再到一个词语,两三个词组,继而从不完整句到完整句,从简单句到复杂句等,这就是儿童伴随年龄增长而产生的口头语言发展的过程。

儿童生理、心理的发展是相互联系、互为依存的。身体发展为心理发展提供基础和前提条件,如全色盲的孩子因无法辨别颜色而无法形成正常的视知觉。有研究认为,新生儿时因受到猛力摇晃可能产生脑部毛细血管破裂出血,而轻度的脑血管出血,也许在婴儿时期不出现身心发育的异常,但它是学龄儿童发生"多动症"的诱因之一②。同时,儿童心理的发展也会影响其身体的发展,如积极、乐观、开朗的性格,对儿童身体各器官的正常发育是有益的。

---

① 周宗奎编著. 现代儿童发展心理学. 合肥:安徽人民出版社,1999:2.
② 万钫主编. 学前卫生学. 长沙:湖南师范大学出版社,2000:13.

二、关于儿童发展的基本观点

（一）儿童发展是有规律的

儿童发展具有其年龄的规律性。与成人发展相比，儿童发展具有变化速度快的特征。儿童年龄越小，年龄特征的变化越迅速。出生后1周岁以内的儿童身心发展变化以月龄计算，3岁以内的儿童发展特征以6个月为单位计算，6岁以内的儿童发展特征以12个月为单位计算。另外，儿童发展的特征是按照一定的顺序表现出来的，比如，婴幼儿躯体动作的发展、双手动作的发展、语言能力的发展均呈现出相对固定的顺序。

（二）儿童发展的潜力是可以挖掘的

儿童具有极大的发展潜力。生理学、脑科学的研究表明，儿童在1个月至6岁期间，大脑发育是以小时为单位进行计算的，儿童可以很轻松地获取知识。神经心理学家、生物化学家通过对人类神经系统的"可塑性"进行研究后指出：儿童的经验决定其大脑的结构，大脑在敏感期接受信息的质量和数量又决定着神经元结构的密度和效率。在儿童生命的头两年，大脑迅速成长，联系不断增加，到了两岁时，儿童脑部的联系已达到300万亿个，那些还未得到使用的或未与别的细胞建立联系的细胞就会被遗忘、弃置。儿童大脑区位之间的这种联系即是智力的"机会之窗"，儿童智力的机会之窗不是长期打开的，随着年龄的增长，会逐渐关闭①，因而，及早及时地打开是必要的。

儿童发展的潜力不是自然涌现的，只有通过适当的环境和教育才可能被挖掘出来。美国心理学家克莱格·拉梅等人对来自贫困家庭4个月大的儿童进行研究，把儿童分为两组：第一组儿童白天在托儿所生活，除了必需的营养以外，教师还通过游戏、音乐来教育儿童；第二组则不是如此，只是给他们提供营养而没有游戏活动和音乐活动。结果，在学前期，第一组儿童的智商高于第二组儿童许多；到15岁时，第一组儿童在读、写、算方面的成绩也明显高于第二组。由此可以看出，每位儿童均拥有发展的潜力，但只有适当且合理的早期教育和环境才有利于儿童发展潜力的挖掘。

（三）儿童发展是有差异性的

1. 儿童发展存在性别差异

同一年龄的儿童，在发展上具有性别差异。我国心理学界研究发现：男女儿童在智力发展上的差异和年龄存在相关。学前阶段的男女儿童智力差异不明显，学龄初级阶段（小学）的女孩智力明显优于男孩，但青春发育期男孩的智力开始逐渐优于女孩。男女儿童拥有不同的优势领域：在语言发展方面，女孩获得语言比男孩早，但男孩子的推理能力优于女孩；在感知觉发展方面，男孩的视敏度优于女孩，但女孩拥有较好的听觉定位和分辨力；在记忆发展方面，男孩的理解记忆和抽象记忆较强，而女孩的机械记忆和形象记忆较强；在思维发展方面，男孩偏于逻辑思维，女孩偏于形象思维；在情绪发展方面，男孩对物体和事情更感兴趣，而女孩似乎对人更感兴趣；在社交发展方面，男孩的攻击性行为比女孩多，女孩在一起从事合作性的活动多于男孩。

日本学者的研究还发现，男女儿童在空间知觉上也具有明显的差异：研究者将19名3岁儿童带到丁字路口，让他们自由行走，结果11位男孩中有10人向左拐弯，只有1人向右拐；8位女孩中有7人向右拐，只有1人向左拐。美国的相关研究也发现，男女儿童在听故事或音乐时，用脑的部位正好相反。研究者对3个月大的婴儿进行脑电波测验，发现男孩子对故事或音乐反应的部位是脑的右半球，女孩子则是左半球。

2. 儿童发展存在个别差异

儿童发展不仅在感知、判断、情感、个性等方面存在个别差异，在发展速度、类型、水平等方面也各不

---

① 李生兰著.学前教育学.上海：华东师范大学出版社，2010：30.

相同。比如,在语言能力发展方面,有的孩子语言表达能力发展快,语言理解能力却慢一些;而有的孩子则理解能力强,表达差一点儿。虽然表达能力强的孩子说起话来滔滔不绝,似乎语言能力很强,但几年后,理解能力强的孩子也可以在语言能力上出现优势(如快速阅读语言材料)。在具体的学习内容方面,周欣等人对学前儿童的数学学习做了相关研究,研究结果发现,儿童不仅在数学发展水平方面存在差异,在数学学习风格方面也有不同①。例如,在儿童刚入园时的唱数能力测试中,能力强的孩子可以唱数到119,能力弱的只能数到2或3,有的甚至一个也不会数。据研究,数学高得分组与低得分组儿童的学习风格和非智力因素存在很大的差异:高得分组儿童普遍对数学学习的兴趣较高,参与态度积极认真,注意力很集中,自控力、坚持性好,接受能力、自理能力较强;低得分组儿童对数学学习没有兴趣或兴趣一般,参与态度不积极,注意力很容易分散,自控力、坚持性较差,与同伴的关系欠佳。

儿童发展表现出的明显的个别差异性,使得教师的个别化教育显得十分重要。教师要善于通过多种途径了解儿童在不同发展方面的个别特点和差异,因材施教,对不同能力儿童的学习做出不同的反应,并运用不同的指导方法有针对性地促进儿童的发展。同时,教师还应改变用一种目标、一种方法和一种评价手段对待全班儿童的传统教育模式,应提供与儿童的发展水平和学习风格相一致的个性化教育。

3. 儿童发展存在文化差异

同一年龄、不同文化背景下的儿童,由于受到不同文化的影响,在发展上也存在差异性。李生兰的研究发现:澳大利亚有关学前教育机构中儿童的计算能力、歌舞能力、绘画技能比我国儿童差得多,但他们的动手能力、想象能力、创造能力却比我国儿童明显占优势;国外儿童的主动性、自我意识、自信心优于我国儿童,但我国儿童的纪律性、自尊心、评价能力却优于国外儿童。这种发展差异既存在于不同国家的儿童群体中,也存在于同一国家不同文化群体的儿童当中。差异产生的主要原因在于文化对儿童学习方式和学习风格的影响,如在美国,黑人儿童在中小学的成绩往往比不上同班的白人儿童的学习成绩。对这种现象,最初的解释是:"也许黑人儿童的智力有问题,但后来的研究表明,他们的智商与白人儿童相比并没有显著的差异,一个可能性因素是他们的学习方式不一样。白人的文化强调从小培养儿童独立探索的能力,在遇到问题时要通过自己的努力解决问题;而黑人的文化强调团体的互助,特别是大家庭中孩子之间的相互帮助和相互依赖,所以黑人孩子独立解决问题的能力就较差。又因为美国的学校大都是以白人文化的价值观和标准来评定学生,注重学生独立解决问题和学习的能力,所以,黑人孩子的学习困难有可能是一种文化适应上的问题,这种问题同样存在于美国的其他文化儿童的受教育问题中"②。

(四)儿童是通过活动得到发展的

儿童的生活是活动,活动是儿童的天性,儿童主要是通过活动获得发展的。儿童的思维、想象都与其活动紧密相关,可以说"不活动,不思维","动作即思维,活动即想象"。卢梭曾推断每个年龄阶段的儿童都有自己的思维方式。随后,皮亚杰通过大量的研究证明了卢梭的推断,而且杜威等人的研究更是证实了:启迪儿童特别是学前儿童心智的最佳办法就是让儿童活动。"做中学"是儿童发展和学习的基本原则,体验、操作、练习是儿童发展的有效形式。

(五)儿童是作为一个整体来发展的

儿童生理、心理、道德、社会性的发展是其发展的不同表现方面,这些方面相互影响、彼此制约,构成一个整体。对学前儿童来说,生理发展是整体发展的基础,正像居里夫人所说:"科学的基础是健康的身体。"儿童生理的发展特别是神经系统的发展是使其心理发展成为可能的物质基础,而脑科学的研究则表明:儿童的大脑由众多细胞组成,它比全世界的电话网络还要复杂多样,大脑的重量虽然只占体重的1/47,但它消耗的氧气却是人体的1/4。而经常开展体育活动,锻炼身体,就能提高新陈代谢,保证大脑有充足的氧气,细胞变得活跃起来,大脑功能得以改善,使儿童学习、发展和活动质量均有所提高。

---

① 周欣. 儿童数学学习的个别差异和个性化数学教育. 幼儿教育,2006(7—8).
② 周欣. 儿童数学学习的个别差异和个性化数学教育. 幼儿教育,2006(7—8).

儿童发展的各个方面犹如木桶的各块木板，只有每块木板都长而结实，木桶才能盛更多的水。如果其中某块或某些木板短而单薄，那么水就盛得少甚至不能盛水。因此，儿童教育应关注儿童的整体发展，满足儿童发展的各种需要，任何强调某一方面而忽略其他方面发展的行为都是片面的短视行为。

第二节　影响儿童发展的因素

一、影响儿童发展因素的争论

遗传、环境与教育在儿童发展中的作用及其相互之间的关系等问题，是哲学、心理学、教育学千百年来一直都在关心的问题。由于所持哲学观、发展观的差异，不同研究者提出了见仁见智、相互争鸣的观点，并由此形成了跨多个世纪、多个学科的大争论，即"先天与后天"之争或"成熟与学习"之争。

（一）先天决定论

这种理论认为，遗传因素在儿童发展的整个过程中具有统率性和决定性的作用，环境对个体发展的最终结果的影响极为有限，只是给发展提供了适当的时机而已。古希腊哲学家柏拉图和美国心理学家格塞尔是先天决定论学说的代表人。

柏拉图认为，世界的本源并不是物质原子，而是一种叫作"理念"的精神性东西。世界上的万事万物都是由"理念"派生出来的，是"理念"的摹写，但却不可靠，"理念"才是唯一真实可靠的东西。人的灵魂也来自"理念"世界，它支配着人体的活动。因此，柏拉图认为，人生来就具有一种在发展过程中展现并成为有意识的先天知识，后天环境对个体的发展不具影响。

格塞尔则认为，儿童发展是一个有规律的按顺序实现的过程，这个顺序是由生物进化的顺序和物种决定的；所有的儿童都会按照这样的顺序发展，但发展的速度由每位儿童的遗传性决定；环境在这个过程中不是主要影响因素，尽管环境有时也会影响儿童发展的速度（例如疾病、营养等不良外部环境可能会影响儿童发展的速度），但个体发展的速度最终还是由先天生物因素所决定。

格塞尔的观点主要来自于他所开展的同卵双生子的爬楼梯实验（该试验已在前文中详述）。此后，他又对其他年龄段的儿童在其他的学习领域进行了试验，比如识字、穿衣、使用刀叉等，都得出了类似的结论：任何一项训练或教育内容针对某个特定的受训对象，都存在一个"最佳教育期"，成熟是儿童发展过程中起主导作用的因素。

先天决定论的观点，特别是格塞尔的研究，虽然揭示了遗传和生理成熟在儿童发展过程中的作用，但却过分夸大先天因素而忽视了后天的影响条件，必然导致以点代面的错误。

（二）环境决定论

与先天决定论相比，环境决定论则过于关注后天环境对个体发展的影响，认为儿童发展的原因在于后天环境、在于教育。在我国，最早提出并回答先天与后天关系问题的人是孔子，他主张"性相近，习相远"，即人的先天因素是差不多的，但人的后期发展的不同则来自后天的环境和学习。近代，秉承与孔子相似观点的国外学者则是英国的洛克和美国的华生。

洛克认为，儿童出生时其大脑只是"一张白纸，没有特性也没有观念"，人的一切观念来自经验，或感觉（外部经验），或反省（内部经验），因此，儿童的发展主要受制于后天的环境和教育。这就是洛克的"白板说"。

华生从行为主义心理学的思想出发，提出了儿童发展的环境决定论。在华生看来，行为发生的公式是刺激—反应，行为的反应是由刺激所引起的，而刺激来自于客观而不是遗传，因此，行为也不可能来自遗传。生理构造上的遗传不可能导致机能上的遗传，由遗传而来的构造发展如何取决于环境。华生还有一个著名的论断：如果给我一打健康而没有缺陷的儿童，让我把他们放在特殊的环境中教养，那么我可以保证，在这十几名婴儿中，随便拿出一个，我都可以把他训练成为任何一方面的专家——无论其能力、爱好、兴趣、职业及种族如何,我都可以使他成为一名医生、一名律师、一名艺术家,或者是商界首领、乞丐或者窃贼。这就是典型的教育万能论的观点。

无论洛克还是华生,他们的观点都过度夸大了教育在儿童发展过程中的作用,而忽视了遗传与生物因素对儿童发展的影响。这些观点在根本上否定了儿童自身在发展中的主动性、创造性,使儿童成为外部环境和教育的被动接受者。

(三)相互作用论

遗传决定论和环境决定论都有各自的理论基础和合理之处,但也都同时将儿童发展过程中的遗传、环境因素看作是彼此独立的,这种非此即彼的绝对观点毫无疑问是有失偏颇的。事实上,遗传和环境始终交织在一起共同影响着儿童的身心发展。

相互作用论的观点打破了是遗传决定发展还是环境决定发展的简单化的机械争论局面,提出:遗传与环境的作用是相互制约、相互依存的;遗传和环境的作用是相互渗透、相互转换的;遗传与环境、成熟与学习对儿童发展的作用是动态的。美国心理学家安妮·安娜斯塔西是该理论的代表人物。

安妮·安娜斯塔西认为,与其辩论哪个因素对儿童发展的作用更大,不如探讨它们如何在差异中发生相互作用的机制。儿童的任何发展既有100%遗传的作用,又有100%环境的作用,只有两者的相互作用才能促进儿童行为的发展。但是,遗传和环境如何交互作用才能促进儿童行为的发展呢?安妮·安娜斯塔西认为,这是一个非常复杂的过程,每位儿童的遗传和环境相互作用的方式和相互作用的时间不会完全一样,我们只能大概概括出遗传和环境作用表现的可能性[①]:

(1)相同的遗传素质在不同的环境条件下可以有不同的发展结果。
(2)不同的遗传素质在不同的环境条件下可能导致相同的发展结果。
(3)在相同的环境条件下,不同的遗传素质会导致相同的发展结果。
(4)在不同的环境条件下,不同的遗传素质可能导致相同的发展结果。

应该说,安妮·安娜斯塔西的这一观点确实把"遗传与环境"之争的问题向前推进了一步。当我们用这一理论单独讨论遗传或环境的影响时,其条理是清楚的,也是容易理解的。但是,当我们把遗传和环境的各种可能性综合加以考虑时,就很难说清楚两者是如何相互作用的。事实上,人们只能一般性地讨论遗传和环境的相互作用,而不可能更具体地阐明两者之间的交互作用过程。这正是安妮·安娜斯塔西观点的不足之处。

我们认为,在继续探索、完善儿童的发展观时,应当努力做到:①如何使每一位儿童具有最优异的遗传素质;②如何为每位儿童创造能充分挖掘其潜能的优良环境。

二、影响儿童发展的主要因素

(一)遗传与儿童发展

遗传在儿童发展过程中是作为物质前提和发展基础而存在的。婴儿出生后,具有一定遗传素质的身体各部分及器官的结构和机能并没有完全发育好,还需要经过一个很长时期的成长发展过程,才能达到结构上的完善和机能上的成熟,即我们所说的生理成熟。那么,对于儿童发展来说,遗传和生理成熟到底起什么样的作用呢?这种作用主要表现在三个方面[②]。

1.遗传是儿童发展的必要物质基础

遗传素质使儿童在社会生活条件下有可能发展成为一个具有较高发展水平的人。一个生下来就没有大脑半球皮质的缺陷婴儿,根本无法发展成为一个正常的人,而许多发展落后或异常的儿童,也常常伴

---

① 梁志燊编著.学前教育学.北京:北京师范大学出版社,2001:71-72.
② 周宗奎编著.现代儿童发展心理学.合肥:安徽人民出版社,1999:20-23.

有遗传上的缺陷。没有正常人的遗传素质,就没有正常人的生理和心理发展,遗传是儿童发展的物质基础。

2. 遗传素质的个别差异为儿童发展的差异性提供了最初的可能性

个体的遗传素质既具有共性特征,也具有一定的个别差异,如高级神经活动类型的个别差异、感觉器官的结构和机能上的差异等。这些差异性,为儿童以后发展的个别差异打下了基础,提供了最初的可能性。儿童遗传素质的个别差异制约着其最初反应的差异,进而影响到成人对待他们的不同教养态度,使得有些儿童发展成为活泼好动的人,有些儿童成为乐于安静的人,有些儿童成为才华横溢的音乐家,有些儿童可能会成为优秀的运动员。

3. 儿童的生理成熟在一定程度上制约着儿童的整体发展

婴儿出生后,身体各部分及器官的结构和机能还要继续生长并走向成熟,儿童的发展特别是心理发展就与这些生理发展的过程密切相关。例如,儿童自我支配行为能力的提高与其皮质调节作用的加强有关。生理成熟对于儿童发展的具体作用就是使儿童心理活动的出现或发展处于准备状态。如果在某种生理结构和机能达到一定成熟程度时,适时适当地给予刺激,就会使相应的心理活动得以有效的显现。

(二)环境、教育与儿童发展

在遗传和生理成熟所提供的可能范围内,环境和教育对儿童发展的现实水平起着决定作用。

1. 环境和教育使遗传所提供的发展可能性变为现实

人类生活的环境不同于动物生活的环境。人类个体如果不能生活在由各种人际关系和信息组成的社会生活环境中,那么,遗传所提供的个体发展的可能性就难以转变为客观的现实。例如,野外成长的"兽孩",虽具有人类的遗传基因,却永远达不到正常儿童的发展水平。

2. 社会生活条件和教育是制约儿童发展水平和方向的重要因素

人类个体发展与动物个体发展有着本质不同。动物的发展主要依靠本能、成熟和个体的直接经验,而人类个体的发展则主要依靠后天的学习、文化传承、群体经验和社会生活条件及教育的影响。在同一个社会中,儿童所处的环境千差万别,即使是一起长大的同卵双胞胎,各自的微观环境也会有所差异,如在胎内的位置、出生顺序以及由此带来的成人的不同要求等,这些差别也会对其后天的发展产生不同的影响。据加拿大的莱布兹(E. Blatz)报告显示,一家同卵生5姐妹的性格、能力有很大差别:老大自信严肃;老二表现出一定的社会交往才能;老三似乎很自得;老四有些反复无常,不可捉摸;老五则需要别人照顾,依赖性大。造成以上差别的主要原因在于外界(主要是父母)对待每位孩子的要求不同,进而带来了教育态度、方法及实践机会等的不同。

3. 教育作为一种特殊的环境,对儿童发展起主导作用

教育是培养人的一种社会活动,是有目的地增进人的知识技能、影响人的思想品德、增强人的体质的活动,因此也是一种带有人为色彩的、特殊性的社会环境。教育环境是有目的、有目标、有组织地引导儿童实现各方面发展的环境,在诸多影响因素中,教育是一种主导因素。随着现代社会的持续发展和生产方式的复杂化,儿童个体需要掌握的间接知识将越来越多,而教育则通过组织信息、选择信息、传递信息等方式,指导并促进儿童通过多种类型的学习获得全面的发展。

第三节 学前教育与儿童发展

一、学前教育对正常儿童的发展起诱导作用

(一)学前教育制约着儿童发展的水平和方向

学前教育与儿童发展之间是一个复杂、动态的相互作用、相互制约的过程,它对正常儿童的发展起着

诱导作用,是儿童发展的必要条件。当它具体到儿童发展的每一个阶段和每一个时期来说时,情况就更加复杂了。这是因为遗传与环境、成熟与学习对儿童发展的相对作用不是固定不变的,在儿童发展的不同阶段,它们对不同水平、不同性质的身心发展机能方面的影响是有所不同的。低幼阶段儿童的初级心理机能受遗传、成熟因素的制约性较大,而高级复杂的心理机能则更多受环境和教育的影响。例如,印第安人的婴儿一出生就捆在大人背上,较少有练习站、走的腿部动作,但到了一定年龄阶段(1 岁左右),放下来很快就学会站、走。而一些心理学家和教育学家关于早期经验的研究则表明,在儿童发展的早期阶段,特别是发展的关键期阶段,良好的教育环境和丰富的经验对儿童的发展水平和方向起着决定性的影响。布鲁姆认为,儿童智力发展的速率是:1 岁时完成 20%,4 岁时完成 50%,8 岁时完成 80%,即人的智力的 3/4 是在学前阶段完成的。以上观点告诉我们,儿童出生后最初几年的教养经验对其今后的智力发展起着决定性的影响作用。

(二)学前教育影响着儿童的社会化进程

个体社会化是指人类个体在与社会相互作用的过程中,通过学习社会文化而使自己从生物人转变成社会人,并逐渐形成和发展自己的人格,不断修正自己的价值观念及相应的社会行为方式的过程[①]。社会化是人类个体与社会终生相互作用的过程,这一过程主要包括三个方面的内容:

(1)个体社会化的过程是"通过学习社会文化"而实现的,社会化与学习活动具有非常密切的关系。

(2)个体社会化的结果是"使自己从生物人转变成社会人……形成和发展自己的人格",个体在社会化的同时也形成了自己独特的人格特点(即个性),社会化与个性化是辩证的关系。

(3)社会化是一个伴随个体终身的过程,个体成为社会人之后的社会化称为"继续社会化",其内容是个体在与社会相互作用过程中"不断修正价值观念及相应的社会行为方式"。

个体社会化在个体出生后就开始了,这是一个终身化的发展过程。儿童出生后不久,就表现出种种生理性需求和社会性需求,有与人交往的倾向:他们饥饿时用哭闹引起家人的注意,吃饱后会在家人的引逗下发出快乐的声音,看到主要照料者会主动微笑等。当这些基本需要经常能够得到满足后,儿童就会逐步对周围的世界和生活中的成人产生信任感,并产生积极的正向社会化行为。因此,家庭教育中的照料者应关注儿童的需求和期望,重视亲子关系的建立,形成双向信任的亲子关系。而当儿童能够独立行走之后,家长就应为儿童提供多样化的环境,让他们有机会接触不同的人群,并引导儿童与之交往。

与其他社会环境因素对儿童个体自发、零散、偶然的影响相比,幼儿园作为一个专门的教育机构,它对儿童社会化的影响是有意识的、系统的、长期的。幼儿园教师根据一定的社会要求和教育目标,向学前儿童传授人类长期积累的知识、经验,培养他们形成正确的价值规范、思想观念以及积极的情感、行为与品格,引导他们朝着社会所期望的方向发展。较之其他影响学前儿童社会化的因素,幼儿园教育无疑在学前儿童社会化的过程中发挥着核心、主导的作用。

二、学前教育对非正常儿童的发展具有改善性的影响

学前教育不仅对正常儿童的发展具有决定性的影响,对智力落后儿童的发展也具有改善性的功能。20 世纪 30 年代,美国心理学家斯基尔斯(H. M. Skeels)在依阿华儿童福利研究站曾尝试改变智力落后儿童的生活环境,以观察儿童的智力变化。她经过大规模、长期的追踪干预后得出以下的结论:出生后的环境能够且必然会影响人的智力发展。

斯基尔斯的研究是这样进行的:在开始阶段,她以孤儿院的两名儿童为研究对象,其中一个当时是 13 个月大,另一个是 16 个月大,两名儿童的智力都非常落后(智商约在 35 左右)。后来,他们从孤儿院被转移到为智力落后患者开办的医院里,和几个 18 至 50 岁的轻度智力落后妇女同住一个病房。6 个月以后,这两个智力落后的儿童进步很大,智商分别达到 77 与 87;到 40 个月大时,智商分别为 95 和 93。斯

---

① 胡竹箐.中国人个体社会化的几个概念辨析.心理学探新,2011(2).

基尔斯经过观察发现,这两名儿童是该人群中情感和刺激的中心人物,低智力妇女像母亲那样对待他们,工作人员也常常带他们上街玩耍,环境的改善是提高这两名儿童智商的主要诱因。之后,斯基尔斯又把孤儿院中13名3岁以下的儿童转移到为智力落后患者开设的教养院去,并把他们放在成人房间作为"客人",当时他们的平均智商为64;而仍留在孤儿院的另外12名同龄人作为对照组,他们的平均智商为87。两组都接受相同的重复测验,不同的是,送到教养院的儿童处于刺激丰富的环境中,而留在孤儿院做对照的儿童却没有。这项研究持续了20年,智商测查的结果表明,生活在教养院中的儿童智商不断提高,平均提高31,而且实验组中的13名儿童都自立了,其中4人还在大学工作,有些人已经结婚;而那些作为对照组的12名儿童智商不但没有提高,反而降低了(平均降低26.2)。其中1名儿童在少年期死去,4名儿童仍在孤儿院,由于智商低于70,没有被雇用,而另外几名被雇用的只能做些打杂工作。据此,斯基尔斯发表研究报告说,只要早期有丰富教育环境的刺激干预,发展偏离正常的儿童也能被纠正,甚至可以达到正常。

【本章练习题】

一、单项选择题

1. 设计双生子爬梯实验的心理学家是(　　)。
   A. 华生　　　　　　　　　　　　B. 格塞尔
   C. 皮亚杰　　　　　　　　　　　D. 弗洛伊德

2. 洛克的"白板说"属于(　　)。
   A. 环境决定论　　　　　　　　　B. 遗传决定论
   C. 先天决定论　　　　　　　　　D. 相互作用论

3. 有研究表明,国外儿童的主动性、自信心等优于我国儿童,但我国儿童的纪律性、自尊心等却优于国外儿童。这说明(　　)。
   A. 儿童发展存在个体差异　　　　B. 儿童发展存在文化差异
   C. 儿童发展存在群体差异　　　　D. 儿童发展存在学习方式差异

4. 在儿童发展过程中作为发展基础而存在的主要因素是(　　)。
   A. 环境　　　　　　　　　　　　B. 营养
   C. 遗传　　　　　　　　　　　　D. 教育

二、简答题

1. 关于儿童发展的基本观念是什么?
2. 影响儿童发展的理论有哪些?
3. 遗传对儿童的发展有何影响?
4. 环境和儿童发展之间的关系如何?
5. 学前教育对社会发展的能动作用表现在哪些方面?

三、论述题

试述学前教育与儿童发展之间的关系。

四、材料分析题

中班的陈泽小朋友被全家人视为掌上明珠,特别是妈妈,对他百依百顺,让其为所欲为,不愿听到别人说陈泽的"不"字儿,甚至"遮丑护短"。妈妈的过度包容导致陈泽小朋友经常出现任性、自我、过度反抗等不良行为。

问题:请对陈泽小朋友及妈妈的行为进行分析,并对陈泽妈妈提出合理化的建议。

五、活动设计题

请根据下面素材设计一个小班语言活动方案,要求写出活动名称、活动目标、活动准备和活动的主要环节。

《拔萝卜》是一个古老而又经典的语言故事,故事中的主要结构情节有趣单一,语言浅显易懂,很适合小班儿童喜欢熟悉而单一事物的心理需求。小班白老师以"拔萝卜"为主线,设计了一个教学活动,以使儿童初步懂得人多力量大的道理。

六、写作题

卢梭在《爱弥儿》一书中说道:"大自然希望儿童在成人以前就要像儿童的样子。如果我们打乱了这个次序,我们就会造成一些早熟的果实,它们长得既不丰满也不甜美,而且很快就会腐烂;我们将造成一些年纪轻轻的博士和老态龙钟的儿童。"

综合上述材料引发的思考和感悟,写一篇不少于800字的议论文。

要求:用规范的现代汉语写作,角度自选,立意自定,标题自拟。

第四章　现代学前教育的基本观念

本章概要

本章首先回顾了儿童观的发展与演变历程,在重点介绍现代儿童观的基础上,从学前教育的价值观和课程观两个方面,详细阐述了科学的学前教育观,进而又深入分析和概括了当代的幼儿园教师观。

第一节　儿童观的发展与演变

一、儿童观的概念

儿童观是指人们对儿童的根本看法和态度。儿童观是教育观的基础和前提,不同的儿童观会产生不同的教育观,因此,对儿童的看法和态度不同,会带来对教育过程中其他因素认识的差异[①]。"例如,'三天不打,上房揭瓦'便表明产生这一观念的时代或文化对儿童有这样的一种观念:儿童是贱的,他们喜欢捣乱、不守秩序。有了这样的一种观念,对于如何教育儿童这一问题,其答案便可想而知:要约束他,强制他,惩罚他,以使他改邪归正"[②]。

儿童观的形成与发展有着明显的时代特征,它是一种历史的存在,在不同的历史时期有着不同的内容。厘清儿童观及其历史的演变,有助于我们更理性地认识学前教育观和幼儿园教师观的问题。

二、儿童观的发展

(一)古代的儿童观及其发展

在古代,无论是东方还是西方,人们都没有提出明确的儿童观,这说明当时人们还没有认识到儿童与成人之间的差异和不同,而是把儿童看作同成人一样的小大人,将其作为社会或部落集体的成员之一。这个时代的儿童观主要体现了"国本位""家本位"和"神本位"三种形态。

1."国本位"儿童观

"国本位"儿童观是将儿童看作国家的财富,是社会发展和生产改进的重要资源。由于原始社会没有文字记录,我们对原始社会中教育活动的研究只能借助于考古学、人类学提供的,以及现在还处于原始社会的民族的生活资料来开展。例如,新中国成立前还处于原始社会的鄂伦春人是这样教育孩子的:当时的鄂伦春人处于游猎生活状态,夏天成人出去打猎,把小孩放在摇篮里,挂在树上;五六岁以后的儿童,

---

[①] 虞永平主编.学前教育学.苏州:苏州大学出版社,2001:31.
[②] 刘晓东.儿童教育新论.南京:江苏教育出版社,2008:1.

做一些传统的、具有狩猎教育意义的游戏,如模仿猎熊、搬家等;再大一些的孩子就进行身体锻炼,学习跳高、滑雪,以掌握这些技能并培养他们的勇敢精神;12岁以后,他们开始跟成人从实际狩猎中学习打小动物;十五六岁开始学习打鹿,等到能完全自己打猎时,就算完成了训练任务①。鄂伦春人的例子反映出原始社会中尚处于萌芽状态的教育的未分化、非独立性的特征。同一氏族中每个人接受的教育基本相同,教育活动也基本相似,即使年龄幼小的孩子也要同成人一样承担生存的压力,也就是说,当时的人们根本没有把儿童作为不同于成人的特殊群体。

2. "家本位"儿童观

"家本位"儿童观是把儿童看作父母、家族的私有财产,子女只是光宗耀祖、传宗接代的工具,儿童没有独立的人格和地位。

在中国传统文化中,"家本位"儿童观可以在"君君、臣臣、父父、子子"的伦理纲常中体现出来。传统儒学认为,君要像君主的样子,臣民要像臣民的样子,父亲要有父亲的样子,子女要有子女的样子,唯有如此才能实现"王道"达到"大治"。怎样才是"子女的样子"呢?就是"父让子亡子不得不亡",即子女在父母面前是没有地位和权利的,父母掌握着子女的生死大权,安排着子女的命运。所以,"在中国漫长的封建社会里,人们'对于儿童多不能正当理解,不是把他当作缩小的成人,拿圣经贤传尽量灌下去,便将他看作不完全的小人,说小孩懂得什么,一笔抹杀,不去理他'。"②同时,由于子女是父母生命的延伸,是家族权力和财富的继承者,因此,人们也往往认为生儿育女是自己生命达到不朽的手段,是传宗接代、光耀门第的工具。

3. "神本位"儿童观

东西方均有宗教和封建迷信思想主宰人们思想和行为的现象。在神权统治下,儿童被看作生而带有"原罪"的,要使他们尽早地赎罪。成人作为神的奴仆得听从神的安排,而作为"有罪的羔羊"的儿童只能被人责罚③。如此一来,学校里的孩子如果出现学业不良或"调皮捣乱"的行为时,就必然要遭受严厉的体罚。

无论是"国本位""家本位"还是"神本位"儿童观,这些古代传统的儿童观"基本上都属于工具主义的",或把儿童看作国家发展的资源和工具,或把儿童看作是家庭、父母发展的工具,或把儿童看作是神的奴仆,唯独没有发现儿童自身存在的价值和特点。直到近代,伴随着新兴的生产关系和人文思想的发展,儿童观的发展才得以向前推进。

(二)近代的儿童观及其发展

近代儿童观的出现是以近代人类观的发展为前提的。文艺复兴时期,当以"肯定人的价值、人的尊严、人的地位"为核心特征的新人类观产生,充满人文精神的新儿童观也伴之逐步形成。

1. 发现儿童

在"发现儿童"的过程中,首先是夸美纽斯等人迈出了坚实的一步。受新人类观的影响,这些智者开始奉劝人们,不要指望孩子会拥有和大人相同的兴趣,也不要期望孩子会有和成人一样的言行举止。但是,真正能够把儿童看作不同于成年人的特殊群体,认可儿童具有不同于成人的精神生活,并使儿童观得以真正改变的人是卢梭。

卢梭在《爱弥尔》一书中宣布了儿童的自然本性是好的、积极的:"我们把这一点作为不可争辩的原理,即本性的最初的冲动始终是正确的,因为在人的心灵中根本没有什么生来就有的邪恶,任何邪恶我们都能说出它是怎样和从什么地方进入人心的。"④随之,卢梭提出"儿童期的存在是自然规律,儿童是真正意义上的人,儿童具有独立存在的价值"。卢梭对儿童的重新发现,不仅否定了儿童期只是未来成人生活

---

① 叶澜著. 教育概论. 北京:人民教育出版社,1991:42.
② 刘晓东著. 儿童教育新论. 南京:江苏教育出版社,2008:57—58.
③ 虞永平主编. 学前教育学. 苏州:苏州大学出版社,2001:40.
④ [法]卢梭著,李平沤译. 爱弥尔. 北京:商务印书馆,1994:94—95.

的准备阶段,而且指出了儿童期独立存在的意义和价值①。

儿童的被发现和儿童期的确立,使得儿童观的内涵产生了飞跃。人们开始把儿童看作是有独立存在价值的实体,儿童有自己的思想情感和需要,教育要尊重儿童的自然生长法则,要倍加珍惜童年的生活,使儿童像个"儿童的样子"。于是,人们开始蹲下来仔细观察儿童,研究儿童。

2. 科学研究儿童

19世纪初,欧洲教育领域以裴斯泰洛齐、赫尔巴特等人为主的教育思想家们兴起了"教育心理学化"运动,他们在教育实践中的种种尝试也极大地促进了"科学儿童心理学"的创建。

主张要科学研究儿童的研究者们认为,教育的前提是认识和研究儿童,这就要求教育和教学工作必须注意儿童的心理活动规律和个性差异,同时也要求教育科学必须建立在心理学的基础之上。19世纪末期,由于实验科学、儿童研究的长足发展,以及教育革新运动的推动,遂使新兴的儿童观除了基于人权、童权等感性的诉求外,依据实证科学的支撑,在科学层面上的发展亦逐渐成为可能②。

(三)现代的儿童观及其发展

人类几千年的文化都只是成人世界的文化,儿童的世界在这种文化环境中往往遭受轻视。直至人类历史跨入20世纪的时候,成人世界才开始表现出对儿童世界应有的尊重,"保护儿童、尊重儿童"逐步成为各国人们的共识,并成为现代儿童观发展的主旋律。

杜威的儿童观从人的社会性与自然性两者结合上来看待儿童。他认为,儿童是社会的个人,而社会则是许多个人的有机结合。他一方面提出,唯一的真正教育是通过儿童自己感受到所在的社会情境及各种要求,儿童教育要同社会生活紧密联系;另一方面也指出,教育就是使人类的天性能力正常生长,儿童自己的本能和能力是一切教育的起点。所以,教育者应当根据儿童的特点来组织课程、教材。于是,西方礼仪习惯"女士优先"逐渐演变为"儿童优先"③。

意大利学前教育家蒙台梭利在大力提倡新的儿童观的同时,又把它应用于教育实践,推动了西方现代儿童观的发展。她认为"童年构成了人的一生中最重要的一部分",儿童时期是人一生发展的最重要的时期,儿童是独立的不断发展着的完整个体,他们拥有与生俱来的"内在潜力";儿童在出生之前已经孕育了一种"心理胚胎",它的发展必须依靠吸收其周围环境中的营养,犹如一颗种子在温暖的阳光照耀下及在充足的水分、肥料灌溉培育下破土、发芽、生长一样。儿童成长和发展不是教师灌输的结果,而是他们在合适环境的影响下,自我、能动发展的结果。因而,教育者需要设置一种适合儿童内在需要和兴趣的,能够诱发儿童自发学习、主动作业的环境,使他们的天赋能力在适宜的环境中得到表现和发展。

现代儿童观的发展不仅仅局限于杜威、蒙台梭利等教育家的理论研究和实践探索之中,更主要体现在法律法规对儿童权利的扩大与保护中。

20世纪,国际儿童组织先后通过了一系列法规条文以保护儿童的合法权益:1924年,国际联盟通过了《日内瓦儿童权利宣言》,这是第一个主张儿童权利的国际性文件。1959年,联合国通过了《联合国儿童权利宣言》,扩大和加强了儿童权利,并把儿童的主体作用提高到了重要的地位。1989年,联合国通过了《儿童权利公约》,把国际社会保护儿童权利的思想变成了各国政府的诺言,"对儿童的成长与发展负责"成为各国政府的职责。1990年,世界儿童问题首脑会议通过了《儿童生存、保护和发展世界宣言》《执行九十年代儿童生存、保护和发展世界宣言行动计划》,提出了"一切为了孩子"的儿童观念,呼吁各国政府和各社会阶层要让每位儿童都拥有美好的未来。

科学的儿童观、儿童发展研究以及20世纪以来各国政府在法律法规方面对儿童权利的规定与保护,共同推动了现代儿童观念的形成与发展。现代的儿童观主要包括以下几个方面的内容:

(1)儿童是稚嫩的个体,身心各方面的发展尚不完善,拥有满足生存和发展需要的权利。

(2)儿童是独立的个体,应有主动活动、自由活动和充分活动的机会和权利。

---

① 刘晓东著.儿童教育新论.南京:江苏教育出版社,2008:12.
② 杨佳,周红安,杨汉麟.西方儿童观的历史演进.合肥师范学院学报,2011(4).
③ 刘晓东著.儿童教育新论.南京:江苏教育出版社,2008:57-58.

(3)儿童是完整的个体,除了健全的身体外,还有丰富的精神世界,必须高度重视其在身体、认知、品德、情感、个性等方面的全面发展。

(4)儿童是正在发展中的个体,他们拥有发展的潜能,但存在发展的个体差异,应该遵循其身心发展的规律,承认个体差异性,充分发掘其潜能。

(5)儿童是天生具有性别属性的个体,应杜绝性别歧视。

(6)儿童是成长在一定的自然、社会、文化环境中的个体,应注重给他们提供体验、交往、操作、思考的机会。

第二节　学前教育观

学前教育观是人们对于学前教育的认识和看法,它主要涉及学前教育的价值观、学前教育的课程观等方面的问题。

一、学前教育的价值观

(一)学前教育价值观的内涵

学前教育价值观是人们对学前教育的价值关系的认识和评价,以及在此基础上所确定的行为取向标准①。

学前教育价值观反映的是人们对学前教育价值的一种稳定的认识和看法,与人们的需要、利益紧密相关。不同的人会持有不同的学前教育价值观,不同的教育价值观又会导致人们不同的行为取向。

学前教育价值观主要包括以下三种类型:

(1)学前教育的本体价值观。该类型的价值观是对学前教育本体价值的认识、评判和选择标准,也就是对学前教育培养人问题的看法,包括学前教育依据什么样的规格培养人,培养人的质量要求等内容。

(2)学前教育的工具价值观。该类型的价值观是对学前教育工具价值的认识、评判和选择标准,包括关注学前教育怎样促进社会政治、经济、文化等诸系统发展的基本观点。

(3)不同领域的教育价值观。该类型的价值观是对语言、社会、健康、科学和艺术五大领域教育价值的认识和评判。

学前教育价值观,是对学前阶段教育本体价值、工具价值和领域价值的认识与评价。

(二)学前教育价值观的发展

学前教育价值观发展的过程,就是教育主体对学前教育价值具体内容、实现手段、途径等进行不同选择的过程。学前教育活动具有三个不同层次的主体:国家主体、集体主体和个人主体。

当主体在价值评判过程中处于主导地位时,主要实现或关注的价值就是该主体的价值。例如,在"国本位""家本位"和"神本位"儿童观占统治地位的社会中,人们关注且主要实现的就是学前教育对国家、家族或宗教的价值,即从国家、家族或宗教的角度出发选择教育内容、教育手段和教育途径,而忽视了儿童本身在学前教育中应该具有的价值。即使到了文艺复兴时期,新的人类观形成之后,成人的和宗教的价值取向也一直无形地控制着学前教育。例如,夸美纽斯"一方面主张让儿童像蚂蚁一样,不停地干些事,包括使用各种工具、画画、做算术、唱歌等,但他又确认'上帝用自己的话给他所创造并引导到世界来的人,提出一定的教范供他沉思默想,这些教范应该教导他有关事物的正确使用和对造物主应有的顺从'。也就是说,上帝一直无形地控制着儿童。这就是'成人'本位和'神'本位的价值实现。福禄贝尔把

---

① 王坤庆著.现代教育哲学.武汉:华中师范大学出版社,1986:182.

宗教的本能看作是儿童其他本能的归宿,最终要使儿童成为'神的儿童',反映的是同样的问题"①。

当卢梭"发现儿童"后,教育领域中坚持"教育应以心理学规律为依据"的教育家们掀起了"教育心理学化"运动,研究儿童成为主流。伴随着人们对儿童认识的深入,教育中"保护儿童、尊重儿童"的观念成为主流。于是,人们开始关注学前教育对儿童自身的发展价值,越来越多的人主张:学前教育就是以提高儿童自身价值为本质特征的价值追求和价值创造活动。

其实,国家主体、集体主体和个人主体的价值不是相互矛盾、非此即彼的关系。2001年,我国教育部颁布的《幼儿园教育指导纲要(试行)》就是同时认可学前教育的社会发展价值与个体发展价值的融合:从宏观角度来看,学前教育是社会主义教育事业的组成部分,是学校教育和终身教育的起始阶段,学前教育的社会发展价值不能忽视;从微观角度来看,学前教育要促进儿童在原有经验和发展水平的基础上获得身心全面、和谐发展,学前教育的个体发展价值也是不能忽视的。

二、学前教育的课程观

学前教育课程是实现学前教育价值和目的的手段,是帮助学前儿童获得有益的学习经验,促进其身心和谐发展的各种活动的总和,是将学前教育观念转化为教育实践的中介。系统而自觉地探讨课程问题是从现代教育开始的,学前教育课程观的发展受学校教育课程观的影响,也大致经历了经验中心课程观、学问中心课程观和人本主义课程观三个阶段。

(一)经验中心课程观

经验中心课程观的主要代表人物是美国的教育家杜威。杜威的整个思想体系就是立足于"经验"理论之上。他的经验观包含四个方面的内容:①教育即生长;②教育即经验的不断改造;③教育即生活;④教育是一个社会化的过程。

在课程内容方面,杜威主张要从儿童自身生活的范围内选择可形成其经验的素材来建构课程活动。杜威认为,与成人社会不同,"儿童的世界是一个具有他们个人兴趣的人的世界,而不是一个事实和规律的世界。儿童世界的主要特征不是什么与外界事物相符合的这个意义上的真理,而是感情与同情"。所以,杜威主张课程内容要有整体性和完整性,课程内容的排列要符合儿童的经验特征。教育,特别是学校教育把课程内容分为彼此独立的学科,把事物归类教授,这不符合儿童的经验特征。课程内容必须是儿童可以直接经验的,教育者首先应为儿童创设一个经验情境,给儿童提供活动的机会。

杜威的经验中心课程观曾在美国以及其他国家产生过重要影响,我国现代教育家陶行知、陈鹤琴的教育思想都具有杜威经验教育的痕迹。直到今天,杜威的经验中心课程观倡导的关注儿童自身经验、活动、兴趣和需要,培养儿童的创新精神和思维能力等观点,仍然对国内外的学前教育具有潜在的影响。当然,经验中心课程观最明显的问题是忽视了知识的系统性。对此,教育界也进行了一系列的反思和评判,学问中心课程观便由此产生。

(二)学问中心课程观

学问中心课程观认为,课程就是知识。课程的编制要重视精选的、具有高质量的知识内容,同时通过学问研究的方法,提供给学习者学习,使之掌握科学知识和科学认识的方法。学问中心课程观关注人的认识发展与知识发生之间存在的共同性,因此,要求统一地、结构化地抓住认识能力与认识对象——知识的本质,强调知识、学问对儿童个体发展具有的普遍价值。可以说,学问中心课程具有显著的唯理智论特征②。

在课程目标方面,学问中心课程观强调要把学习者作为小学者、小科学家来培养,而在课程内容方面,学问中心课程观关注知识的学问化、专业化和结构化。

---

① 虞永平主编.学前教育学.苏州:苏州大学出版社,2001:43.
② 钟启泉编著.现代课程论.上海:上海教育出版社,2003:111.

学问化是学问中心课程的本质特征,它强调学科的基本概念和理论的系统性,强调学科的基本结构、基本方法线索,将传授知识和技能放在首要地位。专业化是指学问中心课程关注专业的学问,对各自学科及其背后彼此独立的专业学问显示了极大的关注;结构化则是以知识结构作为教学的重点,立足于学问逻辑来编制课程,并力图用学问的实体结构系统与逻辑顺序来组织教材,构成学科内容。

学问中心课程观的问题主要表现在以下三个方面:①过分追求学科的学术性;②一味强调学科的专业化;③将人才按知识和智力分类,必然导致单一的评价制度。

(三)人本主义课程观

现代人本主义课程观是在抨击"学问中心"课程观的"非人性化"浪潮中应时而生的。从教育本身的角度来看,其内涵从关注知识向关注"人性"发展转变;其主要目的是使每个人都能达到自身的充分完善,使个体具有独立的人格。人本主义课程观的主旨:个体人格的发展是受社会因素制约的,完善的人格应是适应社会的全面人格,个人要具有"个体我"和"社会我"的双重人格。于是,塑造"社会我"成为教育的重要目标,重视个性的完善成为人本主义课程观的重要内容。

人本主义课程观强调课程的个人意义和学习意义。该课程观认为,知识对学习者是否具有个人意义是知识学习的决定性因素;教育者要关注学习者的需要、愿望、兴趣与学习材料的关系;学习是一种有意义的活动,是与个人的生活、实践息息相关的活动;学习的内容、材料必须是儿童所关心的,才能打动其感情,推动学习者去行动。

在课程内容方面,人本主义课程提出了"适切性"原则,即课程内容应符合儿童个体的接受水平,与儿童的学习体验建立联系。同时,课程内容还要适应每位学习者的需要,与每位儿童的生活经验和社会状况相联系,关注其个性的差异,唯有如此才能使每位儿童都能发挥潜能,成为和谐发展的人。

人本主义课程观关注了儿童个体在课程中的应有意义,这对于教育发展儿童的个性,培养儿童的健全人格具有极大的启发价值,而现代教育理念的核心就是要以人为本,尊重人、理解人、关爱人。由此看来,人本主义课程观在纠正学问中心课程观的弊端方面具有重要的借鉴意义。但该课程观也存在诸多问题,例如,重视个人和自我,把个人的"自我"以及"自我实现"凌驾于团体法则甚至于人类社会之上,相对忽视了社会环境以及系统的学校教育对个体后天发展的重要作用。

三、科学的学前教育观

科学的学前教育观有以下基本观点:

(1)学前教育是有目的、有计划地推进学前儿童在原有经验和发展水平的基础上获得身心全面、和谐发展的活动。

(2)学前教育是社会主义教育事业的组成部分,是基础教育的基础,是学校教育和终身教育的起始阶段。

(3)学前教育是一种追求效率的整体性影响活动,教育内容要具有适宜性和关联性,教育方法和教育途径要合理、有效、系统化。

(4)学前教育要遵循学前儿童身心发展的年龄特征,遵循教育教学的内在规律。

(5)学前教育是一项社会事业,需要社会各方面的协调、支持和配合,其自身也要充分利用各类教育资源。

(6)学前教育应创设并有效地利用环境促进学前儿童的发展。

第三节 幼儿园教师观

一、教师与教师观

教师是随着社会发展的需要而产生的。人类为了生存和发展,需要把在社会实践中积累的知识和丰富的经验传递给下一代,由此产生了学校,同时也就产生了教师。教师有广义和狭义之分。从广义上说,凡是增进他人的知识技能、影响他人思想品德形成的人,都可以称作"教师"。狭义的教师是指学校教育活动中的教师,即在各级各类学校及其他教育机构中专门从事教育教学工作的专业人员。《中华人民共和国教师法》中也明确规定:"教师是履行教育教学职责的专业人员,承担教书育人、培养社会主义事业建设者和接班人、提高民族素质的使命。"由此看来,《中华人民共和国教师法》中和我们平时所说的教师均是指狭义的教师。

教师观即教师的教育观念。幼儿园教师观是指学前教育专业教师(主要是幼儿园教师)对本职业的特点、作用、任务、责任、师生关系、教师角色以及科学履行职责所必须具备的基本素质等基本问题的认识和态度。它直接影响着教师的知觉、判断,进而影响其教育教学的行为。幼儿园教师观的形成与发展往往受制于两个方面:一是社会对学前儿童及学前教育的认识,即儿童观与教育观会影响到幼儿园教师对本职业的认识和理解,可以说幼儿园教师观就是基于儿童观和教育观而形成的;二是幼儿园教师观的发展与社会的整体特点紧密相关,幼儿园教师观要随着社会的变动而呈现不同的时代特征。

二、幼儿园教师的工作特点

幼儿园教师的工作具有多样性、幼稚性、细致性等特征。

幼儿园教师工作的多样性特征,是由教育目的和培养目标决定的。幼儿园教师要向幼儿实施德、智、体、美等方面的教育,促进幼儿身心健康成长。以上培养目标决定了幼儿园教师要全面负责幼儿的一日生活,不仅要照顾幼儿的生活起居、饮食和睡眠,要组织各类体育锻炼活动,还要组织幼儿开展游戏、上课、劳动、散步等活动,实现幼儿身心全面发展的目标。应该说,幼儿园教师的工作中包含了妈妈、教师、朋友等多重角色的要求。幼儿园教师工作的多样性也表现在教师既要关心本班幼儿的整体发展,又要关注不同幼儿的个性需要,实现全班幼儿与个体幼儿发展的综合目标。

幼儿园教师工作的幼稚性,是由教育对象——幼儿的幼稚性决定的。3~6岁幼儿身心发展水平较低,身体各器官发育尚不成熟,思维形象具体,辨别是非的能力很弱,需要教师对其进行简单、粗浅、正面的引导和教育。由于教育对象身心发展的稚嫩性,幼儿第一次获得的影响将是非常深刻的,对教师的依赖性很大,教师的言行举止将对其产生很大影响。幼儿园教师需要了解幼儿、尊重幼儿的特点和兴趣,从孩子的角度出发思考教育的方法和内容。

幼儿园教师工作的细致性,是由幼儿身心发展的特殊性决定的。由于幼儿的独立生活能力和活动能力较差,因此,幼儿园教师要非常细致地照料他们的生活,比如幼儿洗手时要把袖子卷起,洗手过程中注意引导幼儿将手心、手背、手指洗干净;冬季,幼儿如厕后要帮助幼儿穿好衣服,并随时根据气温和活动量的多少增减幼儿的衣服;晨间活动要及时增减游戏器械和材料等;幼儿生理方面的问题或情绪的变动,也需要教师细心观察才能发现并及时处理。

三、幼儿园教师的职责

伴随着对儿童发展特点及儿童教育认识的逐步深入,人们对幼儿园教师这一职业的认识也越来越深刻。随着教育事业在国家经济和社会整体发展过程中重要性的不断显现,职业化幼儿园教师的社会地位也在不断攀升。

2016年3月,教育部颁布的新的《幼儿园工作规程》正式施行,该规程对幼儿园教师的职责做了相关规定。幼儿园教师的职责是教师依法应尽的责任。幼儿园教师的主要职责有:①依据国家规定的幼儿园教育纲要,结合本班幼儿的特点和个体差异,制订教育工作计划,并组织实施;②观察、分析并记录幼儿发展情况;③严格执行幼儿园安全、卫生保健制度,指导并配合保育员管理本班幼儿生活和做好卫生保健工作;④经常与家长保持联系,了解幼儿家庭的教育环境,商讨符合幼儿特点的教育措施,共同配合完成教育任务;⑤参加业务学习和幼儿教育研究活动;⑥定期向园长汇报,接受其检查和指导。

四、当代的幼儿园教师观

基于当前儿童观、教育观的理解,根据社会的整体发展特点,我们认为当代幼儿园教师观的基本观点主要包括以下几个方面[①]:

(1)幼儿园教师是我国教师队伍中一股朝气蓬勃的力量,是学前儿童发展的促进者,应该受到全社会的关心和尊重。

(2)幼儿园教师是幼儿健康和安全的保护者,是幼儿德、智、体、美全面和谐发展的引导者,是幼儿学习活动的支持者、合作者、引导者。

(3)幼儿园教师从事的是儿童早期启蒙工作,是一项需要全身心投入并具有广博知识的工作。

(4)幼儿园教师从事的是一项需要童心、爱心和责任心的工作。

(5)幼儿园教师是研究者,应以关怀、接纳、尊重的态度与幼儿交往,要关注并敏感地察觉幼儿在活动中的反应,善于反思。

(6)幼儿园教师是一门专业的职业,需要掌握不断更新的专业知识、能力和方法。

【本章练习题】

一、单项选择题

1. 把生儿育女看成是传宗接代、光耀门第的工具的是（　　）。
   A. 国本位的儿童观　　　　　　　　　　B. 家本位的儿童观
   C. 社会本位的儿童观　　　　　　　　　D. 儿童本位的儿童观

2. 杜威的"教育即生长,教育即生活,教育即经验的不断改造"属于（　　）。
   A. 经验中心课程观　　　　　　　　　　B. 学问中心课程观
   C. 人本主义课程观　　　　　　　　　　D. 实践中心课程观

3. 幼儿洗手时教师会帮着把袖子卷起来,冬季如厕后会帮助幼儿穿好衣服,这反映了幼儿园教师工作的（　　）。
   A. 多样性　　　　　　　　　　　　　　B. 幼稚性
   C. 细致性　　　　　　　　　　　　　　D. 烦琐性

4. 关注学前教育怎样促进社会政治、经济等诸系统发展的价值观是（　　）。
   A. 学前教育的工具价值观　　　　　　　B. 学前教育的领域价值观
   C. 学前教育的行为价值观　　　　　　　D. 学前教育的本体价值观

二、简答题

1. 古代与近代的儿童观有何不同?
2. 现代儿童观的基本观点是什么?
3. 什么是学前教育价值观?

---

① 虞永平主编.学前教育学.苏州:苏州大学出版社,2001:51.

4.科学的学前教育观的基本观点有哪些?
5.幼儿园教师工作的特点是什么?

三、论述题

试述当代幼儿园教师观的基本内容及对我国幼儿教师教育改革的启示。

四、材料分析题

小班小朋友户外活动后高兴地进盥洗室洗手。刚开始还洗得挺像模像样,但没过几分钟,他们就趁老师不在不约而同地玩起水来。李老师看到后马上脸就拉了下来:"你们这是在洗手吗?你们是在胡闹!老师让你们玩水吗?"李老师边厉声说着边把水阀关上了,并且催促着孩子们快速离开盥洗室。孩子们一个个耷拉着小脑袋不情不愿、不声不响地溜了出去。

问题:请对幼儿的玩水行为和李老师的教育行为进行分析。

五、活动设计题

请根据下面素材设计一个中班健康活动方案,要求写出活动名称、活动目标、活动准备和活动的主要环节。

萝卜是幼儿比较熟悉的蔬菜之一,它的品种多样,营养丰富,吃法繁多。但很多幼儿虽然知道萝卜,却对萝卜的种类、营养价值等不太了解,在日常生活中还经常发现幼儿不爱吃萝卜的现象。中班常老师专门设计了以"好吃的萝卜"为主题的健康活动,以拓展幼儿对萝卜的多方了解,帮助幼儿改变偏食的行为。

六、写作题

伟大的物理学家爱因斯坦在美国做研究时,一个小女孩经常来找他。女孩的母亲知道后,赶紧向他道歉,而他却笑着说:"她每天给我东西吃,而我帮她做数学题。我从她那里学来的,要比我给她的多得多"。

综合上述材料引发的思考和感悟,写一篇不少于800字的议论文。

要求:用规范的现代汉语写作,角度自选,立意自定,标题自拟。

第五章 现代学前教育的主要理论

本章概要

随着学前教育实践的深入,学前教育理论也在发展中走向了丰富和不断完善。本章主要介绍了对现代学前教育产生重要影响的多元智能理论、瑞吉欧学前教育理论和华德福学前教育理论。在全面介绍这些理论观点的基础上,又详细阐述了它们对我国当代学前教育的诸多启示。

自 1840 年福禄贝尔创办世界上第一所幼儿园开始,学前教育已走过 170 多年的发展历程,学前教育的理论与实践也有了长足的进步。19 世纪欧美各国的学前教育主要受福禄贝尔教育思想的影响,进入 20 世纪后,学前教育的理论呈现风起云涌之势,并形成了相互吸收又各具特色的理论流派。在本章中,我们将重点介绍对现代学前教育的理论和实践产生重大影响的多元智能理论、瑞吉欧学前教育理论和华德福学前教育理论。

第一节 多元智能理论

传统的智力发展理论认为,智力是以语言能力和数理—逻辑能力为核心的、以整合方式存在的一种能力。智力具有单一的性质,通过纸笔测验就可以很容易地对个体智力水平的高低做出判断。近几十年来,西方不少心理学家在批评传统智力观的基础上提出了"人具有多种智力,人的多种智力是与具体的认知领域或知识范畴紧密相关且独立存在"的观点。其中,哈佛大学教授、当代著名的发展心理学家霍华德·加德纳提出的"多元智能理论"引起了世界范围的关注,成为世界各国 20 世纪 90 年代以来教育改革的重要理论基础和指导思想,并对学前教育的理论完善和实践产生了广泛的积极影响。

一、多元智能理论的本质

1983 年,加德纳在《智力的结构》一书中指出,"智能是在某种社会或文化环境的价值标准下,个体用来解决自己遇到的真正难题或生产及创造出有效产品所需要的能力"。1993 年,加德纳又在《多元智力》一书中明确提出,"智能是在特定的文化背景下或社会活动中,解决问题或制造产品的能力"。1999 年,加德纳在《智能的重构》中,再一次提出了"智能是个体处理信息的生理和心理潜能,这种潜能可以在某一文化背景中被激发出来,从而解决问题或创造该文化所珍视的产品"。由此可以看出,加德纳的多元智能理论把智力看作是有待于环境和教育激活及培养的潜能,并把智力的本质看作是个体的实践能力和创造能力,而这种实践能力和创造能力是置于一定的文化环境之中的,具有明显的文化属性。

二、多元智能的结构

加德纳最早提出的多元智能框架中主要包括七种智力,后来又增加到八种,这八种智力分别是言语—语言智力、音乐—节奏智力、逻辑—数理智力、视觉—空间智力、身体—动觉智力、自知—自省智力和交往—交流智力,以及后又增加的自然观察智力。加德纳的多元智能理论结构如图 5-1 所示。

图 5-1　加德纳的多元智能结构

（一）言语—语言智力

这种智力主要是指听、说、读、写的能力,表现为个人能够顺利而高效地利用语言描述事件、表达思想并与人交流的能力。这种智力在记者、编辑、作家、演讲家和政治领袖等人身上有比较突出的表现,例如由记者转变为演说家、作家和政治领袖的丘吉尔。

（二）音乐—节奏智力

这种智力主要是指感受、辨别、记忆、改变和表达音乐的能力,表现为个人对音乐包括节奏、音调、音色和旋律的敏感以及通过作曲、演奏和歌唱等表达音乐的能力。这种智力在作曲家、指挥家、歌唱家、演奏家、乐器制造者和乐器调音师身上有比较突出的表现,例如音乐天才莫扎特。

（三）逻辑—数理智力

这种智力主要是指运算和推理的能力,表现为对事物间类比、对比、因果和逻辑等各种关系的敏感,以及通过数理运算和逻辑推理等进行思维的能力。这种智力在律师、工程师、科学家和数学家身上有比较突出的表现,例如相对论的提出者爱因斯坦。

（四）视觉—空间智力

这种智力主要是指感受、辨别、记忆、改变物体的空间关系并借此表达思想和情感的能力,表现为对线条、形状、结构、色彩和空间关系的敏感以及通过平面图形和立体造型将它们表现出来的能力。这种智力在画家、雕刻家、建筑师、航海家、博物学家和军事战略家的身上有比较突出的表现,例如画家毕加索。

（五）身体—动觉智力

这种智力主要是指运用四肢和躯干的能力,表现为能够较好地控制自己的身体,或对事件能够做出恰当的身体反应以及善于利用身体语言来表达自己的思想和情感的能力。这种智力在运动员、舞蹈家、外科医生、赛车手和发明家身上有比较突出的表现,例如篮球运动员迈克尔·乔丹。

(六)自知—自省智力

这种智力主要是指认识、洞察和反省自身的能力,表现为能够正确地意识和评价自身的情绪、动机、欲望、个性、意志,并在正确的自我意识和自我评价的基础上形成自尊、自律和自制的能力。这种智力在哲学家、小说家、律师等人身上有比较突出的表现,例如哲学家柏拉图。

(七)交注—交流智力

这种智力主要是指与人相处和交往的能力,表现为觉察、体验他人情绪、情感和意图,并据此做出适宜反应的能力。这种智力在教师、律师、推销员、公关人员、谈话节目主持人、管理者和政治家等人身上有比较突出的表现。

(八)自然观察智力

这种智力主要是指对自然现象敏感,喜欢探索大自然,善于对自然现象观察、分类和鉴别,乐于种植、饲养等的能力。例如探险家、考古工作者、农业工作人员、饲养员、登山运动员等。

三、多元智能理论的基本观点

(一)每位个体同时拥有相对独立的八种智力

传统的智能理论将智力解释为一种以语言能力和数理—逻辑能力为核心的整合能力,而加德纳则认为,每位个体身上都同时拥有八种相对独立的智力,即语言智力、数学智力、空间智力、动觉智力、节奏智力、内省智力、人际交往智力和自然观察智力。但大部分的人都只能在二到三种智能方面表现出较为优越的智力。例如,爱因斯坦是数学与自然科学方面的天才,然而他在音乐、肢体运作与人际方面却没有同样天才的表现。

(二)每位个体的智力都呈现出独特的表现方式

根据加德纳的多元智能理论,作为个体,我们每个人身上的八种智力,在现实生活中都不是绝对孤立、毫不相干的,而是错综复杂地、有机地以不同方式、不同程度组合在一起。正因为如此,每一个人的智力呈现出其独特的表现方式,并各具特点。

(三)智力发展的核心是提高个体解决实际问题的能力

在加德纳看来,语言能力和抽象逻辑思维能力并不能成为衡量智力水平高低的标准,而应该以解决现实生活中实际问题的能力,或生产及创造出社会需要产品的能力作为衡量的标准。智力发展的核心,就是通过多种形式的教育活动,一方面提高个体解决实际问题的能力,另一方面提高个体生产及创造产品的能力。

(四)环境与教育会影响和制约个体智力的发展方向和程度

尽管每位个体身上同时拥有八种智力,但个体智力的发展却受到社会环境、自然环境和教育条件的极大影响和制约。由此使得每位个体智力发展的方向和程度,因环境和教育条件的差异而表现出明显的区别。然而,需要注意的是,个体所拥有的不同智力只有优势之别,而无优劣之分,也就是说,我们很难判断莫扎特与爱因斯坦谁更聪明,我们只能说他们各自在哪个方面聪明,以及他们各自怎样聪明。

(五)重视从多维度看待个体的智力问题

根据加德纳的多元智能理论,因为每个人的智力都有独特的表现形式,每一种智力又有多种表现方式,因此,我们很难找到一个适用于任何人的统一的评价标准来评价一个人的聪明与否、成功与否。我们也不能说八种智力中哪种重要、哪种不重要,我们只能说八种智力在个体的智力结构中都占有重要的位置,只不过由于组合方式的不同而使它们在每位个体身上呈现出独特的表现形式。我们应该改变单一以语言能力和数理—逻辑能力为核心评价个体智力水平的传统观念,多维度地看待个体的智力发展问题。

四、多元智能理论对学前教育的启示

多元智能理论的意义,并不只在于它提出了一种关于智力的新解释,还在于它给传统的教育观带来了巨大冲击。它为我们提供了一种个人发展的新模式,使我们能够从一个全新的角度来理解儿童的发展,审视我们对儿童的评价,从而树立科学的评价观、教学观和学习观。

(一)评价观的转变

多元智能理论对传统的标准化智力测验和儿童发展状况的片面评价提出了严厉的批评。多元智能理论认为,传统的智力测验过分强调语言和数理逻辑方面的能力,只采用纸笔测试的方式;过分强调儿童的死记硬背,而缺乏对儿童理解能力、动手能力、应用能力和创造能力的关注;同时,传统智力测验的评价是狭隘的、局限的,它根本不能真实、准确地反映儿童实际解决问题的能力。因此,我们必须改变传统的评价观,建立全新的多元化的评价观。

1. 评价是多元的

多元智能理论告诉我们,儿童之间没有智能上的等级、层次之分,只存在智能优势领域的不同和潜能发挥时间早晚的不同,也就是说,根本不存在适用于任何儿童的统一的评价模式或评价标准。多元智能理论所主张的教育评价,旨在通过多种渠道、多种方式对儿童进行评价,使每位儿童都能通过适合其智能特点和学习方式的途径展现自己的知识和能力,并使他们的优势智能充分展示出来,进而促进儿童的全面发展。

2. 评价是情境化的

以多元智能理论为指导的评价观强调评价方式的多维性和开放性。它认为,儿童的某些能力是在情境化的事件中反映出来的,评价只有与儿童实际的学习活动连接起来,其评价结果才能反映儿童的真实发展全貌。因此,它主张对儿童的评价应在多种不同的实际生活和学习情境下进行,教师应从多方面观察、记录、分析和了解每位儿童的优势智能和劣势智能,并以此为依据设计适合儿童特点的学习内容和方法,帮助儿童"以长带短",充分发展儿童的潜能。

3. 评价者是多主体的

多元智能理论认为,对儿童的评价,除了教师的评价之外,儿童的自我评价和家长的评价也都应该作为评价的一部分,并主张将正式评价与非正式评价结合起来。

(二)教学观的转变

多元智能理论的核心思想是要我们认真研究并尊重儿童个体之间的内在差异。每个儿童都具有在某一方面或几个方面的优势智能,只要为他们提供适合的教育内容和方法,每个儿童的优势智能都会得到相应的发展。多元智能理论呼吁个性化的教学,主张教育应该为儿童创设多种多样的、有利于发现和促进各种优势智能展现的教育情境,为儿童的学习提供多样化的选择,充分发展儿童自身的优势潜力。

由于不同的智力领域都有自己独特的发展过程和所依托的不同符号系统,因而,不同的教学内容需要运用不同的教学方法和技术,以适应不同智力领域的学习特点。即使是相同的教学内容,针对每个儿童的不同智力特点、学习风格和发展方向,也应当采用丰富多样的、适应性强的、有广泛选择性的教学方式和组织形式。在注重发展儿童优势智能的基础上,教学内容也应关注其他智能的发展,以更好地将"全面发展"与"个性发展"有机地结合起来,使每个儿童都能在自信中走向成才。

(三)学习观的转变

多元智能理论强调学习者智力的个体差异性,这就为学习观的转变提供了坚实的智能理论基础。传统的学习观认为,处于同一年龄阶段的儿童都应该以相同的方式学习相同的内容,然后以相同的测验接受统一的评价。这样的学习观是以假设每个儿童都具有相同的智能潜力和相同的思维方式为基础的。而实际上,每个儿童都是独特的个体,他们是用各自独特的组合方式形成属于自己的智力结构,并倾向于用不同的智力方式来进行学习的。从多元智能理论来看,世界上根本没有两个拥有完全相同智力的儿童。教师应该在可能的范围内,尽量根据不同儿童的智力特点来开展个性化的教学活动,以便让儿童用自己的方式去了解和掌握教学的内容,从而获得最大限度的发展机会。

第二节　瑞吉欧学前教育理论

近20年来,意大利的瑞吉欧·艾米利亚学前教育模式无疑是吸引全世界学前教育理论和实践工作者关注的焦点。瑞吉欧·艾米利亚是意大利北部的一个小城市,具有良好的城市公共生活的传统与艺术、人文的精神氛围。从20世纪60年代初,在洛瑞斯·马拉古兹(Malaguzzi,Loris)等人的倡导和指引之下,通过政府和民众的合作参与和共同努力,逐步建立起了公共的儿童保教系统,并形成了一个颇具特色、富有开创性的学前教育体系——瑞吉欧·艾米里亚教育体系(以下简称"瑞吉欧教育体系")。它被视为欧洲教育改革的典范,并在1991年被美国《新闻周刊》评选为"全世界最好的教育系统之一",而且是其中唯一一个入选的学前教育体系。时至今日,这座"学前教育的天堂"已经吸引了各领域、各专业的大批人士前去参观、学习、研究,它所倡导的教育理念已被世界上许多国家和地区所接受,并成为学前教育改革借鉴的对象。

一、瑞吉欧学前教育体系的理论基础

瑞吉欧学前教育体系的建立,突破了单一的理论流派,它是在结合意大利传统历史、文化和教育方式的基础上,在多年艰苦而执着的实践努力之下,逐步发展出了自己独特的学前教育之路。从理论基础方面来看,杜威、皮亚杰和维果斯基等人的观点对瑞吉欧学前教育体系的产生有着一定的影响。

(一)杜威的进步主义教育理论

作为进步主义运动的中坚人物,杜威的教育思想构成了20世纪以来许多早期教育方案的理论背景。对于瑞吉欧教育来说,杜威教育理论的精髓,不仅影响着其教育的主体精神——儿童观、教育观、教育价值观等,而且对其课程的建构和教学的组织也有着诸多启示。具体来说,它对瑞吉欧学前教育体系的影响主要体现在三个方面:

(1)以儿童为中心的教育理念。瑞吉欧的创始人马拉古兹说:"在我们的教育体制中,最基本的就是以幼儿为中心……"教育应尊重儿童身心发展的特点,儿童必须有自己的空间,成人不能对儿童施加权威,成人是儿童生活的引导者和支持者角色。

(2)教育应鼓励民主与合作。这在瑞吉欧的儿童观、教育观以及学校实行的社区式管理中都得到了充分的体现。

(3)"做中学"的思想。这为瑞吉欧"项目活动"的开展提供了奠基石,倡导由儿童决定活动目的,儿童自己制订计划,自己进行活动,自己进行评价[1]。瑞吉欧以项目活动为中心的课程设计思想与组织方式,无疑是从杜威"教育即生活、教育即生长"和"做中学"的教育思想中找到的渊源。

(二)皮亚杰的个体建构理论

皮亚杰的发生认识论指出,知识来源于主客体的相互作用,儿童是在活动的过程中,通过其与活动材

---

[1] 龚晖,郑蓉,程志宏.瑞吉欧教育体系的理论基础和方案教学.早期教育,2005(8).

料之间的相互作用而主动地获取经验,进而逐步得以发展的。皮亚杰关于个体建构的思想,使得瑞吉欧教育者的注意重心从课程"内容"的逻辑性、系统性和计划性,不仅转移到儿童的需要、动机、原有经验和认知水平上来,还转移到为他们的学习准备充足的材料和环境条件上来。而皮亚杰关于"儿童的认知发展经由不同的运算水平阶段,不要急于去'教'儿童运算,应该让儿童在主动的建构活动中自然形成"的思想,又使瑞吉欧的教师接受了他的告诫:学习是比教学更为根本的过程,成人要耐心等待,不要急于直接地把知识"教给"孩子,要为他们准备充分的问题情境,让他们在认知冲突中建构自己的经验,让他们在不断的探索和发现中学习。

（三）维果斯基的社会建构理论

作为另外一名建构主义者,维果斯基更加强调个体的主动建构是"社会性"的,而非"纯个人"的。维果斯基认为,教育作为一种代际的文化传送活动,实际上就是在成人和儿童之间发生的"社会共享"的认知。单独的学习并不构成教育,一厢情愿的灌输也不构成教育,教育首先是一种关系,一种成人的文化世界与儿童的心理世界的关系,一个相互交流的可能性空间。因此,他十分强调社会交往在儿童发展中的重大作用。而瑞吉欧的学前教育就非常重视每一位儿童与其他儿童、教师、家长及周围的社会文化环境之间的关系与互动。维果斯基的"最近发展区"理论则对瑞吉欧的多元化教育理念、科学的目标定位、优化的教育环境及合理的评价方式等也都产生了深刻的影响①。

此外,布朗芬·布伦纳的教育生态学观点、加德纳的多元智能理论等,也都成为瑞吉欧教育的"营养源"。瑞吉欧的教育者正是在广泛而有选择地吸收各种理论之精华的基础上,将其整合、提炼、升华,创造出了植根于自己的社会文化土壤的学前教育体系。

二、瑞吉欧学前教育理论的建构

瑞吉欧的教育工作者将杜威、皮亚杰和维果斯基等人的理论与自己特有的文化和社会背景结合起来,在学前教育的实践中,历经三十余年的发展和完善,逐步形成了一个独具风格、别具特色的瑞吉欧学前教育体系。

（一）儿童观

1.儿童有多种表达自己和认识世界的方式

"儿童的一百种语言"是瑞吉欧教育体系的核心儿童观。这里的"一百种语言"是指儿童多种多样的认识、交流的表现手法和学习方式。即儿童是借助100种各具特色的方式或者符号系统来表达他们的思维、认识和态度的,他们可以利用任何一种形式来记录、理解和表现自己在活动过程中所经历的记忆、想法、预测、假设、观察和情感,并运用多种方式、多角度进行最后的问题解决②。瑞吉欧教育的这一观点,主张儿童借助多种感官来主动学习,突破了单纯的文字符号——语言,并重视绘画、雕塑、建造、拼贴画、阴影游戏、音乐和戏剧表演等多种表现形式对儿童学习的价值。瑞吉欧人特别重视和欢迎符合儿童思维特点和学习方式的视觉艺术形式。

儿童
是由一百种组成的。
儿童有
一百种语言
一百双手
一百个念头

---
① 龚晖,郑蓉,程志宏.瑞吉欧教育体系的理论基础和方案教学.早期教育,2005(8).
② 龚爱辉.浅谈瑞吉欧幼教模式的基本理念.素质教育(教师教育版),2011(8).

一百种思考、游戏、说话的方式
还有一百种倾听、惊奇和爱的方式。
有一百种欢乐,去歌唱去理解
一百个世界,去探索去发现
一百个世界,去发明
一百个世界,去梦想。
儿童有一百种语言
(这一百是一百个一百的一百)
但被偷走了九十九种。
学校和文明
使他的身心分离
他们告诉儿童:
不需用手去做
不需用头脑去想
只需听不要说
只要理解不要快乐
爱和惊奇
只属于复活节圣诞节
他们催促儿童
去发现早已存在的世界。
儿童的一百个世界
他们偷走了九十九个。
他们告诉孩子:
游戏与工作
现实与幻想
科学与想象
天空与大地
理智与梦想
它们是水火不容的。
他们就这样告诉儿童:
一百种并不存在。
儿童却说:
其实真的有一百。

——瑞吉欧教育体系创始人马拉古兹

2. 儿童是学习活动的主体

瑞吉欧的教育工作者认为,儿童是主动的学习者,他们生来有学习知识的强烈愿望;儿童是自己发展的主人,他们是在主动学习的活动中,在积极地与周围的人和事物的互动中,不断建构着自己的经验和知识。在瑞吉欧人的眼里,儿童享有主动发展自身的权利,儿童是社会的一分子,是社会与文化的参与者。他们不仅仅是被动地依靠成人去满足其学习和发展的需要,而且还共同地参与社会文化的建设,因此,他们同时也是自己文化的创造者。

3. 儿童拥有学习的能力

儿童不仅有学习的需要,而且拥有较强的学习能力,他们的学习能力是以多元化的方式表现出来的。他们常常在教师所安排的具有一定挑战性的情境中,或在利用自己的各种自然的语言(游戏、绘画、手工、动作等)表达自己看待事物的独特角度和独特认识时,显示出这种能力。他们知道如何去获得理解,会从自己的日常生活经验中创造意义。教育的重要任务是增强儿童发现的可能性,而成人活动的核心,则在于激发儿童作为全部学习的基础的创造能力[①]。

(二)教育观

瑞吉欧教育中关于儿童观的独特看法,也带来其独特教育观的形成,具体包括以下三个方面的内容:

(1)教育应促进儿童的主动学习并发展其创造能力。瑞吉欧教育工作者将学前教育的目的定位于推进儿童的主动学习历程,促进儿童主动学习能力和创造能力的发展。在瑞吉欧人眼中,儿童自我发展的潜力是无穷的,教师要创设适宜的物质与精神教育环境,帮助儿童攀登他们自己的高峰。

(2)重视环境的教育作用。物质环境的设计布置也是瑞吉欧教育中的核心内容,其主要目的就是增进环境的开放和资源的综合利用。瑞吉欧的教师们将幼儿学校的环境称作"我们的第三位教师",他们竭力创造机会,要在幼儿学校的每一个角落都为儿童提供充分的交往条件,以方便于儿童的随时沟通。瑞吉欧人把环境作为课程设计与实施的要素,他们遵循着"家庭社区的原则""文化折射的原则""年龄与发展的原则""时间和空间的原则""尊重使用者的原则"和"评估更新的原则"设计环境,并充分利用好每一个空间。如校门口"会说话"的长廊、分隔为两三个活动空间的教室、孩子们产生点子和想法的"广场""档案资料室"、儿童动手探索的"工作坊"等,校园内所有的墙壁都是会"说话"、可"记录"的,既令人感到好奇、轻松,又让人感到舒适、温暖。

(3)重视社会支持和家长参与。全社会关心学前教育是意大利文化中集体主义的一种体现。在瑞吉欧市,0~6岁的保育和教育是一项十分重要的市政工程,享有12%的政府财政拨款,家长在幼儿学校中所起的种种实质性的作用,本身也是社会支持的一种表现。在全市所有的幼儿学校中,家长都有权利参与学校各个环节的一切事务并自觉承担起责任。

(三)教师观

在瑞吉欧教育体系中,教师的角色既不是母亲,也不是一般意义上的同伴,而是"以专业的眼光赋予学习者和学习以价值的人"(F.霍钦斯语),也是善于"接住孩子抛过来的球"并准确地再"把球抛回给孩子"的人。

(1)教师是儿童的倾听者。"倾听"是瑞吉欧教师工作的一个重要方面,他们把"倾听"放在教师角色的中心地位。瑞吉欧教师总是寻找机会倾听儿童的谈话、记录谈话,并认真对待这些谈话,努力理解儿童语言背后所蕴含的真实意愿。这不仅表达了教师的态度,而且能帮助教师更好地了解儿童的学习方式,引导儿童进行学习。

(2)教师是儿童学习的支持者和引导者。在瑞吉欧幼儿学校里,富有特色的方案活动使教师和儿童之间形成了平等的对话关系。在方案活动实施的过程中,教师不是高高在上的教育者、指挥者、掌控者,而是儿童成功完成活动的支持者和引导者,是儿童亲密而不可缺少的合作伙伴,也是"更有能力的其他人"。教师和儿童正是在彼此支持、互相合作、共同参与中,使各项活动得以顺利进行。

(3)教师是与儿童共同成长的学习者。瑞吉欧的教师十分重视和儿童的共同成长,他们认为共同成长的过程也是自己从孩子身上不断学习的过程。在对待"教"与"学"的关系上,瑞吉欧人十分尊重儿童的"学",一向是以学定教的。在其主题网络编制的过程中,尽管有教师预设的成分,但主题的开展往往是以儿童为中心的,儿童决定主题进行的空间与时间。正如马拉古兹所说:"站在旁边等一会儿,留出学习的空间,仔细地观察幼儿在做什么,然后,假如你也能透彻了解,你的教法也许与从前大不相同。"在互动过程中,教师和儿童的心智在共同感兴趣的问题上汇合,进而产生智慧的激发、经验的交流、情感的共享和行动的支持。

---

① 冯晓霞,朱细文.瑞吉欧教育理念中的儿童与教师.学前教育,2000(12).

(四)课程观

1. 课程目标

瑞吉欧课程体系是以一种儿童本位的课程论为指导,在确定课程目标时更多立足于儿童需要和个性发展,有机融入了一定的学科知识和当代社会对新人的需求。在它的课程目标中,并没有预先制定的非常细致、具体、可操作的行为目标,而是强调在活动过程中培养儿童的个性、主体性以及他们在学习过程和具体教育情境中的生成性、表现性目标的实现。这样的课程目标,不仅解放了儿童,而且也使教师的教学有了较大的自由空间。

2. 课程内容

瑞吉欧的幼儿学校没有预先设计好的课程内容,因为他们认为,儿童本身的需要、兴趣、经验和能力是多样化的,教师和他们在一起,"就是在同三分之一的确定性和三分之二的不确定性与新异性打交道"。在这种情况下,预先确定好学习的终点和程序,只能是对儿童学习潜力的束缚和阻碍,只能把学校推向"有教而无学"的状况,因此,瑞吉欧学前教育体系无明确规定的课程内容,无固定的"教材"或预先设计好的"教育活动方案",它们的课程主题来自于儿童生活中感兴趣的事物、现象、问题以及他们各自的活动。对瑞吉欧人来讲,日常生活是取之不尽的课程内容的资源,如积木游戏、角色游戏、听故事、游戏表演、烹调、家务活动、穿衣打扮、颜料画、拼贴画、黏土手工等。

3. 课程的实施

(1)方案教学。"方案教学"是一个译名,其中"方案"一词还可以译为"设计""项目""计划"等。方案教学是根据儿童的生活经验和兴趣确定活动的主题,并以该主题为中心加以扩散,编制主题网络,将概念予以分化、放大,让儿童通过自己的学习来探索概念的内涵。在编制主题网络时,涉及儿童的认知、情感、社会化、语言、体能等各个发展领域,并将游戏、故事、绘画、手工、音乐、数学等方面的内容融合为一体。

第一,师生共同合作设计方案的主题。从方案设计上来看,瑞吉欧方案主题的选择主要是根据儿童的兴趣、能力,以及教师的经验和园内外的教育资源状况,由师生共同决定的。其主要目的是协助儿童能全面、深入地理解他们周围环境及经验中值得注意的事物与现象,使儿童通过方案主题的探索活动,获得与周围的人、事、物的互动,从而自主建构、主动探索、自由创造,在积累知识的经验过程中逐步掌握学习的方法和技能。

第二,师生共同编制策划主题网络。所谓主题网络是一种由许多与主题相关的子题编织而成的放射状的图形,它把各种资料都纳入到主题之下的各子题内。主题网络的编制主要在明确主题探索的范围内,由教师与儿童共同完成。一般由教师根据儿童在主题讨论中的问题,先编制一个初步的主题网络,然后根据儿童的经验和认知的水平,在实际实施中再进行随机性的调整和补充。

第三,教师们共同讨论方案执行的思路。在儿童尚未正式开始进行方案之前,教师们要先讨论关于方案的各种可能性、假设及方案可能进行的方向。大家在一起讨论的问题主要有:方案进行前应该提出哪些启发性的问题,儿童对即将开展的主题活动的认识程度如何,怎样鼓励儿童产生观察、提问、建议与假设的欲望,如何引导儿童设定方案的初步方向,教师将如何与儿童合作并对方案的进行产生关键性的影响。

第四,创设一定的情景推动方案进行。瑞吉欧教师认为,任何方案的进行必须首先设立目标并评估儿童与方案相关的知识和兴趣,然后,协助儿童设立一个适当的情境,并使他们能够从一开始就参与到问题的探索之中。

(2)小组工作。瑞吉欧的方案活动一般采取小组工作的方式,每小组由3~5名儿童组成,以确保同伴之间的有效合作。方案活动中的同伴合作既体现在能力强的儿童向同伴提供经验或技能上的指导与支持,更体现在儿童在共同活动中的彼此调整与适应。一方面,借助教师的帮助,一个或几个孩子的问题或观察可以引发其他孩子去探索其从未接触过,甚至从未怀疑过的领域;另一方面,孩子们在合作探索和交流的过程中,获得自我认同或发现矛盾、冲突,进而重新评价或改变自己的认识,这就是瑞吉欧所说的儿童间真正的"合作活动"。

(3)档案支持。档案指的是对教育过程及师生共同工作结果的系统记录,包括:儿童自己的视觉表征活动作品以及对儿童工作过程中具体实例的记录,如记录儿童的工作进程,正在工作的儿童照片,教师写的旁注,撰写下来的儿童争论短评,对活动意向的解释以及家长的评议等。这种档案并非简单的文字记载,而是以图画、实物、照片、录音、录像、幻灯、文字说明等多种形式表现出来,贯穿于方案活动的始终,并在活动结束后延续。高质量的档案既可以促进儿童的学习,支持教师的教学,又可以刺激家长的参与,赢得社区的理解与支持。

(4)图像语言。在儿童围绕着一个共同方案研究的过程中,瑞吉欧教师会鼓励孩子运用他们的自然语言和表达风格,自由地表达和相互交流——包括词语、动作、手势、姿态、表情、绘画、雕塑等,这就是瑞吉欧学前教育体系中所说的图像语言。轰动西方的名为"儿童的一百种语言"的展览中,儿童用图像语言(包括素描、颜料画、纸工、泥工、拼贴画、雕塑等)所表达出来的对事物的认识,和对世界的感受感动征服了几乎所有的参观者。图像语言为儿童提供了一种他们能够驾驭的表征手段,来记录并交流自己的想法、观察、记忆和感受。这不仅有助于教师更深入地了解儿童已有的知识经验,而且也为儿童探索知识、建构已有的认识、与同伴共同建构认识提供了一种快捷有效的交流工具,有力地辅助、促进了方案活动的开展。

三、瑞吉欧学前教育理论对学前教育的启示

瑞吉欧的学前教育理念是近些年我国学前教育界讨论的焦点和热点,它在带给我们理论和实践工作者许多新的思想冲击的同时,也对我国的学前教育实践带来了诸多启示。

(一)儿童观的启示

瑞吉欧教育的儿童观认为,每一个孩子都有多种学习和表达自我的方式,每一个孩子都存在独特的生命价值和无限的发展潜能,每一个孩子都能够在合适的环境和教育的作用下表现出旺盛的生命力和巨大的创造潜力。因此,我们应该像瑞吉欧人一样,从儿童的需要出发,走进儿童的心灵,尊重儿童,热爱儿童,重视儿童的潜能,建立起和谐平等的对话关系,创设出适合儿童身心成长的教育环境。

(二)教育观的启示

瑞吉欧的教育观告诉我们,儿童是学习的主体,他们拥有很强的自我发展潜力,我们应该相信儿童自我学习的力量,不要过多地限制和束缚他们的自我学习力。

瑞吉欧的教育观也告诉我们,学前教育是一项多方合作、共同参与的公共事业,一定要关注家园合作所形成的教育合力,而纵观我国的学前教育,家庭还只是充当学前教育的配角,社会支持还远远不够,在这些方面,瑞吉欧的全民共助教育为我们树立了典范。

瑞吉欧的教育观还告诉我们,优质的学前教育需要提供理想的环境空间,我们应该像瑞吉欧人一样,认真考虑如何增进环境的开放和资源的综合利用,并为儿童的学习营造出舒适、温暖、愉快的气氛以及令儿童感到自由、快乐的情境。

(三)教师观的启示

瑞吉欧的教师把自己定位于儿童的倾听者、支持者、引导者和与儿童共同成长的学习者,并认为,这样的教师角色更有利于儿童的成长与发展。我们应该逐步改变"传道、授业、解惑"这一单一的教师角色,努力追随和参与到儿童积极主动的活动之中,分享他们的激动和好奇,与他们共同体会学习的喜怒哀乐。在孩子们出现问题时,我们不应马上直接告诉他们现成的答案,应鼓励他们自己去寻找答案,并帮助他们向自己提出问题,提出好的问题。此外,当儿童遇到困难时,我们应和儿童一起探讨跨越障碍的策略,并鼓励他们坚持到底,解决自己的困难。

(四)课程观的启示

瑞吉欧的方案教学强调课程的生成性,没有预先计划好的课程目标,也没有确定的课程内容,它诞生于即时的情境,来源于儿童的兴趣以及周围的生活环境。我国的学前教育课程虽然也提倡从儿童的需要和兴趣出发,但往往由于教师主导着教学的方向,使得儿童的兴趣和需要不能得到充分表达,也使教师错过了很多很好的教育契机。瑞吉欧方案活动的经验,为我国学前教育工作者如何处理儿童生成的活动与教师预定的活动之间的关系,提供了一种可以借鉴的样板。

需要注意的是,每一个社会、每一种文化都有它的特殊性,不管瑞吉欧学前教育的理念多么先进,瑞吉欧的学前教育系统多么完善,它们都是植根于其特殊的社会文化背景之中的,完全照搬移植是行不通的。在思考瑞吉欧学前教育能给我国的学前教育带来什么启示的同时,我们只有一切从我国学前教育事业的实际出发,才能领会瑞吉欧教育的真谛,才能让瑞吉欧的教育精神在我国学前教育事业的土壤中生根发芽。

第三节 华德福学前教育理论

华德福教育起源于德国,是一种已有百年历史的完整而独立的教育体系。它是由奥地利思想家、人类学家和教育家鲁道夫·斯坦纳(Rudolf Steiner,1861—1925)根据他的人智学理论观点所创立的一种国际性教育模式。斯坦纳将他的教育理论积极运用到教育实践当中,并于1919年在德国的斯图加特成立了世界上第一所自由华德福学校。华德福教育是一种以人为本,注重儿童身体、心灵、精神整体发展的全人教育,同时也是尊重儿童独特个性的教育。随着华德福教育理念的传播,华德福学校在许多国家相继开办。1994年,联合国教科文组织对其进行了高度评价,并向全世界推荐了华德福教育。截至2013年,全球60多个国家建立了1 026所独立的华德福学校、2 000所幼儿园、646所特殊教育中心,同时还有很多基于华德福教育理念的公立学校、特许学校和在家教育。我国第一所华德福学校于2004年9月在成都建立,随后上海、广州、深圳、茂名、武汉等地也陆续出现华德福学校或幼儿园。

一、华德福教育的理论基础

华德福教育以鲁道夫·斯坦纳创立的人智学为基础,斯坦纳对个体的意识和精神发展进行深入研究后得出对人的身体、心灵和精神发展的独特认识。在斯坦纳看来,当一个新生儿诞生时,就已经具备了三个元素,前一个是他从父母里获得的物质体,后两个是他与生俱来的心灵体和灵性体。人的成长需要物质体、心灵体和灵性体三个方面和谐发展。斯坦纳指出"我们的任务是介绍一种教育,对人类的整体——身体、灵魂及灵性——都照顾到,让大家都能知道并了解这三大要素"[1],教育则是帮助孩子的身体、心灵和精神的全面和谐发展的一门艺术。华德福学校基于这一学说,在教学实践中把触及学生的心灵深处作为首要任务,以满足深层次的心灵需求来设置教学内容,引导学生在大自然中探索,在心灵的召唤下去触及学习的方方面面。

斯坦纳认为人的发展是阶段性的,每七年为一个周期。在一个人的不同发展阶段,其身体、心灵和精神发挥不同的职责和功效。因此,华德福教育在教育实践中按照孩子的意识发展规律来为孩子设置相应的教学内容,让孩子的身体、心灵和精神得到和谐、健康的发展。

第一个成长阶段是指从出生到大约7岁换乳牙之前。这个阶段儿童的生命组织构成力主要用于促进生理身体的发展。孩子在这个年龄阶段身体成长极其迅速,他们通过本能的模仿来学习。在这个成长阶段即人生的第一个七年,华德福学校教育尽量做到自然、和谐、温馨,给予孩子温暖、安全和爱的感觉。

---

[1] [奥地利]鲁道夫·斯坦纳著,潘定凯译.童年的王国.深圳:深圳报业集团出版社,2014:7.

让孩子充分接触大自然,引导他们自由发挥想象,认识和了解他们生活的这个地球生命体。创设环境使儿童亲近大自然,爱护大自然,对儿童施以善的教育。

第二个成长阶段是7岁到青春期(一年级至八年级),在这个阶段儿童的生命组织构成力主要活跃在感觉的发展。这个时候儿童的意识已经从环境中独立出来,他们不仅能用自己的眼睛观察世界而且逐步形成了自己的内心世界。同时,也在寻找楷模和权威力量来追随,并通过感觉来学习。儿童的感觉能力比起思考能力和分析能力来得更快更深刻。华德福教育针对这个时期孩子乐于参与生活的天性,让孩子参与多种日常工作和艺术创造,不仅能加强孩子对美的感受和追求,更能使孩子形成对生活的责任感。

第三个成长阶段是青春期到21岁。在这个阶段孩子的生命组织构成力活跃在思想意识的发展上。儿童的心智逐渐走向成熟,他会用挑剔的眼光来看这个世界和周围的人,这个世界已不再像他们想象的那样完美了。在这个阶段,孩子的独立思想、辨别力和判断力不断增强,已经到了人性的发展阶段。华德福教育在这个时期针对孩子求真、求实的天性,开设了大量自然科学课,如数学、农艺、星象学、气象学等,目的在于使孩子通过综合的学习了解科学知识,寻求真理,探索人生。在这一阶段,华德福教育提倡的是"真"的教育[①]。

二、华德福学前教育的基本理念

华德福教育理念与传统教育理念有着本质的区别。华德福教育者认为,智力的开发并非是多多益善的,就如开发自然资源的同时也要保护自然环境那样,应该通过美术教育平衡人的智力、感觉和意志的发展,达到身体、心灵、精神的整体健康发展,把学到的知识渗透到学生的心灵深处并表现在行为上。因此,华德福学前教育不提倡对孩子进行正式的教育,它提倡让孩子快乐成长,认为这是孩子在进入小学前唯一的任务。华德福教育强调尊重和保护孩子的天性,从思考、感受、意志的均衡发展看待人的成长需求,认为每个人都是独一无二的个体。它以一套能够照顾儿童身体、心灵、精神整体发展的教育方式,扩展每个人的内在潜能和生命视野。

(一)教育的目的是让孩子成长为自己

华德福教育认为传统教学急切地想通过各种手段向儿童传授事实或概念,忽视了儿童内在的精神发展。华德福教育强调成熟的过程是一个人发现自身潜力和意识的过程,也是不断成长为自己的过程。教育的目的和任务是为了发展人的身体,唤醒人的意识,培育人的自由精神。斯坦纳认为,每个人最终应该拥有独立的思想和自由的精神,能找到自我的定位和人生方向;享受超越个人情感、血缘、地缘、政治、文化与宗教信仰的影响和限制的心灵的自由[②]。

(二)重视整体生命的教育

华德福教育是追求完整人的教育,在幼儿阶段,身体是发展的重点,但是智力、艺术、道德等方面的发展也是不可忽视的。华德福学前教育也重视人的智力、艺术和道德的平衡发展,尤其重视幼儿想象力和创造力的发展,强调在滋养幼儿心灵的基础上促进其全面发展[③]。同时,华德福教育非常重视教学内容的生命意义,反对将原本具有生命意义的事物脱离生命而孤立地展现在孩子们面前。教育应该促使儿童在身体和心灵上与自然相协调。

(三)教育是一个艺术化的过程

华德福教育是一门艺术,教育的过程是一个艺术化的过程。艺术化的教育比纯艺术教育的范围更广

---

① 胡敏,毛志燕.华德福教育理念及其启示.学理论,2013(1).
② 黄晓星著.华德福在中国:迈向个性的教育.海口:南方出版社,2014:30.
③ 费广洪.华德福学前教育课程理念及其启示.教育理论与实践,2008(10).

泛,而不仅仅是绘画、雕刻、手工艺、话剧、讲故事、韵律舞、音乐舞蹈和体育等纯艺术形式。在华德福教育中,所有学科的教学都是以艺术的形式导入,甚至包括数学和科学这种看上去很理性的课程,也经由舞蹈、绘画和运动等艺术化的形式进行①。通过这种艺术化的教育手段来让孩子内心产生对生活、对学习的最真诚的热爱,以及在学习中体验创造的有趣性。艺术化的教学不仅能直接地丰富儿童的精神生活,更能培养孩子健康的心灵和生活理念。

（四）重视节律与重复

华德福幼儿园中孩子的生活和活动都以节奏性、规律性和重复性为原则。斯坦纳认为规律是健康之柱,人类、大自然都在规律中演进,配合大自然的规律是促使儿童生理与心理健康成长的要件。生活和活动的节奏就像呼吸一样重要,重复和秩序能给孩子带来稳定感和安全感,培养儿童的意志力,是健康身体发展的基础。同时早期的规律生活经验可以为儿童未来的逻辑思考奠定良好基础。

（五）重视模仿与典范

儿童具有很强的想象能力及模仿能力。这阶段的孩子具有梦幻特质,具有很强的能力去编织"想象"的世界,一根树枝可能就是他们的一支枪或一艘船。因此,必须给孩子一个开放的想象空间,这种想象力可以帮助儿童来理解事情。儿童是透过"模仿"来学习的,同时经由感官来认识世界,他们的感官对所有围绕着他的声音、颜色和形状开放,因此,给孩子一个良好的"环境"和"典范"提供经验和模仿是华德福幼儿园很强调的部分②。

三、华德福学前教育的课程理念

（一）课程目标

华德福幼儿园课程目标是依据下列的原则设计③：

(1)规律及循环。人的发展与大自然、宇宙的规律运转息息相关,透过有规律、重复的活动使幼儿能健康地成长,并使其日后的韵律系统得到完善的发展。

(2)以感官认识周围世界。幼儿在这个阶段不是以理智学习,而是透过感官对事物的接触认识世界,而且他们整个身体是一个感官体,所以,幼儿是以全身整体的活动来感知和认识事物。

(3)游戏的欲望。这段期间幼儿主要工作内容是游戏,游戏经验是幼儿日后智力发展的根基,任何种类的游戏都对其身体、心灵、精神平衡发展具有关键的影响。

(4)艺术（音乐）活动。想象是幼儿日后智力发展所不可缺的能力,艺术的活动给予幼儿机会发挥想象力。

(5)模仿及模仿的对象。0~7岁的幼儿主要通过模仿学习,生活在他周遭大人的言行举止、想法及反应均能是幼儿模仿的对象,所以幼儿园教师的工作态度及行为也被融入课程活动当中。

(6)依据当地特色。华德福教育机构分布全球,不管是教育儿童的华德福学校,或是教育幼儿的华德福幼儿园,还是教育特殊需求者的康复村组织,都本着人智学的理念来办教育。但是他们可以依照自己所处国家及地域的特色设计课程,所以每一所华德福幼儿园的课程和作息设计都有着自己的特色。

一般来讲,华德福幼儿园的课程目标是:滋养幼儿心灵,寻求幼儿身体、心灵、精神三个层次的全面发展。具体来说,华德福学前教育目标包括七个方面：运动和身体感觉；器官感觉；语言；想象力和创造力；社会能力；目的性和注意力；对正确与错误的感觉。不管是身体、心灵、精神的发展,还是七个方面的发

---

① 黄晓星著.华德福在中国：迈向个性的教育.海口：南方出版社,2014:30.
② 郭冬梅.华德福教育理念对当前幼儿园教学的启示.中国校外教育下旬刊,2014(3).
③ 王雪梅.华德福幼儿课程的研究.华中师范大学硕士论文,2012:25-26.

展,华德福课程目标都是营造家庭的氛围,使幼儿在自身成长节奏的基础上得到健康、健全的发展,为幼儿今后的发展奠定基础,为进入学校学习做好准备,以胜任今后的生活。华德福学前教育努力把幼儿发展由单一的智力发展转化为全人发展的教育。

(二)课程内容

华德福学前教育重视当前教育内容对儿童终生的价值和意义,把儿童放到人生的一个阶段来认识。生命头七年的教育中,没有学术内容,不提倡"正规学习",不教幼儿读书、写字和算数,也没有作业本或认字卡。华德福教育认为,在大脑没有成熟时不能过度使用,如果过多使用会造成身体、情感和精神的整体发展失去平衡。生命头七年主要是身体成长,教育对其感官要小心呵护,不要过度刺激。因此,华德福学前教育强调幼儿的活动、游戏以及想象力的锻炼,注重健康的成长。给予幼儿温暖和爱是幼儿园教育的重要内容。幼儿在这个充满温暖与爱的环境里发展健康的体质,这是为下一阶段的任务——知识的学习与智力的训练打好基础。让孩子在幼儿园阶段处在一个想象与游戏的环境是华德福学前教育的重要特征。

斯坦纳认为,教育应该促使儿童在身体和心灵上与自然协调。因此,在不同的年龄阶段,儿童发展的主导任务各不相同。7岁前儿童发展分为三个小阶段,每个阶段有其发展的主导任务。1~3岁幼儿学会三个重要的生存能力:挺身坐起、走路和说话;3~5岁幼儿会展现想象力和创造力;5~7岁儿童指尖运动变得灵活,开始会想象有图像和做计划性的游戏。针对不同年龄段的不同发展任务,华德福学校采用整段式教学。一个主题会延续4至6周,作为每天早上的主要课程。

(三)课程实施

华德福学前教育的课程安排主要是依据大自然的韵律,以自由活动(呼气)、团体活动(吸气)交替的方式来呈现大自然里的动静交替原理。同样的艺术活动在每周的同一天进行,孩子通过每个礼拜的重复课程能感受到规律性及循环性。华德福学前教育的课程安排主要内容包括[1]:

自由创造游戏。每天至少一次的户外活动及一次室内的自由创作游戏。对幼儿而言,游戏是工作,也是幼儿的生活,孩子以取之大自然的天然物质:木头、叶子、松果、石头、贝壳等进行游戏,在反复的游戏活动中达到身体、心灵、精神的满足。

晨圈。老师和孩子手牵手围成圈,配合歌和肢体语言来表示诗的内容或是意境。轮舞所呈现的内容包含:以四季的自然现象融入人类的日常生活、童话等。

点心时间。幼儿围绕在餐桌前,对食物以敬虔的态度,手牵手唱感恩歌。唱完后,教师和幼儿则在愉快的气氛中用餐。这个仪式是为了培养感恩的态度。

户外探索游戏。幼儿在自然的环境里,自由游戏或散步,幼儿在花园里可以自由探索,或者和花园内的植物说早安,观察花朵、叶子、昆虫、小鸟,等等。幼儿可以自在地在户外探索游戏。

故事。在华德福教育的课程实施过程中,很多内容都用讲故事的形式进行,故事被当作孩子的精神食粮。老师会通过多种方式给孩子烹调这些营养品,如做布袋戏、绘画或跳音语舞等,选择故事则需要针对孩子的意识发展需求和课程内容的需求,有些是现有的故事,有些是老师编的故事。

蜂蜡活动。通过捏塑的过程中,幼儿可以运用嗅觉、触觉感受那份与橡皮泥相互传递的温暖与自然的香气。这种感受促成幼儿与蜂蜡紧密的心灵接触,同时,蜂蜡也可让幼儿自由地塑形,满足其对造型、创意的乐趣。

湿水彩画。湿水彩画的用意在于让幼儿体验色彩,因此将纸张弄湿是为了让色彩的作用能充分发挥,让孩子体会颜色栩栩如生的性质是很重要的。

蜂蜡砖画。蜂蜡砖画是以块状蜡笔所完成的绘画,块状蜡笔的主要成分是蜂蜡。

节庆活动。华德福学校非常重视庆祝富有深刻意义的传统节日,庆祝节日成了课程的一部分。庆祝

---

[1] 郭景云.华德福学前教育思想及对我国早期教育的启示.河北师范大学硕士论文,2013:20-23.

传统节日不但让孩子在特定的日子里表达崇敬之情，享受到他们期待的欢乐和喜悦，而且也让孩子对生活充满美好的期盼和向往。华德福教育在课程设计和教育内容的安排上也紧扣季节的变化，并把节日的庆典活动当作课程的一部分。节日的庆典就是庆祝自然的韵律，如庆祝日出、日落、四季交替、生长、凋零，在庆祝一年逐渐逝去的节日韵律中，孩子渐渐地与自然、家庭和人类合为一体，把孩子的注意力导向自然界的变化和发掘自然界中的美[1]。

结束圈。一日的课程已告一段落，在歌声中让幼儿闭起眼睛静思一日的工作，唱着歌曲："今天的工作和游戏已结束，我们要回家去，再见！再见！朋友们，愿上天祝福你"；或幼儿念词："鸟儿空中飞，鱼儿水中游，我勇敢地站在地球上，享受阳光给我温暖。"借此让幼儿在平静的歌声中对一日的作息进行回顾与检讨。

值得一提的是，华德福幼儿园产生了非常有特色的呼出时间和吸进时间以及收放策略。在华德福幼儿园里，一日活动主要有两个时间段——呼出时间和吸进时间。早上，先是呼出时间段，幼儿在室内或室外自主游戏，老师通常不引导，在安全的界限内，幼儿想做什么就做什么。在一小时或一个半小时的游戏时间里，幼儿会帮忙做面包、做黄油，或建房子、轮船、城堡，等等。接着是吸进时间，幼儿需要集中一会儿，先是收拾玩具，然后是晨圈活动，幼儿注意力集中于音乐、动作、老师身上，晨圈时间10分钟或20分钟。这时，上午时间就差不多了，吃完点心，接着又是呼出时间，幼儿可以到户外活动。户外活动结束后，他们回到房间里，再有个安静的吸进时间段，幼儿坐着听一个故事。很显然，一日中呼出时间占绝大部分，而在呼出时间里，幼儿都是从事游戏活动的。

在一日、一周甚至一年的生活中，教师交替使用收和放的策略来安排幼儿的活动。收就是教师安排的、有组织的、以静为主的活动；放就是幼儿自选的、自己开展的、以动为主的活动。一日中，收就相当于吸进时间，放就相当于呼出时间；一周中周一、周五教师会使用收的手段，周二至周四会使用放的手段；一年中春、冬教师多会放，夏、秋老师多会收。可见，在华德福教育里，幼儿总是在游戏中自然而然地学习着[2]。

四、华德福学前教育的环境观

斯坦纳强调人与社会的平衡发展，特别注重自然环境对学前教育的意义。华德福学前教育旨在帮助幼儿在自然情景中体会自然规律，获得身心健康的成长。同时帮助人们建立与大自然的联系，学会倾听内心的声音，应对生活，最终达到服从自然，敬畏自然，感激自己当下处境的人生态度[3]。在孩子的学龄前阶段，从幼儿园环境的设计和教室布置，到教学用品和学生用品都非常讲究，尽量做到自然、天然、和谐和温馨，给予孩子温暖、安全和爱的感觉。

（一）户外环境的创设

环境创设应当因地制宜，不同国家、不同地区的华德福幼儿园的户外环境存在着差别，但可以肯定的是，每一所华德福幼儿园都强调在户外环境创设中的自然元素，强调要与大自然进行亲密接触。华德福幼稚园大都建立在郊外，而不是繁华的闹市。世界各地华德福幼儿园的布置都充分呈现了其户外环境的共性：拥有宽阔的活动场地、原始的未经修整的土地、用于园艺和种植的区域，等等。如2009年在纽约成立的华德福森林幼儿园，是一所基于户外活动项目的幼儿园，该园坐落于国家公园，到处草木丛生、绿荫满地，拥有多条徒步旅行线路、足够宽敞的庭院和多处户外活动场所，供孩子们游戏与玩乐。列克星敦华德福幼儿园周围有184英亩的原始草地、树林和湿地，为儿童进行农耕、园艺和足球等各种户外活动提供了充足的场地。

---

[1] 黄晓星著.华德福在中国：迈向个性的教育.海口：南方出版社，2014：119-120.
[2] 费广洪.华德福学前教育课程理念及其启示.教育理论与实践，2008（10）.
[3] 王雪梅.华德福幼儿课程的研究.华中师范大学硕士论文，2012：45.

与传统幼儿园相比,华德福幼儿园的户外场地中没有滑梯、秋千或者大型攀爬架。华德福教育者认为,这些人为的户外设施,虽然某种程度上能给孩子们带来快乐的感受,但削弱了儿童与大自然的接触,而自然界中的花草、树木、溪流、石块等,能够带给他们同样的快乐。幼儿应安静地融入周围的环境,同时在游戏中体会环境。

(二)室内环境的创设

在户外环境中,华德福教育者们尽力提供纯天然、原始的环境给儿童,使其能够充分与大自然互动,真正被大自然包裹。而在室内环境中,他们希望尽力避免电子设备的干扰,减少墙面的花哨布置,提供体现自然特色的季节桌等,使整个教室充满浓郁的生命力和童话的氛围。

华德福幼儿园的教室墙面上没有粘贴任何印刷品,也没有电视、电脑等现代化的教学用具。教育者认为过早地让儿童接触印刷品、电子产品并不是明智的做法,会对儿童的大脑发展产生负面影响。走进华德福幼稚园,就像走进一个和谐、有序、温暖的家。每间教室都相当漂亮,深浅不同的粉色在墙上呈现出梦幻般的效果,给孩子温暖的感觉和想象的空间;平滑而光亮的木质地板,放小点心的桌子上铺有精心挑选的桌布,桌上有新采摘来的花果和五颜六色的餐巾纸,当然也少不了刚出炉的香喷喷的面包;墙角一张铺着丝质桌巾的"四季桌"上总可以看到采自大自然的当季花草植物;教室四周围放着许多大篮子,里面装满了许多在大自然中可以看到的、能找到的或是手工制造的简单的木偶、乐高玩具、各种不同大小和颜色的布块、简单的洋娃娃,还有儿童尺寸的锅碗瓢盆;教室的窗台上有松果、五彩缤纷的石头、玻璃珠、贝壳和孩子们自己栽培的植物。这一切都与孩子们天真、活泼、无邪的天性融为一体①。

(三)取自自然的玩教具材料

华德福幼儿园最大限度地给予儿童感受自然的机会。华德福教育者认为,使用自然的物品,会使孩子触摸和感受到真实的世界,培养其感觉感官的敏锐力和协调性②。园中提供给儿童玩耍的玩具大多取自天然,若非必要,不提供塑料玩具。华德福教育者认为,塑料玩具会剥夺儿童对真实世界的体验。儿童通过各种感官来学习和发展,接触来自自然的玩教具,能够更好地刺激儿童的感觉通路。这些玩具包括石头、树枝、枯木、松球果、银杏种子等代表森林元素的,还包括珊瑚、贝壳、海星、鹅卵石等具有海洋特征的。此外,还有各种各样的布料、丝棉麻制品等可以用来二次制作的材料。值得一提的是,为培养儿童的秩序感和自律感,不同的玩具材料被收纳在不同的木筐里,并且放置在固定的位置。游戏结束后,儿童必须将玩具放回原处③。

除了使用一些天然材料之外,华德福学校有一些特殊玩具,叫作"未完成的玩具"(图5-2)。这些玩具外形简单,例如娃娃只有个别的感官,没有表情,也不做太多的装饰。这样做的目的,是为了留给孩子们更多遐想的空间,尽量减少玩具本身给孩子们造成的干扰。

表演偶戏故事用的提线偶　　华德福幼儿园的偶戏故事　　毛线编织的小马

图 5-2　未完成的玩具

---

① 张娜.迈向儿童灵性的教育——华德福幼稚园在美国的实践.教育导刊,2008(1).
② 张俐.保护童年——华德福学前教育.中华家教,2005(10).
③ 李金,廖琴.华德福教育中的自然元素及其对幼儿园环境设计的启示.特立学刊,2016(4).

五、华德福学前教育对我国学前教育的启示

华德福教育于2004年开始传入我国,在质疑与追捧中不断发展。作为一种独立的教育体系,历经百年历史的传承和发展,华德福教育在世界各地始终保持其自身的本色,其教育思想和实践无疑对我国的学前教育具有一定的启示意义。

(一) 重视面向儿童心灵的教育

在我们的教育实践中,往往为了使儿童适应未来社会的要求,过早地给儿童灌输一些我们认为未来社会所需要的知识,训练儿童掌握一些我们认为未来社会生存或成功所需要具备的才能。与此同时,我们忽视了这些教育和训练对于这个年龄段的儿童来说具有什么意义、对其身体发育有何影响、对其生命的价值有多大等根本问题。而华德福教育则提示我们,滋养儿童的心灵是教育的根本目的,生命本身应该成为我们教育的最终宗旨。教育不能急功近利,应该关注儿童的生命成长与心灵体验,应该给儿童一个富有生命意义的健康童年。

(二) 强化亲近自然的意识

亲近大自然被看作是华德福教育的重要部分,华德福教育者认为,人和自然界万物息息相通。这种相通既要求生活节奏与自然的协调一致,也要求人类感知的刺激来源于自然。校舍周围充分的自然空间,使得生活在其中的儿童能够观察和感受自身和大自然的变化节奏,引导孩子领悟人是自然界的一部分,是天地万物之一。用于儿童生活和学习的东西应该都是自然物,其他一切人为的经过现代加工的材料都不适合于孩子的身体和心灵发展,都应该远离儿童。除了材料本身取自自然之外,材料形态也应该保持自然状态,不需深入细致加工。因此,在华德福学校中没有成品的塑料玩具,他们注重的是户外的自然环境,室内玩具大部分是老师和家长用自然材料做的。

华德福教育亲近自然的思想在自然离我们越来越远的当代无疑具有重要的意义。它提醒我们把人类放到自然的大环境中来认识,尊重生态,与自然融为一体,从而保持身心的健康成长。在教育中,我们应该增加自然的内容,强化自然的意识,教育手段上多注意运用自然素材,在活动安排上多注意与自然的和谐统一。让儿童更多地感受、认识和亲近自然。

(三) 遵循儿童的内在节奏,形成生活的节奏性、规律性

华德福学前教育以节奏性、规律性和重复性为原则,依据呼吸节奏来安排教育活动,以培养儿童的秩序感、稳定性和意志,保障儿童的身体成长。在教育中,我们要在遵循儿童内在节奏的基础上,帮助儿童形成稳定感、秩序感,要注意保持环境的稳定性、教师的稳定性、日常活动的稳定性,从而使儿童形成安全感。而在具体的课程安排上,要注意通过稳定的活动时间和活动内容,使得孩子通过稳定的一日活动感受到生活的规律性、循环性和秩序感。

【本章练习题】

一、单项选择题

1. 加德纳提出了著名的( )。
   A. 华德福学前教育理论　　　　　　　　B. 瑞吉欧学前教育理论
   C. 多元智能理论　　　　　　　　　　　D. 最近发展区理论
2. 画家、雕刻家、建筑师、航海家和博物学家身上有比较突出的( )。
   A. 动觉智力　　　　　　　　　　　　　B. 自省智力
   C. 观察智力　　　　　　　　　　　　　D. 空间智力
3. "儿童有多种表达自己和认识世界的方式"是哪种理论的核心观点( )。

A. 认知发展理论 B. 瑞吉欧学前教育理论
C. 多元智能理论 D. 最近发展区理论

4. 华德福学前教育的理论基础是（　　）。

A. 人智学理论 B. 生态学理论
C. 人类学理论 D. 社会学理论

二、简答题

1. 多元智能理论的结构是什么？
2. 多元智能理论的基本观点有哪些？
3. 瑞吉欧学前教育理论的基础是什么？
4. 瑞吉欧学前教育理论包含哪些基本内容？
5. 华德福学前教育理论对当代的学前教育有何启示？

三、论述题

试述瑞吉欧学前教育的儿童观及其对当代学前教育的启示。

四、材料分析题

小贝是大班的一名儿童，性格乖巧但依赖性强。在幼儿园什么事儿都喜欢找老师：老师，××碰着我了；老师，××把我的衣服弄脏了；老师，××笑话我了……老师为了安抚小贝的情绪，每次都会尽量出面帮其解决矛盾。久而久之，小贝的告状见多不减，以至于一丁点小事都会告到老师那里。

问题：请对小贝的告状行为和老师解决问题的行为进行分析。

五、活动设计题

请根据下面的素材设计一个大班体育活动方案，要求写出活动名称、活动目标、活动准备和活动的主要环节。

幼儿园购买了一批小板凳，孩子们特别感兴趣，只要有空的时候就拿着小板凳当道具玩，而且越玩花样越多。大班陈老师发现后，专门设计了"多变的板凳"的户外体育活动，以培养儿童与他人合作的习惯，勇敢的品质和爱动脑筋自由创造的精神。

六、写作题

儿童
是由一百种组成的。
儿童有
一百种语言
一百双手
一百个念头
一百种思考、游戏、说话的方式
还有一百种倾听、惊奇和爱的方式。
有一百种欢乐，去歌唱去理解
一百个世界，去探索去发现
一百个世界，去发明
一百个世界，去梦想。

综合上述材料引发的思考和感悟，写一篇不少于800字的议论文。

要求：用规范的现代汉语写作，角度自选，立意自定，标题自拟。

第六章 学前儿童全面发展教育

本章概要

本章主要从学前儿童的德育、智育、体育和美育四个方面,分别阐述了它们对儿童发展的意义、基本目标和内容,并通过提供有效的实施途径,促进学前儿童的全面发展。

第一节 学前儿童全面发展教育概述

在教育史上,人的全面发展是一个永恒的主题。无论是从历代教育家的思想中,还是从不同时期颁布的学前教育法规文件中,我们都可以发现诸多关于全面发展教育的论述及对学前儿童实施全面发展教育的相关要求。了解全面发展的内涵,处理好德、智、体、美各育的关系,是实施全面发展教育工作的前提。

一、学前儿童全面发展教育的含义

学前儿童全面发展教育是指以学前儿童身心发展的现实与可能为前提,以促进学前儿童在德、智、体、美诸方面全面和谐发展为宗旨,并以适合学前儿童身心发展特点的方式、方法、手段加以实施的,着眼于培养学前儿童基本素质的教育。

在我国,无论是为哪一个年龄阶段服务的学前教育机构,其根本目标均为促进学前儿童的全面发展。2001年,教育部颁布了《幼儿园教育指导纲要(试行)》(以下简称《纲要》),该《纲要》主要通过健康、语言、社会、科学和艺术"五大领域"的教育活动,促进学前儿童的全面发展。2012年,教育部又颁布了《3—6岁儿童学习与发展指南》(以下简称《指南》)。该《指南》明确指出其基本精神是"以为学前儿童后继学习和终身发展奠定良好素质基础为目标,以促进学前儿童德、智、体、美各方面的协调发展为核心",并进一步明确了各年龄段儿童在健康、语言、社会、科学、艺术五大领域的学习与发展目标,提出了相应的教育建议。而2016年教育部最新颁布实施的《幼儿园工作规程》中再次明确指出,幼儿园的任务是"贯彻国家的教育方针,按照保育与教育相结合的原则,遵循学前儿童身心发展特点和规律,实施德、智、体、美等方面全面发展的教育,促进学前儿童身心和谐发展"。由此可以看出,对学前儿童实施全面发展的教育是我国学前教育长期以来一直坚持的根本出发点,也是学前教育的基本任务。

二、学前儿童全面发展教育的意义

(一)德、智、体、美四育的意义

由德育、智育、体育和美育构成的学前儿童全面发展教育体系,是基于学前儿童身心发展的需要而提出来的,而德育、智育、体育、美育因各自有不同的任务而发挥着不同的作用。

学前儿童是未来社会的主人,他们的思想品质和道德素养会对我国未来的社会风貌、民族精神产生不可估量的影响。对学前儿童实施道德教育,有利于学前儿童良好行为习惯的养成,有利于自信心、独立性、坚持性等个性品质的形成,也有利于其社会适应能力的良好发展。

学前期是个体大脑发展最快的时期,智育能有目的、有计划地满足学前儿童的认知需要,帮助儿童获取知识经验,提高认识能力,发展智力,从而为以后的学习打下良好的知识与智力基础。

体育是促进学前儿童正常生长发育的重要保障。合理地对学前儿童实施体育教育,可以增强学前儿童的体质,提高儿童的身体素质,为其一生的健康打下基础。研究表明,经常锻炼的学前儿童,身体对环境的适应能力,对疾病的抵抗力均优于缺乏锻炼的学前儿童。

美育通过艺术化的形象魅力,潜移默化的感染和陶冶学前儿童的心灵,使学前儿童在感受美的同时,发展积极向上的精神和活泼开朗的性格,产生美好的情感和情绪体验。美育还通过艺术活动,帮助学前儿童借助形象的方式认识世界,弥补用语言和逻辑推理方式进行学习的不足。

(二)德、智、体、美四育的关系

在学前儿童全面发展体系中,德育、智育、体育、美育相互联系,相互渗透,作为一个统一整体,共同发挥着促进学前儿童身心和谐发展的作用。

就德育而言,其结果是让学前儿童形成好学、好问、勇敢、守纪律、不怕困难、团结友爱等优良品德和行为习惯,为体育、智育、美育目标的实现提供保障。

就智育而言,其作用在于帮助儿童获得知识经验,提高认识能力,发展智力。为体育、德育和美育提供认识基础。而认识对象本身就包括了在体育、德育和美育中学前儿童所接触的各种事物,智育中的知识经验本身也包括了体育、德育和美育的知识内容,事实上,智育不仅单独存在,也渗透在体育、德育和美育之中,体育、德育和美育三者之中都包含着智育成分。

就体育而言,其结果是体质的增强和生命的健康,为智育、德育和美育的实施提供了发展基础。同时,体育不仅指向学前儿童的身体发展,也将促进学前儿童智力、品德和审美能力的发展。如通过早操、体育游戏和体育教学等体育活动,学前儿童的肌肉和骨骼得到锻炼,体力和运动系统的控制能力得以增强,其大脑变得更加灵敏,智力也由此得到提高;体育活动中的团体协作、小组竞技有助于培养学前儿童互助、合作、公正、诚实等社会态度,也有助于培养学前儿童开朗活泼、勇敢坚毅、乐观进取的精神品质,良好品德由此得以发展;而体育活动中使用的器材、设备以及队列造型等则可以成为学前儿童的审美对象,促进其美感和艺术创造力的发展。

就美育而言,其结果是审美情趣的提升,使学前儿童能够欣赏体育、智育和德育中的美好事物,而通过审美体验获得的愉快情绪则成为催化剂,促进体育、智育和德育目标的进一步实现。

总之,对学前儿童实施德、智、体、美全面发展的教育必须正确认识四者之间的关系。如前所述,德、智、体、美四育在学前儿童发展中具有各自独立的作用,具有各自不同的价值,它们统一于学前儿童个体的身心结构之中,相互促进、相互渗透、相互制约,不可分割,不能相互取代。任何一方面的偏废都将影响其他方面的发展。

第二节 学前儿童德育

一、学前儿童德育的概念

德育即道德教育,它是教育者按照一定的社会要求,有目的、有计划、有组织地对受教育者心理上施加影响,以培养教育者所期望的思想品德的教育。

学前儿童德育是指根据一定的社会要求,有目的、有计划地施加道德影响,帮助儿童掌握浅显的社会道德准则,养成良好的道德行为习惯,并由此培养其道德品质的教育活动①。

二、学前儿童德育的意义

学前儿童德育是全面发展教育的重要组成部分,通过德育,可以使儿童逐步掌握社会的道德准则和行为规范,学会了解社会生活的准则;可以逐步培养儿童良好的道德行为习惯,形成良好的道德品质;可以培养儿童良好的性格和意志品质,提高儿童与他人友好相处和适应幼儿园与社会的生活能力,并能快乐地生活。儿童因生活经验缺乏和认识能力有限,缺乏辨别是非和做出正确道德判断的能力,再加上年龄小,自我控制力差,更易受不良倾向的诱惑而采取不符合道德标准的行为,也由此容易养成不良的行为习惯,因此,对学前儿童进行德育教育是促进儿童身心全面发展的重要途径。

与此同时,我国的现代化建设既需要物质文明建设,又需要精神文明建设。而精神文明建设将是我国未来长期要进行的一项巨大工程,也是确保国家稳定发展的重要保证。在很大程度上,学前儿童的思想品质和道德素养代表着未来社会的文明程度,对国家未来的社会风貌、民族精神产生不可估量的影响。而学前时期正是个体品德、行为习惯、道德品质等形成的重要时期,加强儿童的思想品德教育,培养儿童正确的是非观念、爱憎分明的情感和良好的道德品质,将会为儿童的终身发展奠定良好的品德基础,并为我国的精神文明建设做出贡献。

三、学前儿童德育的目标与内容

(一)学前儿童德育的目标

《幼儿园工作规程》确立的学前儿童德育的目标是:萌发幼儿爱祖国、爱家乡、爱集体、爱劳动、爱科学的情感,培养诚实、自信、友爱、勇敢、勤学、好问、爱护公物、克服困难、讲礼貌、守纪律等良好的品德行为和习惯,以及活泼开朗的性格。

学前儿童德育的目标强调从情感入手,符合学前儿童品德形成和发展的规律,符合学前儿童的年龄特点。目标中的"五爱"及其对学前儿童行为规范等要求,充分地体现了我国教育目的的基本精神。

(二)学前儿童德育的内容

根据学前儿童德育的目标,可以把学前儿童将品德教育任务分为情感教育、文明礼貌教育、人际交往和个性品质养成四个方面。

1. 情感教育

学前儿童已开始接触到周围社会生活中的具体事物,也受到成人对待周围事物的态度和情感的感染。两岁后,儿童初步的爱或恨的社会情感逐渐发展起来,这就为学前儿童的情感教育打下了基础。萌发学前儿童爱家乡、爱祖国、爱集体、爱劳动、爱科学的情感,是学前儿童思想和品德发展的基础。爱家乡、爱祖国情感的培养包括:爱自己的父母、老师、同伴,爱各行各业的劳动者,爱全国人民;爱自己的家、爱幼儿园、爱家乡和祖国的自然风光和社会生活;了解有关祖国的简单知识,如认识首都、国旗、国徽等。爱集体包括:培养学前儿童喜欢并逐步习惯幼儿园集体生活,与小朋友友好相处,关心他人,服从集体,有初步的责任感和集体荣誉感,遵守集体活动的规则等。爱劳动主要包括:体验劳动的愉快,认识与自己生活关系较密切的成人劳动,爱护劳动成果,爱惜物品和公共财物,参加简单的自我服务和为集体服务的劳动及培养相应的劳动技能等。

2. 文明礼貌教育

文明礼貌教育主要侧重于培养学前儿童礼貌待人的态度与行为习惯,通过各种机会,运用各种方式

---

① 岳亚平主编.学前教育原理.北京:高等教育出版社,2014:178.

让学前儿童学会使用礼貌用语。学会使用"请""您好""谢谢""对不起""没关系"等礼貌用语与人交往，不大声嚷嚷，不说脏话；有礼貌地倾听别人谈话，不随便插嘴；不经允许不能随便拿他人的东西；到别人家家里要先敲门；能尊敬长辈、爱护弱小等。

同时，文明礼貌教育还体现在引导学前儿童养成文明的生活态度和行为习惯，主要指爱清洁、讲卫生，不随地吐痰和乱扔果皮纸屑；保持环境整洁有序；遵守公共场所的规则与秩序，不折花草，不到处乱涂乱画等。

3. 人际交往技能

为了让学前儿童能适应集体生活、社会生活，应逐步发展他们的人际交往技能和能力。儿童与他人交往的过程中，会逐渐熟悉、认识周围的人与事，学会处理与小朋友、教师、父母和其他人的关系。如，学习如何提出自己的要求、表达自己的愿望，如何加入别人的活动，如何分享、合作，如何解决与小朋友的纠纷，如何理解别人、帮助别人，如何遵守社会行为规则，等等。

4. 个性品质养成

良好的个性品质，如良好的性格，自信心、独立性、主动性、诚实、勇敢、意志坚强等，对学前儿童成长为一个真正的社会人具有较大的影响。对于学前儿童身上存在的一些不良倾向，如自私、任性、唯我独尊，生活自理能力差等，应引起家长和教师的关注，并有针对性地引导他们向个性健康方向发展。

四、学前儿童道德品质形成与发展的特点

学前儿童的道德品质是由道德认识、道德情感、道德意志和道德行为四个要素组成，它们既相互独立，又相互影响与制约。其中，道德认识是基础，道德情感是动力，道德意志是精神力量，而道德行为是关键。儿童道德品质形成的过程就是知、情、意、行诸要素相互作用的过程。

1. 学前儿童道德认识水平低，道德知识贫乏且道德判断片面

从出生开始，在与他人共同生活中，学前儿童开始了解一些道德准则，并获得了一些具体、简单、粗浅的道德认识。3岁左右的儿童，开始对周围的人和事做出道德评价：这是好的，那是坏的；这是应该做的，那不是应该做的；你应该这样，你不应该那样。但整体来看，学前儿童的道德认识水平较低，道德知识缺乏，且掌握的通常是一些与自己的直接经验或具体事物相联系的道德知识与要求，其对道德准则的理解较为片面，所做的道德判断也不够客观。如三四岁的儿童会认为把玩具、图书等东西让给同伴是"好孩子"，5岁左右的儿童会认为"帮妈妈洗碗时不小心摔破5个碗的孩子"比"因偷食物吃而摔破2个碗的孩子"更坏一点。直至学前末期，儿童仍处于"他律性阶段"，因不具有内在的道德标准，再加上自我中心和现实主义倾向，进行道德判断时关注的是行为的结果而不是意图。

2. 学前儿童情感开始萌芽，具有外露性和冲动易变性

学前儿童的道德情感是在自然情感的基础上形成的。三四岁的儿童，如果有同伴破坏了他搭建的积木，可能会动手打人，这种行为受到自然情感的支配。但如果该儿童在教师引导下，获得了"小朋友要友好相处"的道德认识，并看到身边友好相处的榜样时，就不再攻击同伴，这种行为已受到"友好"情感的支配。伴随着道德认识的发展，五六岁的儿童开始产生了最初的道德情感，开始对周围的生活有美好的感受，对集体、班级和幼儿园有依恋的情感，对同伴有同情、友好的态度。但整个学前期儿童的道德情感都比较外露，具有冲动性和易变性。如三四岁的儿童因自己喜欢某个老师，每天来园时都要跟老师抱抱、亲亲，离园时会因不想跟该老师分开而"哇哇"大哭，毫不隐藏。再如，四五岁的儿童会因同伴抢了自己的玩具而不愿意再跟其做好朋友，甚至变得讨厌该同伴，其"友好"情感常常因个别小事而变化。

3. 学前儿童道德意志薄弱，自觉自控力低且坚持性差

学前儿童心理活动的有意性差，往往是在别人要求下进行某项活动或模仿别人的行为，缺乏自觉性。学前儿童神经系统的抑制功能还不完善，自我控制能力差，不善于控制自己的行动。如三四岁儿童的东西被同伴破坏时，可能马上报复性地破坏对方的东西。为了满足自己的需要，他们也会做出一些违反纪律或常规的行为，如看到同伴拿了自己喜欢的玩具，会动手从同伴手中努力抢回。学前儿童还不能为了一定的目的坚持自己的行为，常因外界干扰而改变原来的计划，或者在困难面前轻易放弃，半途而废。

4. 学前儿童道德行为很不稳定，常与道德认识相脱节

学前儿童道德认识和道德行为的发展具有不平衡性，其道德认识的发展水平和速度高于道德行为的发展水平和速度，再加上学前儿童道德自制力和坚持性都较差，常常导致儿童"言行不一"的现象发生。例如，三四岁的儿童都能理解"不能动手打人"的规则，但很多该年龄段的儿童常常会为了得到自己喜欢的东西而攻击同伴。再如，三四岁的儿童知道应轮流使用滑梯，教师在场时他们基本可以做到，但教师一旦暂时离开，有些儿童就会插队或抢在同伴前面去玩。从整体来看，学前儿童的道德行为的动机和目的尚不稳定，他们通常不是靠内部动机，而是依靠成人的督促才能执行某种道德行为。同时，他们还不能把行为动机与效果统一起来，而往往只能看到行为的效果，看不到行为的动机。

五、学前儿童德育的实施

（一）学前儿童德育实施的途径

1. 日常生活是实施学前儿童德育的基本途径

日常生活对学前儿童道德品质的形成提供了行为练习和实践的机会。儿童是在日常生活中，在与同伴及成人交往的过程中，了解人、事、物之间的关系以及一定的行为规范和准则，并通过进行各种行为的重复练习，日积月累、循序渐进地逐步形成了某些良好的行为品质和习惯。日常生活中充满了无数个渗透着品德因素的事件，如：小刚和小林在饮水机旁争先后，杯中的水泼洒了一地，他们对排队取水的规则是怎么理解的？行动迟缓的点点，不知被哪位小朋友推了一把跌倒了，他在哭泣，而小明、小华却在一旁笑话他，为什么他们能把团结友爱的故事讲得滚瓜烂熟，却没有自觉的友爱行为和感受？其实，这些生活中的"小事件"正是对学前儿童实施德育的最佳契机。道德教育应贯穿于儿童的一日生活，渗透在日常各种活动之中，表现在儿童的喜怒哀乐、语言行为里。教育者若不是细心观察、耐心倾听和积极参与儿童的生活，他们就会在有意无意间失去许多塑造学前儿童道德认识、道德情感、道德行为习惯以及性格和社会性能力的良好时机，甚至会带给孩子许多挫伤与打击[①]。教育者必须深入儿童的生活，通过各种现象，认真去探索儿童的意愿与要求，去捕捉他们心理的瞬间变化，了解他们的思想动态和行为，从中发现各种微妙的思想和问题，因势利导，有针对性地进行帮助和教育[②]。

2. 利用游戏培养学前儿童的良好道德行为

游戏是儿童的基本活动，同时也是实施学前儿童德育的有效方式。陈鹤琴先生曾经指出："各种高尚道德，几乎都可从游戏中学得，什么自治、什么克己、什么独立、什么共同作业、什么理性的服从、什么纪律等，这种种美德的养成，没有再比游戏这个利器来得快，来得切实。"[③]游戏中的儿童，情绪愉快、态度积极、乐在其中。通过游戏，儿童可以自发地扮演社会中熟悉的角色，产生与道德行为主体一致的情绪情感体验，理解和掌握一定的社会准则，进而实践一定的社会行为。

3. 专门的德育活动是实施学前儿童德育的有效手段

专门的德育活动是指教师根据儿童的年龄特征及各年龄班德育的内容与要求，结合本班儿童的实际情况、行为表现，有目的、有计划地组织的德育活动，也就是为实现某项德育内容而组织的教育活动[④]。例如，有关德育的谈话、讨论、参观、劳动、节日庆祝活动等。通过具体而又有目的的教育和实践活动，可以提高儿童的道德认识，丰富他们的道德情感，帮助他们形成一定的道德行为习惯。比如，在认识家乡的活动中，儿童参观家乡的名胜古迹，品尝家乡的风味特产，欣赏家乡的民间工艺品，并用绘画、手工及结构材料等多种方式表现自己心中的家乡风貌……这一系列的活动可以使儿童亲身感受到家乡的美好，激发儿童爱家乡的情感。其他专门性的德育活动，也都可以通过形式新颖、生动活泼、内容丰富、方法灵活多

[①] 卢乐珍. 让道德启蒙融入幼儿生活. 学前教育研究, 2004(9).
[②] 黄人颂主编. 学前教育学. 北京：人民教育出版社, 2000：207.
[③] 冯永刚. 游戏在幼儿德育中的价值. 山东教育, 2004(3).
[④] 傅建明主编. 学前教育学. 北京：中央广播电视大学出版社, 2007：116.

样的方式开展,让儿童在不知不觉、潜移默化中,提高他们的道德认识,激发他们的道德情感进而践行良好的道德行为。

(二)实施学前儿童德育应注意的问题

1. 热爱与尊重学前儿童是实施德育的前提

爱是向学前儿童进行德育的前提,而学前儿童对成人的信赖和热爱,则是他们接受教育的重要条件。教师对学前儿童的热爱不仅基于感情,也基于一种社会责任。教师只有爱每一个学前儿童,了解、关心、体贴学前儿童,对所有的学前儿童一视同仁,特别是不歧视那些有缺点或接受能力较差的学前儿童,才能使学前儿童获得一个道德成长的环境。但教师对学前儿童的爱应该是一种理智而非盲目的爱,有人称之为"教育爱",它是建立在教师对教育、对学前儿童发展的深刻理解基础之上的。那种出于爱儿童的良好愿望,而代替儿童做他们自己能做的事,或者放纵儿童做他们不应该做的事,都不是真正的爱。教师的爱必须有利于学前儿童向着自立自强、富有爱心和责任心的方向发展。

2. 遵循学前儿童道德品质的规律实施德育

在学前儿童道德品质形成的过程中,道德认知、道德情感、道德意志和道德行为四要素的发展不是同步的,学前儿童德育的实施应该从道德情感的激发入手,重点放在道德行为的形成上。根据这样的特点,在实施学前儿童德育时,应注意以下几点:

(1)由近到远,由具体到抽象。比如祖国这一概念对学前儿童是很抽象的,对学前儿童进行爱祖国的教育,应该先从爱家庭、爱幼儿园、爱家乡的情感开始,先培养对父母、家庭成员、老师和同伴的爱,然后扩大到对社会的爱,对祖国的爱。

(2)直观形象,切忌说教和空谈。比如让学前儿童认识劳动的意义,教师就要让儿童切切实实地看到劳动的成果,当儿童把活动室的地板擦干净了,教师表扬说"你们真是爱劳动的好孩子"就比较空洞,但换成"你们把地板擦得干干净净,待会儿小朋友在地板上玩游戏,就不会弄脏衣服了",则更能为学前儿童描述了一个可以理解的具体景象,让其看到自己劳动的价值。

(3)因材施教,尊重个别差异。比如有的儿童需要教师的口头表扬胜过物质奖励,而有的儿童则是相反;有的批评教育可以对儿童产生效果,有的则无效还会产生负面影响。教师应考虑到每个孩子的个性特点,因材施教。

3. 重视指导学前儿童道德行为的技巧

有目的地帮助儿童产生有意义的道德行为,不仅需要教师的热情,而且也需要一定的技巧。常用的技巧主要有以下几种:

(1)强化行为的技巧。强化有利于形成和巩固学前儿童正确的行为,教师对学前儿童正确行为的表扬、肯定和鼓励,以及对消极行为的批评和惩罚等都是强化。如教师赞许性的话语、表情、目光动作等都可以向学前儿童传递"你做得很好,我相信你能完成,老师支持你这样做"等积极强化的信息;而无原则地迁就姑息,则会让学前儿童的不良行为得到消极强化。

(2)预估行为的技巧。预先估计到学前儿童行为发生而提前做好干预工作,有利于激发学前儿童的积极行为,避免消极行为。如某些小朋友经常剩饭,教师在进餐前有意识地表扬这些小朋友的点滴进步,常常可以起到预防再次出现剩饭的作用。

(3)理解行为后果的技巧。学前儿童的一些错误行为常常是因为不能预见自己行为的后果,不理解规则而造成的,让学前儿童改变行为,巧妙地让他们看到自己行为造成了什么影响,是一个很有效的办法。如某学前儿童画画时总喜欢用蜡笔、铅笔在桌上乱画,教师提醒过多次也没有改变。一天,教师安排孩子们擦桌子,一人一张,还说比比看谁擦得最干净。这名儿童被老师巧妙地分配去擦他使用的那张桌子,他擦啊擦,怎么也擦不掉那蜡笔、铅笔的痕迹,看别人都擦干净了,他急得哭了起来。此次事情发生之后,这名儿童再也不在桌子上乱涂乱画了。

第三节 学前儿童智育

学前时期是儿童智力快速发展的重要时期。对学前儿童实施科学的智育不仅关系到整个社会的文明进步与发展,而且对于满足并不断激发学前儿童的求知欲,丰富学前儿童的知识经验,促进学前儿童智能的不断发展,均具有不可估量的意义与价值。

一、学前儿童智育的概念

智育是指有目的、有计划地使受教育者掌握系统的科学基础知识和基本技能,促使受教育者智力发展的教育过程。

智力是人认识事物的能力,它包括观察力、注意力、记忆力、思维力和想象力等要素,其中思维力是智力的核心。知识与智力是不同的概念,获得了知识不等于就发展了智力,但智力的发展离不开知识。

学前儿童智育是根据学前儿童智力发展的规律与特点,有目的、有计划地让学前儿童获得粗浅的知识技能,发展智力,增进对周围事物的求知兴趣,并养成良好学习习惯和学习品质的教育过程。

二、学前儿童智育的意义

(一)学前儿童智育对于儿童个体发展的意义

学前期是儿童大脑发育最迅速的时期,也是心理发展的敏感期。现代医学和脑科学的研究证明,大脑神经系统的网络化过程主要发生在学前阶段,此时,儿童接受外部信息的能力极强,适宜的外部刺激和良好的早期教育可以有效地提高儿童的智力发展水平。而心理学的研究则表明,学前儿童不仅有身体活动的需要、游戏的需要、交往的需要,还有认知的需要。学前时期是儿童求知欲最为旺盛的时期,他们对周围环境中的事物与现象感到好奇,他们会主动探索并根据自己已有的经验去理解客观事物及现象的意义。但这种认识往往是片面的、肤浅的、零散的,甚至是不正确的。而通过科学智育活动的实施,则可以满足儿童的认知需要,丰富与增进儿童对周围环境的认识,提高他们的学习兴趣,促进智力的发展。

(二)学前儿童智育对于社会发展的意义

现代社会是知识经济的时代,也是智力资源竞争激烈的时代,未来世界各国的竞争实质上就是人才的竞争。而一个国家要想在世界上处于领先的地位,就必须造就一批批掌握现代科学技术知识、拥有较高智力水平和具有创新开拓精神的劳动者队伍,而"快出人才,多出人才,出好人才"就成为教育工作的迫切任务。科学智育的实施,不仅可以为学前儿童的终身发展和未来生活奠定良好的知识基础,而且还可以为未来社会主义提供具有良好的智力结构与必要的知识技能的有工作能力的建设者与接班人,从而更好地促进我国物质文明与精神文明建设的发展。同时,学前儿童智育还通过对处境不利儿童或智力发展障碍儿童的早期干预,预防智力缺陷的形成,减缓与纠正智力发展缺陷的程度,使他们能够生活自理自立,在给儿童未来人生和家庭幸福奠定基础的同时,减轻社会的负担与压力。

(三)学前儿童智育对于实施其他各育的意义

智育实施的过程是促进儿童认知能力发展的过程,而在体育、德育和美育活动中,都离不开儿童认知活动的参与。在全面发展的教育中,智育是实施各育的知识和智力基础,它包含其他各育的要素,并通过使儿童获取知识和发展智力为各育的实施创造了良好的条件,提供了有效的认识工具。

三、学前儿童智育的目标与内容

（一）学前儿童智育的目标

《幼儿园工作规程》中提出的学前儿童智育的目标是：发展幼儿智力，培养正确运用感官和运用语言交往的基本能力，增进对环境的认识，培养有益的兴趣和求知欲望，培养初步的动手探究能力。

（二）学前儿童智育的内容

1. 增进学前儿童对事物的认识，丰富其知识经验

学前儿童智力的发展离不开他们对知识的学习与掌握。学前儿童掌握的知识主要源于周围环境中的事物，包括与他们密切相关的生活常识（如衣食住行）、社会常识（如周围的环境、人们的劳动）、自然常识（如天气、四季），以及学前儿童能够理解的科学技术知识（如常见的科技产品、科学发现），与国家政治生活有关的初步知识（如国家的名字，认识国旗、国家领袖等）。学前儿童掌握的这些知识主要是通过直接感知事物而获得的粗浅的感性知识或直接经验。

2. 引导学前儿童正确使用感官，提升其基本的认识能力

感知、注意、记忆、观察、想象、思维等是学前儿童具有的基本认识能力，虽然它们发展迅速，但却处于低级发展阶段。学前儿童主要是运用眼睛、耳朵、手等感觉器官，通过视觉、听觉、触觉来认识周围环境中的事物的。这种认知特点决定了让学前儿童学会正确使用感官来获取知识和经验能成为学习的必需。在日常生活、游戏和教学时，教师应为学前儿童提供各种玩具和实物的操作活动，通过观察、摆弄、接触等发展儿童的各种感知觉，促进其感知能力和动手操作能力的发展。此外，教师还应在提升学前儿童基本认识能力的同时，逐步发展学前儿童其他方面的认识能力。

3. 培养学前儿童求知的兴趣和良好的学习习惯

学前儿童对周围的许多事物都常常充满了好奇，并有着强烈探索和了解事物的欲望。保护儿童的好奇心，并进一步将其发展成为儿童的学习兴趣和求知欲望是学前儿童智育的重要内容。强烈的学习兴趣与求知欲望，不仅能够激发与推动儿童积极地参与各种学习活动，而且也有助于提高学习过程的主动性和稳定性。成人应尽可能地创造条件满足儿童的好奇心和求知欲，耐心地解答儿童提出的各种问题，并鼓励儿童多发现问题，多提出问题并尝试自己解决问题。在培养儿童求知兴趣和开展学习活动的过程中，还应同时关注儿童良好学习习惯的养成，这是儿童进一步获取知识、发展智力以及今后继续学习的重要条件。我们可以运用启发式的教育方法，引导儿童养成认真听讲、勤于思考、积极反应、活动过程注意力集中、学习任务认真完成等良好的学习习惯。

4. 关注学前儿童的语言发展，提高其语言表达和交往能力

语言是交际、思维的工具，借助语言，学前儿童能够清楚地表达自己的思想，理解他人的想法，并为其接受各方面的教育提供必要的条件。同时，学前儿童也可以借助语言提出问题、思考问题、回答问题，进而促进思维活动的展开。为此，教师应在一日生活中，通过谈话、看图讲述、语言游戏、表演游戏、图书阅读等活动形式，教会儿童正确地发音，丰富其词汇，发展其连贯性语言，促进其语言表达能力的发展。教师也应鼓励儿童在日常生活中和游戏活动中多与他人交往，通过师生互动、同伴交流等方式促进其语言交往能力的发展。

四、学前儿童智育的实施

学前儿童智育的核心是促进儿童智力的发展，但智力发展是一个长期的、循序渐进的过程，只有通过多种方式和途径，才能确保智育任务的完成。

（一）实施学前儿童智育的途径

1. 积极运用多种方式，培养儿童的学习兴趣

学习兴趣是个体对学习的肯定情绪和渴望，是学习者积极参与学习活动的直接动力。成人应通过游戏法、激励法、直观法等多种方式，激发儿童的求知欲望和对学习的浓厚兴趣，使儿童热爱学习，向往学习。同时，成人还应该注意培养儿童广泛的学习兴趣，使儿童对周围环境中的人、物、事、自然和社会现象等多方面的内容都充满好奇，对所学的各类知识均有积极的情绪体验，以免儿童出现对知识的"偏食"现象。

2. 创设宽松自由的环境，提高儿童主动探索的能力

儿童智力的发展离不开环境因素的参与，儿童只有在一个宽松自由的环境中，才能够自由思考、自由活动、自由表达自己的意见和要求，也才能自主选择、主动探索。而"在一个压抑的环境里，学前儿童只是被动地接受知识，被动地活动，他们将失去学习的兴趣和欲望，丧失自信心，懒于思考，变得唯唯诺诺，不可能发展自己的能力"①。

因此，成人应善于运用环境因素对儿童智力发展的影响力，为儿童创设有助于拓展其知识经验的学习环境、方便儿童开展操作活动的动手环境、能够激发儿童思维想象活动的艺术环境等，引发儿童的探究欲望和学习兴趣，在让儿童亲自实践和尝试中，使儿童的主动探索能力得到锻炼与提高。

3. 利用一日生活中多种类型的活动，发展儿童的智力

在幼儿园一日活动的日程安排中，正规教学活动的时间很少，儿童大部分的时间是在游戏活动和生活活动中度过的。但正是在这些活动中，蕴含着大量的教育机会和契机，无论是从教育时间的总量还是儿童学习的效果，借助游戏和日常生活对儿童实施智育活动，都是明智的选择。幼儿园教师应充分发挥一日活动的功能，利用教学活动、游戏活动和生活活动的教育价值，借助游戏化的形式，开展丰富多样的教育教学活动，在潜移默化和轻松愉快中实现发展儿童智力的目的。

4. 正确对待儿童的提问，提高儿童解决问题的能力

喜欢提问是整个学前时期儿童的一个突出特征，也是发生在学前儿童身上的一种特殊现象。最初儿童的问题是带有"问题游戏"性质的提问，具体表现是在儿童得到答案以后还在继续不断地问"为什么"，之后这类问题逐渐减少并转向内容更加广泛的提问。提问是儿童认识周围环境的一种特殊方式，也是儿童求知欲旺盛的一种表现形式。这些现象表明儿童已有的知识经验与新的认识事物之间产生了矛盾，也标志着新的认知需要的形成。成人应以认真谨慎的态度正确对待儿童的问题，并把帮助儿童解决问题的过程作为发展儿童智力的有效手段。为此，成人应做到：①认真倾听儿童的提问；②正确引导和解答儿童的问题；③不断提高儿童提问题的水平。

（二）实施学前儿童智育中应注意的问题

1. 处理好智力与知识技能之间的关系

知识是人们在改造世界的实践中获得的认识和经验的总和。知识与智力有着密切的关系，知识、技能是智力发展的基础，智力发展又是获得知识与技能必备的条件。知识的贫瘠与浅薄不利于智力的发展，而智力的高低决定着掌握知识的深度以及运用知识的灵活程度。比如，学前儿童在对四季植物变化的认识过程中，通过观察认识植物的特征，通过记忆了解植物的变化过程，通过思维辨别不同植物的不同特点，通过想象把对植物的印象用艺术手段表现出来……在这一过程中，学前儿童通过智力活动获得了关于植物的许多知识。与此同时，学前儿童已有关于植物知识的多少又决定着他们在对植物进行探索时的观察水平、记忆水平、思维水平等的高低。在实施智育的过程中，教师应认清知识和智力的关系，将知识的获得与智力的发展统一起来。

2. 处理好智力与非智力因素之间的关系

非智力因素是指不直接参与个体认知过程的各心理因素的总和，它包括需要、兴趣、动机、情感、意

---

① 傅建明主编.学前教育学.北京：中央广播电视大学出版社，2007：106.

志、性格等方面。非智力因素虽然不是智力的构成因素,但它参与个体的智力活动,并对学习活动起着促进、定向、维持、调节和强化等多种作用。美国心理学家李克斯调查了300位杰出人才在儿童和少年期的表现,发现他们除了具有良好的智力品质外,更多的在于他们具有非同寻常的持久力和意志力,对目标持之以恒、不折不挠的坚持,坚韧不拔的克服困难的能力,思想观念的独创性,最高水平的好胜心和朝气蓬勃的抱负。另外一项对智力超常儿童的追踪研究也显示了同样的结果。该研究主要是对1 500名智力超常儿童进行了30年的追踪研究,研究结果显示,这1 500名超常儿童中有的成了社会名流、专家学者,有的却变得穷困潦倒,流浪街头。对这两类人智力和人格特点进行分析的结果表明,他们结局不同的主要原因不在于智力,而在于非智力方面的差异,比如坚持性、自信心、意志力、抱负水平等方面有很大的差异,同时他们还发现,有些智力平常而有着坚强意志品质和优良品德的人也能取得惊人成就。

由此看来,儿童的发展不是由智力因素单方面决定的,而是智力因素与非智力因素相互作用的结果。智力与非智力因素虽具有相对的独立性,但二者更是相互联系、相互影响、相互制约的关系,当二者的结合处在最佳状态时,儿童的智力活动将会取得多重的效果。在学前儿童智育实施的过程中,我们应重视儿童非智力品质的培养,充分发掘儿童的非智力因素,学会期待,学会欣赏他们潜在的价值。

3. 处理好学前儿童知识经验丰富化与结构化之间的关系

丰富学前儿童的生活经验,促进学前儿童基础性知识的获取,是学前儿童智育的主要内容之一。但学前儿童如果仅仅获取的是零散的、杂乱的、琐碎的知识,将会在很大程度上阻碍他们思维能力和有效解决问题能力的发展。因为学前儿童智力的发展不单单取决于个别知识和技能的掌握,而是看这些个别知识能否结合成一个反映事物或现象之间规律或联系的结构。

重视学前儿童知识的结构化,能扩大学前儿童的知识容量,能促进学前儿童巩固已有的知识,并将获得的新知识迅速归入自己已有的结构中,使新旧知识结合成更大更好的知识结构,大大提高认知能力,从而举一反三,触类旁通。例如学前儿童在看电视、图书或参观动物园的活动中自发地获得了很多有关动物的感性经验,如老虎的皮是条纹状的、青蛙的皮是绿色的、海豚的皮是滑溜溜的,等等。但这些有关动物的认知是零碎的。如果教师通过有意识地组织各种活动,把这些动物进行比较,帮助学前儿童认知看到动物的皮与它们生活的环境是密切相关的,是动物保护自己,生存下来的必要条件。学前儿童就能有认知事物现象的外部特征过渡到认知这些现象的内部联系,形成一个有关动物的知识"结构"。借此他们就能想象出从没见过的北极动物会有厚厚的皮毛,他们就能明白在泥土中钻洞的老鼠为什么是褐色的。在这种学习过程中,学前儿童知识的获得与智力的发展就统一起来了。

第四节 学前儿童体育

在儿童发展的过程中,儿童的健康是一切发展的基础和前提。对学前儿童实施科学的体育教育,是促进儿童正常生长发育的重要保障。

一、学前儿童体育的概念

学前儿童体育是指遵循学前儿童生长发育规律,为增强儿童体质、保障健康所开展的一系列教育活动。

学前儿童体育有广义和狭义之分。广义的学前儿童体育泛指社会上开展的与学前儿童有关的各种体育活动;狭义的学前儿童体育则专指在学前教育机构中针对学前儿童开展的,旨在增强儿童体质、保障健康的一系列教育活动。学前教育结构开展的体育,通常包括体育锻炼和卫生保健两个方面。前者侧重于学前儿童身体的发育,后者侧重于学前儿童身体的保护。

二、学前儿童体育的意义

(一)体育是促进儿童生命健康的基本保障

卢梭曾经说过:"对孩子们讲体力,对成年人讲道理,这才是自然的次序……"①学前时期是儿童身体全方位快速生长发育的关键时期,儿童此时的各器官、组织尚未成熟,可塑性强,新陈代谢旺盛,对营养、睡眠、新鲜空气等的需要较多,再加上生理系统比较娇嫩柔弱,抵抗力差,骨骼和肌肉发育不成熟、易受损害等特点,使得体育在学前儿童的成长过程中显得尤为重要。体育是促进儿童生命健康的基本保障,与其他任何领域的发展相比,确保儿童的健康是整个学前教育工作中最为基础性的工作。

(二)体育是实施全面发展教育的物质基础

体育是学前儿童全面和谐发展教育的一个重要组成部分,科学而适宜的体育是增强儿童体质的有效形式,也是维持和促进儿童生命健康的重要手段。在个体发展的过程中,人的认知、情感、行为等各方面的发展,都是建立在基本的身体健康之上的,身是心的物质基础。对于正处在生命刚刚起步阶段的学前儿童来说,保证身体的健康是第一位的工作,因为学前儿童身体各器官、各系统的功能尚未发育成熟,组织比较柔嫩,其物质基础相当薄弱。与此同时,学前期又是生长发育最为迅速和旺盛的时期,此时正是打基础的重要阶段,促进儿童身体的健康发展理应成为这一时期的首要任务,而体育恰恰为智育、德育和美育的实施提供了物质基础和条件。"体育的实施,不仅促进幼儿正常生长发育,而且发展他们的智力,增长知识与技能,培养良好的道德品质,对幼儿全面发展有着极大的作用"②。

(三)体育是提高未来国民体质的有力措施和保障

陈鹤琴在半个多世纪前就说过要"强国"必须先"强种",要"强种"必须先"强身"的经典名言。今天的儿童是明天国家的建设者和接班人,他们身体素质的高低不仅关系到他们自己的未来,而且还关系到未来国民整体体质的改善和提高,关系到国家与社会的兴旺与发达。因此,加强学前儿童的体育锻炼,开展丰富多彩的体育活动,提高儿童的身体素质,是我国公民体质一代胜过一代的有力保障。

三、学前儿童体育的目标与内容

(一)学前儿童体育的目标

学前儿童体育的目标:促进学前儿童身体正常发育和机能的协调发展,增强体质,促进心理健康,培养良好的生活习惯、卫生习惯和参加体育活动的兴趣。

促进学前儿童身体正常发育,是保证学前儿童各方面健康发展的前提。身体机能协调发展包括机体组织、器官以及各生理系统的协调发展,生理机能和身体运动机能的协调发展等。学前儿童适应环境和抵抗疾病能力的强弱是体质好坏的主要标志。增进健康是指增进学前儿童身心两方面的健康,既身体强壮,又性格开朗、情绪乐观等。良好的生活、卫生习惯是增进学前儿童健康的必要条件。生活习惯包括生活自理能力,自我保护能力,有规律的生活以及良好的饮食、睡眠等习惯;卫生习惯包括个人卫生习惯及在公共场所应有的卫生习惯。学前儿童对体育活动的兴趣是儿童参加体育活动的动力。学前儿童体育的真谛主要不在于让学前儿童掌握体育的技能技巧,而在于通过体育提高学前儿童参加体育活动的兴趣和发展基本的活动能力,促进其身心健康地成长。

---

① [法]卢梭著.李平沤译.爱弥儿.北京:商务印书馆,1978:92.
② 黄人颂主编.学前教育学.北京:人民教育出版社,2000:117.

（二）学前儿童体育的内容

1. 促进学前儿童健康成长

为保证学前儿童的健康，需要做到：①建立良好的生活环境；②制定、执行合理的生活制度和卫生保健制度；③积极锻炼学前儿童的身体；④为学前儿童提供合理的膳食；⑤重视学前儿童的心理健康。

2. 发展学前儿童的基本动作

基本动作主要指走、跑、跳、平衡、投掷、钻爬、攀登等。发展学前儿童的基本动作是使学前儿童的动作灵敏、协调，姿势正确。发展学前儿童的基本动作可以通过体育游戏、体操、户外体育活动、体育课等来完成。

3. 培养学前儿童良好的生活、卫生习惯

学前儿童良好生活、卫生习惯的培养主要是通过日常生活中的反复训练、培养来形成的。合理严格的作息制度，与成人要求的一致性和一贯性，环境因素的良好影响和示范等，都是基本的、重要的条件。

4. 增强学前儿童的自我保护意识

针对学前儿童好奇、好动，对生活中的危险缺乏认识，自我保护能力差的特点，应对学前儿童进行必要的安全教育，从生活中常见的、与学前儿童关系密切的安全知识教育入手来进行。

四、学前儿童体育的实施

（一）学前儿童体育的实施途径

1. 创设良好的生活环境，科学地护理儿童的生活

（1）物质环境的创设。幼儿园应为学前儿童提供合乎要求（卫生、安全、绿化以及面积、数量等）的房屋、设备和场地，以及相关安全、卫生等方面的规范，定期检查维护，保障安全。按照国家有关规定，幼儿园不得设置在污染区和危险区，不得使用危房。幼儿园的设备设施、装修装饰材料、用品用具和玩教具材料等，应当符合国家相关的安全质量标准和环保要求。幼儿园的生活用房应安排在向南和向东日照方位较好的地方，以保证室内光线充足和房屋的冬暖夏凉。每班活动室的面积均应在50平方米以上，活动室的净高不应低于2.80米，采光面积为地面的1/5。活动室的地面宜为暖性、弹性地面，以铺设木制的地板为佳。家具、桌椅的高度要适合儿童使用，玩具、教具要符合卫生与教育的要求。幼儿园还应提供沙地、草地、泥地、塑胶操场等户外活动场地及滑梯、秋千、平衡木等体育设备、器材，应提供经过绿化、美化的户外环境。幼儿园规模应当有利于学前儿童身心健康，9~12个班为宜，一般不超过360人。

（2）心理环境的创设。《幼儿园工作规程》规定："幼儿园应当关注学前儿童心理健康，注重满足学前儿童的发展需要，保持学前儿童积极的情绪状态，让幼儿感受到尊重和接纳。"因此，托幼机构的教师应重视学前儿童的心理卫生，通过平等、和谐的人际关系，特别是良好的师生关系，使儿童感受到关心、关爱和尊重，以及通过建立宽松、自由、愉快的生活气氛，使他们觉得安全又愉快，保持健康的心理状态。

2. 制定和执行合理的生活和卫生保健制度

幼儿园应综合考虑学前儿童的身心发展特点，季节变化、地域特点和家长需求等因素，制定合理的生活制度。如《幼儿园工作规程》第18条规定："幼儿园应该制定合理的幼儿一日生活作息制度。正餐间隔时间为3.5~4小时。在正常情况下，幼儿户外活动时间（包括户外体育活动时间）每天不得少于2小时，寄宿制幼儿园不得少于3小时；高寒、高温地区可酌情增减。"第24条规定："幼儿园夏季要做好防暑降温工作，冬季要做好防寒保暖工作，防止中暑和冻伤。"

2012年卫生部颁布的《托儿所幼儿园卫生保健工作规程》指出，托幼机构的卫生保健要包括一日生活安排、儿童膳食、体格锻炼、健康检查、卫生消毒、疾病预防、伤害预防、心理行为保健、健康教育、卫生保健资料管理等工作，同时也给出了相应的工作规范。制定和执行科学合理的生活与卫生保健制度，有利于学前儿童养成良好的生活和卫生习惯，确保其身体的正常发育。

3. 提供合理和丰富的营养膳食

营养是维持学前儿童正常生长发育,保证身体健康和增强体质的重要物质基础。学前儿童正处于生长发育阶段,他们所需要的营养一方面用于补充每天活动中身体代谢所消耗的能量,另一方面还要满足身体组织生长发育的需要,因此,儿童需要从膳食中获得营养和大量的能源物质。幼儿园应根据不同年龄阶段儿童的生理特点、进餐心理、营养素的需要以及市场的季节供应情况来编制营养平衡的儿童食谱,定期计算和分析儿童的进食量和营养素摄取量,均匀地分配在一周的膳食中并搞好烹调工作,使膳食色、香、味俱全,以激发儿童的食欲。

4. 开展丰富多样的体育活动

儿童身体的正常生长发育,不仅需要合理的营养和充足的睡眠,还需要积极的身体锻炼。积极的锻炼可以加快儿童身体的新陈代谢活动,促进运动与饮食、睡眠、排泄等生理活动之间的良好循环,增强身体各器官、系统的功能,提高和改善对外界自然环境变化的适应能力,增强抵抗力,增进身体健康。

幼儿园主要以基本动作、基本体操和队列队形练习作为体育活动的内容,是通过早操、体育课和户外体育游戏的形式组织实施的。其中的户外游戏活动是幼儿园体育活动的主要组织形式。在组织儿童开展体育活动时,应遵循由简到繁、由易到难、动静结合的原则,注意活动量的适宜性,避免运动过量或运动不足;应尽量减少儿童消极等待的时间,并注意儿童的运动安全;同时,还要确保儿童每天户外活动的时间。

(二)实施学前儿童体育应注意的问题

1. 注重学前儿童身体素质的提高

提高学前儿童身体素质,是学前儿童体育的重中之重。学前儿童身体素质的提高主要是体质的增强。影响学前儿童体质强弱的因素有很多,如遗传、疾病、营养状况、生活环境条件、体育锻炼等,其中,科学且适合于学前儿童的体育活动是增强学前儿童体质最积极、最有效的因素之一。学前儿童体育应以增强学前儿童体质为核心,全面、综合地为学前儿童有一个强壮、健康的身体创造条件。

在实施学前儿童体育中,不能把目光盯在技能技巧的训练上,更不能因为比赛、表演,为幼儿园争名次、争名誉等目的而进行有伤学前儿童身体的任何活动;要充分考虑学前儿童的身体特点,避免小学化;以游戏为基本活动形式,用丰富多彩、轻松活泼的多种身体活动来促进学前儿童体质的增强。

2. 重视培养学前儿童对体育活动的兴趣和态度

体育活动的功能只有通过学前儿童自身的积极参加才可能实现,学前儿童对体育活动是否喜欢,是否愿意参与是提高体育活动质量的关键。因此,实施体育活动应该重视学前儿童的兴趣和积极态度,不能为了达到计划的目标,生硬地强迫学前儿童训练或完成某项活动,或因达不到教师的要求而对儿童进行惩罚、责备。同时,体育活动的难度、趣味性以及活动的设备条件等也是教师要特别关注的内容。

3. 专门的体育活动与日常活动相结合

专门组织的体育活动是增强学前儿童体质的有效途径,但并不是唯一的途径。因为学前儿童体育的部分目标,如培养学前儿童良好的生活卫生习惯等,仅仅依靠体育锻炼是不可能完成的,还必须结合学前儿童的日常生活进行培养和训练。专门的体育活动与日常活动相结合,才能全面实现学前儿童体育的基本目标。

4. 注意体育活动中的教师指导方式

幼儿园的体育活动是多样的。在不同的体育活动中,教师与学前儿童相互作用的方式也不同。教师在组织学前儿童体育活动时,应采用不同的指导方式,如在早操活动中,教师的示范很重要;组织体育课时,教师作为活动的指导者,要注意调动学前儿童活动的积极性来实现活动的目标;体育游戏中则要充分保证学前儿童的自主性,给学前儿童提供自由、安全的游戏活动。

第五节 学前儿童美育

爱美是人的天性。处于学前时期的儿童也同样有着一双发现美、认识美的眼睛。但他们身心发展的特点决定了其审美观念、审美情趣和审美能力都处于自发状态,需要通过专门的教育活动,用科学的方法和手段来不断地提高他们的审美水平和能力。

一、学前儿童美育的概念

美育是一种按照美的标准,通过美的事物、具体鲜明的形象来培养人的美感和审美能力的教育。美育以特定时代的审美观念为标准,以形象为手段,以情感为核心,以实现人的全面发展为宗旨。通过美育,可以使人具有美的理想、美的情操、美的品格、美的素养,具有欣赏美和创造美的能力等。我国近代著名的教育家蔡元培就曾经说过:"美育者,应用美学理论于教育,以陶养感情为目的者也。"[①]可见,美育是审美与教育结合的产物,它的本质特征就是情感性,它对人的情感发展,对形成健全的人格有着特殊的价值。

学前儿童美育是指对学前儿童实施的审美教育,是按照儿童美感发展的规律和特点,通过自然美、社会美和艺术美等各种美的形态,培养学前儿童健康的审美观念和初步感受美、欣赏美、表现美的能力,并由此促进其美感发展的教育。

二、学前儿童美育的意义

(一)美育有助于促进儿童身体的健康发展

儿童在审美活动中,常常会产生一种愉悦的感觉和快乐的情绪,它们能够促进有益于儿童身体发育的生物化学物质的分泌,提高儿童的免疫力,并使肌肉放松、心率舒缓、机能协调。同时,各种美育活动,比如舞蹈、绘画、手工制作等需要儿童身体各器官的参与,这又可以促进儿童精细动作和身体各机能的协调发展。

(二)美育有助于促进儿童智力发展

美存在于各种事物之中,包括自然美、社会美、艺术美和形式美四种存在形态。通过创设适合儿童年龄特征的各项审美活动,可以开阔儿童的视野,增长儿童多方面的知识,丰富儿童的审美情感,调动儿童右半脑的功能,使经常处于兴奋状态的左半脑得到积极的休息,并促进左半脑建立更多的暂时神经联系,进而促进儿童的智力发展。同时,儿童周围生活中美的事物和形象,又能以其美的声、光、形、色等特征激起儿童的好奇心和学习兴趣,促进儿童感知觉、想象力的发展。美育的形象性、自由性、陶冶性、趣味性的特点,又有利于儿童发散思维能力的提高和儿童求知欲、独立性等创造性品质的培养。例如,当儿童在欣赏音乐作品时,他们的身心会沉浸在一种自由的状态之中,并引发自由的联想和想象。而当儿童伴随着音乐自编动作进行表演时,又激活了他们的形象思维活动,发展了肢体的表达力和美的创造力。

(三)美育有助于儿童良好品德的培养

美育也是一种情感教育。通过美育,可以使儿童感受到生活的美好,可以推动儿童产生对善人善事向往的情感,进一步激发对友善、利人等行为效仿和实施的愿望,进而促进儿童产生一定的道德行为。在

---

① 蔡元培著.蔡元培美学文选.北京:北京大学出版社,1983:174.

美育过程中,通过对美的对象的反复感受、鉴赏、表现和创造,还可以使儿童的心灵得到净化,使儿童变得善良、更有爱心和同情心。

美的事物常常具有形象性、感染性、情感性和直觉性的特征,它们很容易激发儿童产生积极、幸福的情感,并有助于儿童形成活泼开朗的性格、积极向上的进取心和稳定的情绪。同时,儿童可以借助绘画、表演等审美活动将内心的不快宣泄出来,使它指向某个虚幻的对象和事件,从而维持心理的平衡和健康。

(四)美育有助于儿童审美能力的提高

美育即审美教育,是以培养和发展人的审美能力为目的的教育。美的表现形式是丰富多彩的,既包括自然界中的美、社会生活中的美,又包括艺术作品中的美和形式中的美。通过审美活动,可以培养儿童对美的兴趣和爱好,体验审美活动的乐趣,提高儿童的审美知觉,激发儿童的审美情感,并在不断欣赏美、感受美、体验美和创造美的过程中,形成自己的审美标准、情趣,拥有初步的审美能力。

三、学前儿童美育的目标与内容

(一)学前儿童美育的目标

学前儿童身心发展的年龄特点,特别是思维的直觉行动性和具体形象性,认识过程中的情绪性等,决定了学前儿童美育具有以下特点:①通过活动,运用具体鲜明的形象去引导儿童直接感受美,而不要求对美的形象从逻辑上过多地理解和分析;②以培养儿童审美的情感、兴趣为主,而不以培养审美观念、概念为主;③以培养表现美的想象力、创造力为主,而不以训练技能技巧为主。

由此,《幼儿园工作规程》确立的学前儿童美育的目标是:培养学前儿童感受美,表现美的情趣和初步能力。感受美是审美的基础。学前期是儿童感知觉发展的关键时期,培养对美的感受性是与学前儿童的发展规律相一致的。萌发学前儿童感受美,表现美的情趣,主要是培养他们对美的健康的兴趣和爱好,这是学前儿童接受美育的前提条件,也是学前儿童今后继续成长,形成健全人格,形成对生命、对生活、对人类社会积极态度的一个重要基础。

(二)学前儿童美育的内容

1. 培养儿童的审美感知

审美感知指的是个体对美的事物和现象的感知能力,是个体审美活动的开端和基础,培养儿童的审美感知是美育的基本内容。儿童最初对周围生活中的美好事物是缺乏感知的敏感性的,他们最初的审美感知是直接的、幼稚肤浅的、表面的。成人应根据不同年龄阶段儿童审美感知发展的特点,有意识有目的地引导儿童去发现、关注和感知日常生活环境、社会生活和大自然中的美,并通过开展一些让儿童易于接受的、较为简单的、形象生动的审美活动,逐步提高儿童对美的敏感性以及对美的兴趣和爱好。

2. 培养儿童的审美情感

美是情感表现的形式,而美育本身就是一种特殊的情感教育。学前期的儿童对周围生活中的很多事物都具有强烈的好奇心和探究欲望,情绪、情感也极易被感染、激发,这为他们审美情感的发展提供了可能性。成人应多给儿童提供美好的事物,创设美好的环境,欣赏独具风格的艺术作品,在美的情境中激发他们内在的审美情感,丰富他们的审美体验,积累积极的审美情感而控制消极的情感体验。成人也应引导儿童学会把自己最初的审美情感借助语言、行为、游戏、艺术作品等表达出来,从而加深儿童的审美感受,提高儿童审美情感的稳定性。

3. 培养儿童表现美和创造美的能力

在培养儿童审美感知和审美情感的基础上,我们应进一步培养儿童初步的表现美和创造美的能力。儿童表现美的核心是儿童的想象和创造,即儿童是以自己的方式表现出个人对美的独特体验和理解,创造出新的形象和新的想法。日常生活和艺术作品是儿童表现美和创造美的主要方式。我们可以在日常生活中,通过引导儿童关注自己的言行举止美、服饰美、环境美等,使儿童用自己的审美观来创造美好生活。同时,我们还应教给儿童一些艺术创作的技能和技巧,鼓励他们运用歌唱、跳舞、表演、绘画、手工等多种艺术方式来表达他们的审美感受,这其实也是儿童审美经验的迁移过程。

四、学前儿童美育的实施

(一)学前儿童美感发展的特点

美好的事物容易引起儿童的注意并产生积极愉快的情绪,但儿童最初对美的事物产生的是无意识的反应,然后逐步过渡到模仿周围的人表达自己对美的感受,最后发展到有意识地表现美、创造美。儿童对美的感知过程体现出他们的美感有着不同于成人美感的特征。

1. 儿童的美感是肤浅的、表面的

儿童容易接受表面的、简单的外表美、形式美,而对内在美的感受则发展很晚。他们喜爱色彩鲜艳,形象夸张的事物,而不注重色彩的协调和搭配;他们喜欢听欢快、节奏变化明显的曲调而不喜欢沉重、悲伤的乐曲;他们喜欢听有故事情节和人物对话的故事而不太喜欢纯描述性的文学作品。

2. 儿童的美感具有明显的行动性

儿童在感知美的事物和对象时,常常直接以动作、表情、语言和活动等方式来表现自己对美的感受和理解。他们喜欢通过动手摸一摸、听一听、看一看、闻一闻等直观的方式,在操作和活动的探索中获得美感。我们应当多组织有价值的各种审美活动,让儿童在发展感觉器官和基本认识能力的同时,发展对美的内在感受性。

3. 儿童的美感与积极的情绪体验相联系

儿童对美的感受力与其自然的情绪紧密相关。当他们处在情绪良好、心情愉快、有安全感的积极状态下,他们就会对美的事物产生美的情感;而当他们自身的需要没有得到满足,情绪低落时,则对美的事物难以产生反应,甚至产生反感。例如,儿童喜欢带班的王老师,他会认为王老师是最美丽的老师;儿童很喜欢自己印有袋袋熊的运动鞋,但今天户外活动时因鞋带开了,自己被绊倒摔了一跤,马上就开始讨厌这双鞋子。

(二)学前儿童美育实施的途径

美育的实施是贯穿在儿童的一日生活之中的,是一个潜移默化、循序渐进的实践过程。实施美育主要的途径有以下几种。

1. 大自然是实施学前儿童美育的天然场所

自然界丰富多彩,千姿百态,其千变万化的自然景观和变幻莫测的大然景象,都可以成为儿童的审美对象。大自然是美的取之不尽的丰富源泉,是我们向儿童进行审美教育的天然场所。我们可以带孩子们去爬山、去涉水、去欣赏四季的交替变化、去呼吸园林田野中的新鲜空气……当孩子们投入大自然的怀抱时,他们的心情会格外舒畅,由此也容易产生积极的审美情感。成人在带领儿童欣赏大自然的美景时,应选择儿童可以理解的艺术化语言表述其中蕴含的美,也可以引导儿童用美的语言表达自己的感受,回来后还可以让儿童通过绘画、手工制作、创编儿歌、制作标本等形式,把感受到的自然美表现出来,这也是萌发他们审美情趣的一种手段。

2. 日常生活是实施学前儿童美育的重要途径

儿童最初的美感来源于他们最接近、最熟悉、最容易感知的日常生活,从这个意义上说,美育"无处不在,无时不有"。学前儿童的审美教育应贯穿在儿童的日常生活之中,借助生活环境中的美、社会生活中的美、形式和设计中的美,来引发儿童对美的兴趣和爱好,并帮助儿童学会辨别日常生活中的美和丑,激发儿童对生活的热爱。例如,幼儿园室内外环境中的色彩美、形式美、装饰美;与教师、同伴交往过程中的语言美、行为美、仪表美;散步中宽阔整洁的马路,高大雄伟的建筑物,美丽的林荫小道,车水马龙的立交桥以及周围的环境美;就餐时菜肴的色、香、味以及炊事员叔叔的劳动美等。总之,生活中处处有美,日常生活是儿童美育取之不尽、用之不竭的丰富源泉。

3. 艺术活动是实施学前儿童美育的有力手段

艺术活动中体现的主要是艺术美,美术、音乐、文学被称为是对儿童实施美育的"三件法宝"。对儿童来讲,常见的艺术活动主要包括音乐活动、舞蹈活动、绘画活动、手工制作、儿童文学作品欣赏、表演活动等。通过这些艺术活动,可以发展儿童的听觉、视觉、触觉、身体感觉等的综合审美感知,让学前儿童被歌曲、旋律、舞蹈、绘画、工艺品、诗歌、童话、故事等感染,产生情感体验,并激起学前儿童用节奏、色彩、线条、形体等来表达美、创造美的欲望和行动[①]。比如,欣赏名曲《化蝶》时,教师通过多媒体课件,让儿童边听音乐边演示蝴蝶的变化过程,孩子们既专注又兴奋。伴随着画面的变换,听着悠扬起伏的音乐,孩子们在"闻乐而思"中,把音乐和画面转化成了栩栩如生的形象和情节,并在感知蝴蝶的各种情态变化中,感受到了乐曲美给自己带来的轻松愉快的心情,同时对音乐的丰富内涵也有了一定的理解。在音乐的作用下,儿童的表演欲望也自然产生了,他们把蝴蝶的变化过程创编成各种动作,随音乐的旋律一起表演,在鲜活的表演中,其想象力和创造力也得到了发展。再如散文欣赏《春天来了》,配以舒缓的音乐进行朗诵,让儿童在感受诗歌优美意境的同时,也激发他们热爱自然、热爱生活的美好情感。

4. 游戏是实施学前儿童美育的有效方式

游戏是儿童最喜欢的活动形式,同时也是他们表现美、创造美的特殊的审美活动方式。在游戏中,幼儿可以按照美的要求来使用玩具与物品,布置游戏的环境与场面;在游戏中,幼儿进行建造活动,需要运用对称、均衡等形式美的法则来构造物体,建造的成果,既是美的创造,又是审美的对象;在游戏中,幼儿通过扮演角色,力求表现出角色的语言美、心灵美和行为美[②]。总之,多样化的游戏种类,各式各样的玩具,都从不同角度不同方面给儿童带来了极大乐趣,使他们沉浸在美的享受之中,从中受到美的教育。

5. 节日和娱乐活动是实施学前儿童美育的特殊形式

每年节假日的庆祝活动和娱乐活动,也是激发儿童的审美情趣、获得审美体验的特殊形式。在节日活动和娱乐活动中,美观的环境布置、绚丽的服饰、丰富多彩的节目等,都能让儿童在亲身感受中产生愉快的体验,获得美的享受,并感受到生活的美好。常见的节日活动有:"五一"劳动节、"六一"儿童节、"十一"国庆节、春节、大班儿童的毕业会、文艺表演会等。常见的娱乐活动有:看电影、幻灯、魔术表演、木偶戏、皮影戏、文艺表演等。

(三)实施学前儿童美育时应注意的问题

1. 学前儿童美育应是面向全体学前儿童的教育

幼儿园实施美育的目的是培养每一位学前儿童美的情感、美的心灵,而不是为了培养艺术家,更不是为了培养极少数的艺术小天才。当然,由于儿童在艺术天赋上的个别差异,个别儿童的某些艺术潜能需要早期培养,但这不应当是以牺牲其他儿童应有的发展为代价。因此,在美育实施过程中必须贯彻面向全体,注意个别差异的原则,针对每位儿童的兴趣和需要让他们得到应有的发展。

2. 重视通过美育培养学前儿童的健全人格

学前儿童美育应着眼于引导儿童人格向积极方面发展,这本身也是美育的一种内在价值。但长期以来美育因受重理智、轻情感的倾向影响,出现了实施过程中的偏颇。如在艺术活动中,将学前儿童对艺术的直觉感受和直觉判断进行分析、理解,重复记忆、抽取规律及迁移应用,偏重于追求艺术活动的结果,而没有充分利用好艺术这一媒介去丰富儿童的情感世界,也不重视儿童在活动中的情感体验和态度等。

3. 重视培养学前儿童的想象力和创造力

美育中学前儿童表现美的灵魂是儿童的自由想象和创造,而绝不仅仅是依样画葫芦式的模仿。为此,在幼儿园艺术活动中必须克服过分强调表现技能技巧的偏向,因为这种偏向把创造性的表现活动降格为一种机械训练,这对发展学前儿童的想象力、创造力是不适宜的,其后果常常是使学前儿童失去自信心,产生无能感,害怕或者讨厌艺术活动,或学会机械地服从或模仿成人,这就完全背离了学前儿童美育

---

① 傅建明主编. 学前教育学. 北京:中央广播电视大学出版社,2007:125.
② 刘炎编著. 幼儿教育概论. 北京:中国劳动社会保障育出版社,2000:154.

的宗旨。此外,在教师的指导方法上,也应该注意启发式而非命令式,克服以教师为中心的倾向。

【本章练习题】

一、单项选择题

1. 在儿童道德品质形成过程中起基础作用的因素是(　　)。
   A. 道德认知　　　　　　　　　　B. 道德情感
   C. 道德意志　　　　　　　　　　D. 道德行为

2. 5岁儿童认为"帮妈妈洗碗时不小心摔破5个碗的孩子"比"因偷食物而摔破2个碗的孩子"更坏一点,这说明(　　)。
   A. 学前儿童道德认识水平低　　　　B. 学前儿童情感开始萌芽
   C. 学前儿童自控力低　　　　　　　D. 学前儿童坚持性差

3. 学前儿童智育的核心是(　　)。
   A. 获取知识　　　　　　　　　　B. 培养学习习惯
   C. 发展智力　　　　　　　　　　D. 激发学习兴趣

4. 全日制幼儿园在园幼儿每天户外活动时间不得少于(　　)。
   A. 2.5小时　　　　　　　　　　　B. 2小时
   C. 3小时　　　　　　　　　　　　D. 1.5小时

5. 儿童喜爱色彩鲜艳、形象夸张的事物,而不注重色彩的协调,这表明(　　)。
   A. 儿童的美感是直观的　　　　　　B. 儿童的美感是表面的
   C. 儿童的美感是外在的　　　　　　D. 儿童的美感是感受性的

二、简答题

1. 学前儿童道德品质形成与发展的特点是什么?
2. 对学前儿童实施有效品德教育的途径有哪些?
3. 如何促进学前儿童智力的发展?
4. 如何促进学前儿童体育活动的开展?
5. 对学前儿童实施美育有何价值?

三、论述题

试根据儿童美感发展的特点谈谈实施学前儿童美术教育的有效途径。

四、材料分析题

中班的鑫鑫小朋友今天带了新的玩具到科学区域内玩,凯凯也很想玩,高老师看见了就趁机问道:"鑫鑫,你是把玩具带来和大家分享玩的吗?""是的,"鑫鑫开心地说道。凯凯听了高兴地伸手去拿,可鑫鑫马上抢过来说:"这是我的!你不许玩!"一边说一边跑出了科学区自己独自玩了起来。无论老师怎么劝说鑫鑫都不愿将玩具与其他小朋友分享。

问题:请对鑫鑫小朋友的行为进行分析。

五、活动设计题

请根据下面的素材设计一个小班美术活动方案,要求写出活动名称、活动目标、活动准备和活动的主要环节。

春天来了,幼儿园里的各种花都争相开放,小班的孩子们每次到户外时都会围绕着各品种的花叽叽喳喳说个不停。小班郑老师看到后,有意识地引导孩子们了解不同花的名字、颜色、形状等,并以"五颜六色的春天"为主题开展了印画活动,以通过有趣的作画方式,让孩子在"玩"中感受美、体验美和创造美。

六、写作题

妈妈正在包饺子,5岁的佳佳坐在小凳子上看着饺子忽然问了一个问题:"妈妈,你知道星星是从哪里来的?"妈妈还没有来得及回答,佳佳又自己说道:"妈妈,我知道星星是怎样做出来的!是用做月亮剩下的东西做的。"妈妈听了佳佳的话先是愣了一下,然后特别激动地抱着佳佳说:"宝贝,你是怎么想到的,妈妈可想不出来。"

综合上述材料引发的思考和感悟,写一篇不少于800字的议论文。

要求:用规范的现代汉语写作,角度自选,立意自定,标题自拟。

第七章　幼儿园教育活动与环境设计

本章概要

本章在全面了解幼儿园教育活动内涵的基础上,对幼儿园教育活动的类型进行了划分,并对幼儿园教育活动的设计原则和组织方法进行了阐述。之后,从游戏活动与指导、生活活动与指导、幼儿园环境与创设三个方面进行了分析,最后又提出了具体有效的组织与指导策略。

第一节　幼儿园教育活动的组织与指导

一、幼儿园教育活动的内涵

《幼儿园教育指导纲要(试行)》指出:"幼儿园教育活动是教师以多种形式有目的、有计划地引导幼儿生动、活泼、主动活动的教育活动。"幼儿园教育活动是幼儿园教育的基本形式以及幼儿园课程实施的载体,它是以儿童为主体,在教师创设以适应儿童身心发展需要和特点的多种形式的活动与环境材料的互动过程中,引发儿童积极参与、主动探索并大胆表现的教育活动系列,旨在促进儿童全面、健康、和谐、整体的发展。

幼儿园教育活动从根本上说是一种师幼交往的过程,教师、儿童是教育活动最基本的主体和参与者,也是教育活动最直接的体现者,因而幼儿园教育活动首先是教师和儿童主体的活动,其次,幼儿园的教育活动也应具有明确的目的性和一定的规范性。

二、幼儿园教育活动的类型

（一）根据幼儿园教育活动的结构分类

根据幼儿园教育活动的结构,幼儿园教育活动可分为学科领域结构的教育活动(通常包括语言活动、数学活动、科学活动、音乐活动、美术活动和体育活动六种类型)和主题单元结构的教育活动两大类。

（二）根据幼儿园教育活动的特征分类

根据幼儿园教育活动的特征,幼儿园教育活动可分为生活活动、游戏活动和学习活动。

（三）根据幼儿园教育活动的内容领域分类

根据幼儿园教育活动的内容领域,幼儿园教育活动可分为健康领域教育活动、语言领域教育活动、科学领域教育活动、社会领域教育活动和艺术领域教育活动五类。

(四)根据幼儿园教育活动的性质分类

根据幼儿园教育活动的性质,幼儿园教育活动可分为由儿童自主生成的教育活动和由教师预先设置的教育活动两类。前者更关注儿童的兴趣、儿童的学习需要,是在儿童偶发性的探究和兴趣的支配下产生内部动机的需要,并由教师引导和帮助儿童生成某个主题的活动;而后者更强调教师的计划组织和直接引导,是在教师设定教育活动目标、提供活动环节和材料并有计划地实施指导下的活动。

(五)根据幼儿园教育活动的组织形式分类

根据幼儿园教育活动的组织形式,幼儿园教育活动可分为集体活动、小组活动和个别活动三类。

(1)集体活动。集体活动是指全班一起进行的活动形式。这种活动的特点是集中性和统一性,即活动是全员参与的,并有统一的活动目标和活动要求。

(2)小组活动。小组活动是指部分儿童一起进行的活动形式。这种组织形式有利于教师对儿童活动情况的了解和指导,有利于因材施教,有利于儿童之间的相互交往和合作,可为儿童提供更多的交流与操作机会,使其减少等待时间。

(3)个别活动。个别活动是指儿童的自我学习或教师对儿童的个别教育活动。这种活动形式可以满足儿童的个人需要和兴趣。但是,个别活动不是儿童随心所欲、盲目的活动,而是教师有意安排,有目的、有计划的活动。

三、幼儿园教育活动的设计原则

(一)发展性原则

发展性原则是指在教育活动设计中必须准确把握儿童的原有基础和水平,并以此为依据着眼于促进儿童在身体、认知、情感、个性以及社会性等方面的全面而整体的发展。

(二)主体性原则

主体性原则是指教师必须坚持遵循和体现以儿童作为活动的主体。此外,在重视儿童主体性的同时,适时、适地、适宜发挥教师的主体性。

(三)渗透性原则

渗透性原则是指在教育活动设计中将各种不同领域的内容、各种不同的学习形式与方法加以有机地融合,将其作为一个相互联系而不可分割的完整体系。

(四)开放性原则

开放性原则是指在教育活动设计中,教师要根据一定的教育目标要求和内容,以及分析儿童的学习需要以及年龄特点的基础上,为儿童创设和提供促进其学习的环境和资源,即对教育活动进行必要的预设。主要体现在:目标的开放、灵活和适时调整;内容的开放、丰富和多元;形式的开放、多向和灵活。

四、幼儿园教育活动的组织与指导方法

(一)观察法

观察法是教儿童学会运用视觉、听觉、味觉、嗅觉、触觉等感官去认识所选定的观察对象,是儿童获得感性经验的主要途径。在使用观察方法的过程中,重点是教儿童学会运用自己的感官去观察事物的方法,而不是只知道观察的结果"是什么"。

（二）实验法

实验法是利用一些生活中常见的物品或材料,让儿童通过自己的操作,进行尝试和探索。

（三）游戏法

游戏法是把儿童的学习寓于游戏活动中,这种方法很适合儿童活泼好动及思维具体形象性的特点。

（四）操作法

操作法是供给儿童足够的实物材料,创设一定的环境,引导他们按一定的要求和程序,通过自身的实践活动进行学习的方法。

（五）参观法

参观法是教师根据教育目标的要求,组织儿童到园外去学习的活动。

（六）谈话、讨论法

谈话、讨论法是教师和儿童双方围绕一个问题或主题,自由地发表自己的想法、意见,表达自己的感受、体验,进行相互交流的过程。

（七）讲解、讲述法

讲解法是运用口头语言向儿童说明、解释事物或事情。

讲述法是运用语言向儿童叙述事实材料或描绘所讲的对象。

第二节 幼儿园游戏活动的组织与指导

一、儿童游戏的基本问题

（一）概念及内涵

对于"什么是游戏"这个问题的回答,可谓仁者见仁、智者见智。不同的研究者,由于研究角度各异,对游戏的定义都不相同。但他们对于游戏内涵的把握具有一致性。

1. 游戏是儿童最喜爱的活动,是儿童生活的主要内容

即便是生活、劳动、学习等活动,儿童也常常是以游戏的形式来进行的,或是将生活、学习、劳动的过程变成游戏活动。可见儿童喜欢游戏,还喜欢把他们的一切活动游戏化。

2. 游戏是对儿童生长的适应,符合儿童身心发展的特点

游戏是对儿童成长的适应,因为儿童在成长中往往会面临身心发展需要与实际能力水平之间的矛盾,为解决这一矛盾儿童创造并参与游戏之中,通过游戏去满足其在现实生活中无法满足的、更高水平的成长需要。而儿童身心发展的水平又决定了其游戏的水平。儿童游戏的内容、形式等与其身心发展的实际水平是相一致的。因此,也可以说游戏是与儿童身心发展水平相适应的主要活动。

3. 游戏是儿童的自发学习

对儿童来说,游戏不仅仅是一种消遣,还是儿童的主要学习方式。而且这种学习表现出显著的自发性,概括来说具有以下三个特点：①学习目标是隐含的；②学习方式是潜移默化的；③学习动力是来自儿童内部的。

(二)儿童游戏的基本特征

1. 游戏是儿童主动的、自愿的活动

游戏是非强制性的,被迫的游戏就不再是游戏了。儿童之所以游戏,是出于自发、自愿的需要,因为游戏带给他们欢乐,他们在游戏中可以自由选择游戏的内容、玩法、材料及同伴等,自主性是游戏的最本质属性。

2. 游戏是在假想的情境中反映周围生活

游戏具有社会性,受社会历史、文化、道德等影响,儿童游戏是对周围现实生活的反映。但是,这种反映不是机械地模仿,而是加入了想象,创造性地整合和表现周围生活。例如,儿童可以把地板当作草原,把椅子当作大马。

3. 游戏没有社会的实用价值,不直接创造财富,没有强制性的社会义务

游戏没有强烈的完成任务的需要,没有外部的控制。游戏的目的不在外部而在于其本身的过程中,它更多是一种获得愉快体验的手段,从功利角度讲是非功利性的。

4. 游戏伴随着愉悦的情绪

游戏适应儿童身心发展水平和需要,因此使儿童感到满足和愉快。在游戏中,儿童能控制所处的环境,表现自己的能力,实现自己的愿望,从成功和创造中获得愉快。而且由于没有强制的目标,也减轻了紧张感,使儿童感到轻松愉快。

(三)儿童游戏的价值

1. 游戏能够促进儿童身体的发展

游戏促进儿童身体的生长发育,发展儿童的基本动作和技能,增强儿童对外界环境变化的适应能力,有利于儿童的身心健康。

游戏既有全身的运动也有局部的运动,使儿童的各种生理器官和系统得到活动,促进骨骼肌肉的成熟,加速身体的新陈代谢,有利于内脏和神经系统的发育。在户外进行的游戏可以使儿童充分接触自然环境:充足的阳光、新鲜的空气……从而促进儿童的身体健康。游戏的内容和形式丰富多彩,灵活多变,引人入胜,能够带给儿童愉快和满足,有利于儿童的身心健康。

2. 游戏能够促进儿童认知的发展

(1)游戏扩展和加深儿童对周围事物的认识,增长儿童的知识。游戏使儿童接触周围的各种事物,获取物理知识、数理逻辑知识、社会性知识,并在外部动作操作和内部理解、巩固的心理活动中发展感知觉能力、注意力、记忆力等智力因素。

(2)游戏促进儿童语言的发展。儿童在游戏中发展了口头语言,在与同伴的交流中锻炼语言组织和表达能力。此外,拼音游戏、数数游戏等则直接锻炼儿童对书面文字的理解力。在游戏中儿童发展了语言,并以语言为中介建构对现实世界的理解与认知,发展了智力。

(3)游戏促进儿童想象力的发展。虚拟性或象征性是游戏的普遍特征,并以"假装"或"好像"为标志或条件给儿童提供了想象的充分自由与空间,也为儿童思维的创造性、流畅性、灵活性发展打下了基础。

(4)游戏促进儿童思维能力的发展。积极参与游戏的儿童需要不断思考,解决一个又一个问题,任何一种游戏活动的进行都蕴涵着锻炼和发展儿童思维能力的条件。

(5)游戏提供了儿童智力活动轻松愉快的心理氛围。在游戏轻松愉悦的心理背景下,儿童的觉醒水平适当或处于最佳的平衡状态,可以最大限度地发挥思维活动的积极性、主动性和创造性。

3. 游戏能够促进儿童社会性的发展

(1)游戏提供了儿童社会交往的机会,发展了儿童的社会交往能力。游戏及玩具是学前儿童交往的媒介。通过游戏,儿童实现与同伴的交往,并形成社会性活动。

(2)游戏有助于儿童克服自我中心化,学会理解他人。在游戏中儿童出于扮演角色的需要,学会发展自我,以及自我与他人的区别,由以自我为本位的社会认知向以他人为本位的社会认知过渡。

(3)游戏有助于儿童社会角色的学习,增强社会角色扮演能力。游戏中,儿童通过对角色多样化与

稳定性的理解和体验,有助于现实生活的角色扮演和转换,增强社会适应能力。

（4）游戏有助于儿童行为规范的掌握,形成良好的道德品质。儿童在游戏中,尤其是在规则性游戏中模仿学习的社会行为规范会迁移到他们的实际生活中去,有助于他们对现实生活中道德行为规范的理解和遵守。

（5）游戏有助于儿童自制力的增强,锻炼儿童意志。游戏中儿童乐于抑制自己其他的愿望,使自身行为服从游戏要求,这个过程就是锻炼意志的过程。

4. 游戏能够促进儿童情感的发展

（1）游戏中的角色扮演丰富了儿童积极的情绪情感体验。游戏时儿童体验各种情绪情感,学习表达和控制情感的不同方式,发展友好、同情、责任心等积极情感。

（2）游戏中的自由自主发展了儿童的成就感和自信心。儿童在轻松愉快的游戏氛围中学习解决疑难问题,可以享受成功的快乐,产生自豪感,增强自信心。

（3）游戏中的审美活动发展了儿童的美感。游戏就是儿童感受美、创造美的一种特殊活动,这些活动有助于培养他们对自然、社会、艺术的审美能力,发展美感。

（4）游戏中的情绪宣泄有助于儿童消除消极的情绪情感。游戏,尤其是角色游戏为儿童提供了抒发自己各种情绪的机会,不愉快情绪可以在游戏中得到发泄和缓和,因此具有心理诊断和治疗上的应用价值。

二、儿童游戏的分类

（一）根据儿童认知发展分类

皮亚杰开创了从儿童认知发展的角度研究儿童游戏的新途径,并将游戏划分为以下几种。

1. 练习性游戏（0~2岁）

练习性游戏是游戏发展的最初形式,也称为机能游戏或感觉运动游戏,对应于发生在感知运动阶段。儿童主要是通过感知和动作来认识环境并与人交往,游戏的动因在于感觉或运动器官在使用过程中所获得的快感,游戏只是儿童为了获得某种愉快体验而单纯重复某种活动或动作,它既可以是徒手游戏,也可以是操作物体的游戏。主要表现形式为重复的操作物体的游戏或徒手游戏,如反复地扔球。

2. 象征性游戏（2~7岁）

该阶段是儿童游戏的高峰,对应于前运算阶段。在游戏中,儿童表现为通过以物代物、以人代人的方式,游戏中的主要特征是模仿和想象,角色游戏是其主要的表现形式。这时儿童可以脱离当前对实物的感知,以表象代替实物做思想的支柱进行想象,并学会用语言符号进行思维,体现了儿童认知发展的水平。中班是象征性游戏的高峰期。

3. 规则游戏（7~11岁）

规则游戏是儿童按照一定的规则进行的、带有竞赛性质的游戏。对应于具体运算阶段,说明儿童游戏逐渐失去了具体的象征内容而进一步抽象化。

（二）根据儿童社会行为发展分类

美国心理学家帕顿（Parten）从儿童社会行为（社会行为即有没有跟同伴进行交流）发展的角度将儿童游戏分为以下六种。

1. 偶然行为（无所事事行为）

儿童往往被他感兴趣的事情吸引,新异刺激容易引起儿童的兴趣。如玩弄身体,在椅子上爬上爬下等。偶然行为主要出现在婴儿期,也称之为无所事事。

2. 旁观游戏

旁观游戏表现为,儿童大部分时间是在注意同伴的游戏,听他们谈话,向他们提问题,观察某些儿童的游戏,但自己不加入游戏中去。旁观游戏主要出现于儿童的学步早期。

3. 单独游戏(独自游戏)

单独游戏是指儿童独自一个人在玩,只专注于自己的活动,不管别人在做什么,也没有接近其他儿童的尝试。单独游戏一般出现在儿童学步中期。

4. 平行游戏

平行游戏表现为,儿童各玩各的,所用的玩具和游戏方式相近,各自的游戏内容没有联系,不与同伴一起玩。有时儿童会相互模仿,但无意支配别人的活动。平行游戏出现在儿童学步后期和3岁左右。

5. 联合游戏

在联合游戏中,儿童和同伴一起做游戏,时常发生许多如借还玩具、短暂交谈的行为,但还没有建立共同目标与分工,仍以自己的兴趣为中心。联合游戏主要出现于3~4岁儿童中。

6. 合作游戏(大班为主)

合作游戏是指游戏中有明确的分工、合作及规则意识,有一到两个游戏的领导者,为了共同的目标分工协作。合作游戏主要出现在4岁或更大一些的儿童中。

(三)根据儿童在游戏中的情绪体验分类

比勒根据儿童在游戏中的不同情绪体验把儿童游戏分为以下四类。

1. 机能性游戏

机能性游戏跟皮亚杰提出的练习性游戏、帕顿提出的偶然行为(无所事事)很相近。主要表现为以身体运动本身来产生快感的游戏。如动手脚、伸舌头、上下楼梯、捉迷藏等。婴儿期以机能性游戏为主,三四岁以后消失。

2. 想象性游戏

想象性游戏跟皮亚杰的象征性游戏接近。主要表现为运用玩具来模仿各种人和事物的游戏,也称模拟游戏,一般从2岁左右开始,随年龄的增加而逐渐增多。

3. 接受性游戏

接受性游戏主要表现为听童话故事、看画册、听音乐等以理解为主的游戏。儿童被动接受自己喜欢的游戏。

4. 制作性游戏

制作性游戏主要表现为儿童运用积木、卡片等主动地进行操作,并欣赏结果的游戏。如搭积木、折纸、玩沙、绘画、泥工等。从2岁开始,5岁左右较多。

(四)根据游戏的特征分类

萨拉·斯米兰斯基(Sara Smilansky)根据游戏的特征把儿童游戏分为以下四大类。

1. 功能游戏

功能游戏主要表现为一些简单的肌肉活动,包括行动的和言语的。儿童尝试新动作、模仿他人。通过游戏了解自己身体的能力,体验周围环境。

2. 建构游戏

建构游戏是儿童通过学习使用材料把自己看成是事物的创造者,儿童从形式创造中获得乐趣的游戏。

3. 扮演游戏

扮演游戏是儿童按照故事、童话的内容,分配角色,安排情节,通过动作、表情、语言、姿势等来进行的游戏。扮演游戏类似于象征性游戏,儿童用扮演角色展示身体技能、创造能力以及社会性技能。扮演游戏在儿童2岁左右开始,到了3岁左右时,产生了扮演游戏的最高形式——社会角色游戏,儿童通过模仿别人的言行伪装成其他人。

4. 规则游戏

在规则游戏中,儿童能根据规则控制行为、活动和反应以有效地参加到集体活动中去。规则游戏是开始于学龄期,延续到成年期的主要活动。斯米兰斯基将游戏发展的四阶段模型与帕顿的社会参与分类相结合,形成了游戏等级。

(五)根据游戏的内容分类

布瑞恩·萨顿·史密斯在广泛吸收他人理论的基础上,结合跨文化研究形成了其独特的游戏分类法,认为儿童游戏主要可以分为以下四类。

1. 模仿游戏

儿童从出生就开始模仿,1岁半时儿童会延迟模仿几小时甚至几天,2岁时儿童能模仿他人,3岁时儿童可以在角色中装扮他人,4岁时可以进行想象性的社会角色游戏。

2. 探索游戏

在婴儿6个月时就出现探索游戏,主要以舌和手作为探索工具,而且言语探索以笑话、谜语以及同音词的方式一直延续到学龄期。

3. 尝试游戏

通过尝试游戏,儿童不仅学习并加强了身体和社会技能,而且提高了自我意识并学会了控制记忆的冲动,自我评价得到发展。

4. 造型游戏

造型游戏开始于4岁,儿童以富于想象的建造房子等活动为游戏的目的,并常常伴随着扮演角色或社会角色游戏活动。

(六)根据游戏的教育作用分类

苏联学者根据游戏在教育实践中的作用将儿童游戏分为以下两大类。

1. 创造性游戏

创造性游戏包括角色游戏、结构游戏和表演游戏,此类游戏由儿童自由玩。

(1)角色游戏。角色游戏是儿童通过扮演角色,运用想象,创造性地反映个人生活印象的一种游戏,通常都有一定的主题,如娃娃家、商店、医院,等等,所以又称为主题角色游戏。幼儿园角色游戏的特点是创作性、过程性和变化性。

(2)结构游戏。结构游戏又称建构游戏,是指利用各种结构材料或玩具(如积木、积塑、沙石、泥、雪、金属材料等)进行建构活动的游戏。

(3)表演游戏。表演游戏是儿童按照童话或故事中的情节扮演某一角色,再现文学作品内容的一种游戏形式。表演游戏主要分为桌面表演、木偶表演、影子戏表演、戏剧表演等几种具体形式。

2. 规则游戏

规则游戏是教师根据一定的教育目的,按照一定目标设计的游戏。包括体育游戏、音乐游戏、智力游戏等。规则游戏的主要特点是竞争性和文化传承性。

三、幼儿园常见游戏活动的组织与指导

(一)角色游戏的指导

角色游戏是学前儿童最典型最有特色的一种游戏。

1. 小班角色游戏

小班儿童处于独自游戏、平行游戏的高峰时期;角色意识差,游戏内容主要是重复操作、摆弄玩具,主题单一,情节简单;儿童之间交往少,主要是与玩具发生互动,同伴之间玩相同或相似的游戏。

教师要根据儿童的生活经验为其提供种类少、数量多且形状相似的成型玩具,避免其为争抢玩具而发生纠纷,满足其平行游戏的需要;以平行游戏法指导游戏,也可以把游戏中的角色身份加入游戏,在与儿童游戏的过程中达到指导的目的;注意规则意识的培养,让儿童在游戏中逐渐学会独立。

2. 中班角色游戏

中班儿童游戏内容情节比小班丰富;处于联合游戏阶段,想尝试所有的游戏主题,游戏主题不稳定;有了与别人交往的愿望,但还不具备交往的技能,常与同伴发生纠纷;有较强的角色意识,有了角色归属感。

教师应根据儿童需要提供丰富的游戏材料,鼓励儿童玩多种主题或相同主题的游戏;注意观察儿童游戏的情节及发生纠纷的原因,以平行游戏或合作游戏的方式指导;通过游戏讲评引导儿童分享游戏经验,以丰富游戏主题和内容;指导儿童学会并掌握交往技能及规范,促进儿童与同伴交往,使儿童学会在游戏中解决简单问题。

3. 大班角色游戏

大班儿童游戏主题新颖,内容丰富,能主动反映多种生活经验和较为复杂的人际关系;处于合作游戏阶段,喜欢与同伴一起游戏,能按自己的愿望主动选择并有计划地游戏;在游戏中自己解决问题的能力增强。

教师应根据儿童游戏的特点,引导儿童一起准备游戏材料和场地,多用语言指导游戏,在游戏中培养儿童的独立性;观察儿童游戏的种种意图,给儿童提供开展游戏的练习机会和必要帮助;允许并鼓励儿童在游戏中进行创造,通过讲评让儿童相互学习,拓展思路,不断提高角色游戏水平。

(二)结构游戏的指导

结构游戏对儿童手的技能训练和发展思维能力有十分积极的作用,被称为"塑造工程师的游戏"。

1. 结构游戏的内容

结构游戏可结合基本技能确定活动内容。小班儿童主要学习铺平、延长、围合、盖顶、加宽等构造技能,所以他们在积木区多构造马路、围墙等简单物体;大班儿童主要学习整齐匀称的构造,并会选择使用辅助材料,因此他们多建造结构复杂、装饰精巧的建筑物或建筑群。

积木区可以和主题活动相结合共同设计,如进行"各种各样的桥梁"的教育教学活动时,可以鼓励儿童在积木区搭建各种桥梁。积木区也可以和角色游戏区、表演区相联系,可以为"娃娃家"生产"家具",为"火车站"搭建"站台、铁轨、候车室",为表演区搭建"舞台"等。

2. 结构游戏材料的提供

结构游戏中提供的主要游戏材料包括各类积木、积塑、沙石、泥及各种金属材料等,也可以根据儿童的需要提供一些辅助材料,如人物模型、动物模型、房屋高楼模型、花草树木模型、交通工具模型、信号灯、指示牌、家庭用品等。

3. 结构游戏场地的设置建议

结构游戏有时具有一定的连续性,儿童上次没有搭完的东西下次可能还要继续搭建,这就要求场地要宽敞、平整并相对固定。

4. 结构游戏的指导建议

(1)指导小班结构游戏时,教师应引导儿童先认识结构材料,然后再引导儿童学习结构技能,并鼓励儿童尝试建构简单的物体,说出结构物体的名称,初步建立结构游戏的简单规则。

(2)指导中班结构游戏时,教师应注意游戏前丰富儿童的生活经验;引导儿童先设计搭建方案,学习有目的地搭建;学会看平面图;组织儿童评议结构活动,鼓励儿童独立主动地发表意见。

(3)指导大班结构游戏时,教师可注意培养儿童独立结构的能力,引导儿童准确表现游戏的构思方案;鼓励儿童使用各类结构材料和辅助材料进行搭建;鼓励儿童评价自己和他人的作品;鼓励儿童开展集体搭建活动。

第三节 幼儿园生活活动的组织与指导

一、幼儿园生活活动的意义

幼儿园生活活动主要包括来园、晨间、盥洗、喝水、进餐、如厕、睡眠、散步、日常劳动、离园等常规性活动,它们是儿童在园一日活动的重要组成部分,对儿童的身心发展起着潜在的影响作用。借助有规律的生活活动,可以帮助儿童养成良好的生活卫生习惯,提高儿童独立生活的能力和劳动观念,培养儿童良好的心理素质,丰富儿童多方面的认知经验。

二、幼儿园生活活动的目标

(一)基本目标

幼儿园生活活动主要着力于培养儿童良好的作息习惯、睡眠习惯、排泄习惯、盥洗习惯、整理习惯等卫生习惯;帮助儿童了解初步的卫生常识和应该遵守的生活秩序;帮助儿童学会多种讲卫生的技能,逐步提高生活自理的能力;帮助儿童学会用餐方法,培养良好的饮食习惯。

(二)年龄阶段目标

小班生活活动的目标:了解盥洗的顺序,初步掌握刷牙、洗手等的基本方法;知道穿脱衣服的顺序;学习保持自身的清洁,会使用手帕;形成坐、站、行等正确姿势及良好的作息习惯;学会在轻松自然的气氛中进餐,保持情绪愉快;初步形成良好的进餐习惯,懂得就餐卫生,不挑吃食物和主动饮水的习惯。

中班生活活动的目标:学习穿脱衣服、整理衣服;学习整理玩具,能保持玩具清洁;有初步的生活自理能力;不挑吃食物,知道喜欢吃的东西不宜吃太多,身体超重也会影响健康;巩固良好的饮食习惯。

大班生活活动的目标:学会保持个人卫生,并能注意生活环境的卫生;巩固良好的生活卫生习惯和生活自理能力;正确使用筷子就餐;知道有些食品不能吃,有些不宜多吃,否则会影响身体健康。

三、幼儿园生活活动的组织与指导

(一)进餐活动的组织与指导

第一,教师要做好儿童进餐前的准备工作。例如,进餐前半小时左右结束游戏;安排餐桌,分发碗筷等用具;组织儿童如厕、洗手;借助音乐、故事或安静游戏的方式安抚儿童的情绪,并介绍当天的食物,激发儿童食欲。

第二,教师要注意组织儿童合理进餐。例如,关注儿童餐具的使用方式;关注进餐情况不佳的儿童;儿童添饭时可以提醒他们注意把饭吃干净再添饭;小班儿童应注意培养他们独立进餐的习惯和进餐的技能,中、大班儿童则注重良好进餐习惯的养成。进餐结束时,教师应要求儿童收拾自己的餐具,放在指定的地方,提醒儿童饭后洗手、漱口、擦嘴等。

(二)午睡活动的组织与指导

第一,教师要做好儿童午睡活动的准备工作。冬夏两季注意调节休息室内的温度及被褥的厚薄;检查床铺上有无杂物;提醒儿童如厕、穿脱衣物,中、大班儿童要求自己脱衣服和鞋袜,并折叠整齐,摆放在指定的地方;同时,可借助散步或安静游戏活动保持儿童适当的情绪。

第二,教师要注意儿童午睡过程的指导。教师应关注儿童的午睡情况,重点关注入睡晚、入睡困难的儿童及患病儿童。

第三,午睡活动结束时,教师可以请小班儿童逐个起床,而中、大班儿童则在规定时间内共同起床,鼓励他们学习整理床铺。

(三)盥洗活动的组织与指导

在儿童玩沙土、玩泥巴等活动以后,以及餐前、便后,教师要组织儿童进行盥洗活动。

第一,教师要做好儿童盥洗前的准备工作。例如,常备肥皂、毛巾、卫生纸等物品;地面要及时清理以防儿童滑倒、撞伤;消毒物品的放置要安全、隐蔽;保证盥洗室内干净无异味。

第二,教师要合理组织儿童盥洗活动。帮助儿童养成良好的盥洗习惯,引导儿童掌握合理的盥洗技能,在盥洗活动中,教师还应提出明确具体的要求。例如,有秩序地排队如厕、洗手,不推不挤,不在盥洗室内大声喧哗吵闹,不追跑嬉戏,不玩水和肥皂等。

(四)整理物品活动的组织与指导

教师要注意引导儿童学习整理个人的生活用品和学习用品,包括入园后、运动后脱下的衣物鞋帽的折叠、整理,自己的毛巾、茶杯等物品的放置、整理,使用之后的水彩笔、油画棒、本子、作业纸等物品的放置、整理。同时,教师还要组织儿童收拾、整理游戏材料,例如体育活动的器械、游戏区角的材料等。

四、幼儿园生活活动组织与指导注意事项

(一)保教结合,培养儿童独立生活的能力

由于儿童独立生活的能力尚处于较低水平,为保证儿童安全、健康成长,幼儿园教师应给予儿童全面、细心的照顾。但幼儿园教师还应注意在安全的范围内,鼓励并指导他们自己独立完成力所能及的活动。

(二)充分挖掘生活活动中的教育功能

生活活动中常常蕴含着教育的功能。例如,通过合理的进餐活动,儿童可以习得细嚼慢咽、不挑食等良好的进餐习惯;掌握使用餐具的正确方法;通过教师介绍,知道食物的名称、制作方法等。

结合儿童在生活活动中的行为表现,教师还可以生成新的教育活动。例如:天气预报与人们的生活密切相关,幼儿园很多班级也都开展了"天气预报"这项日常性的活动。但大部分教师只是让儿童记录或描述当天的天气预报,而很少将天气预报与当天的天气状况、儿童的实际生活联系起来。有一天,气温骤升到30摄氏度,可在户外活动的儿童衣着依然不见减少。这件事至少反映出两个问题:一是儿童缺乏自我照顾的常识;二是教师缺乏指导的意识。但有位教师做得就很细致,她每天都在"天气预报"的旁边标上图文提示,如"今天下雨,地面潮湿,小心路滑";"今天很热,适宜的衣着是……"。这些细小的内容切切实实地帮助儿童积累了生活经验,真正体现了教育回归生活的理念。

(三)家园配合,保持教育的一致性

家庭是儿童生活的主要场所,教师应尊重家长作为儿童照料者和影响者的主体地位,以多种形式加强家园沟通,保证儿童在家中自理行为和生活习惯与在园时保持一致。为此,教师可采取多种家园合作的方式,有效提高儿童在园生活活动的教育效果。例如,可以开设不同主题类的小型家长会,根据班中肥胖儿、体弱儿的情况开展保健类的专题讲座;小班可专门开设"生活自理能力培养"的专题讲座,也可以根据班级存在的不良行为习惯组织交流、讨论等。

第四节 幼儿园环境与创设

一、幼儿园环境创设的概念

（一）幼儿园环境

幼儿园环境有广义和狭义之分。广义的幼儿园环境是指幼儿园教育赖以进行的一切条件的总和。它既包括幼儿园内部的小环境，也包括与幼儿园教育有关的家庭、社会、自然、文化等大环境。狭义的幼儿园环境是指在幼儿园中对儿童身心发展产生影响的一切物质与精神要素的总和。它是涵盖幼儿园的所有成人、儿童、幼儿园房舍、设备设施、空间布局以及各种信息要素，并通过一定的教育制度与观念以及文化传统所组织、综合的一种动态的、有形与无形相结合的教育空间范围。

（二）幼儿园环境创设

幼儿园环境创设是教育者根据教育目标、着眼于儿童身心发展的需要而精心创设的适宜的具有教育意义的教育条件。

二、幼儿园环境创设的意义

幼儿园环境创设的目的是促进儿童的全面发展，因此，幼儿园环境创设具有重要的意义。《幼儿园工作规程》明确提出："要创设与教育相适应的良好环境，为幼儿提供活动和表现能力的机会与条件，促进每个幼儿在原有的水平上得到不同的发展。"

（一）幼儿园环境创设满足了儿童的生活需要

儿童入园后，有吃喝拉撒睡的生理需要，幼儿园的物质环境为他们提供了如厕、盥洗、吃饭、睡觉的条件。较之成人，儿童对环境的敏感程度更高，若想让儿童在幼儿园生活中感受到安全和舒适，就需要配以良好的精神环境，让儿童感受温暖和快乐。

（二）幼儿园环境创设满足了儿童的发展需要

幼儿园是以促进儿童身心发展为目的重要场所。因受年龄限制，儿童对环境中的优劣要素不具有选择、适应和改造的能力，他们具有广泛的接受性和依赖性，因此，为他们创设一个科学的幼儿园教育环境就显得尤为重要。幼儿园环境创设的目的是利用环境对儿童进行生动、形象、直观和综合的教育，通过引导儿童参与环境的创设，给予他们全方面的刺激，满足他们的多种需要，让他们在多通道的感知过程中，建构对事物和现象的认知，使他们获得一种直接的情感体验和知识启迪。

（三）幼儿园环境创设实现了"润物无声"的教育理念

环境是以潜移默化的方式对受教育者产生影响的。幼儿园环境创设就是让儿童在不知不觉中接受教育，养成良好的生活习惯和健康的个性特征。

三、幼儿园环境创设的类型

以儿童活动的形式为划分维度，幼儿园环境可以分为语言环境、运动环境、劳动环境和游戏环境。以保育和教育为划分维度，幼儿园环境可以分为保育环境和教育环境。

以儿童的需要(生活、安全、活动和交往等)为划分维度,幼儿园环境可以分为生存环境、安全环境、活动环境和交往环境。

以儿童环境中构成内容的特质性差异为划分维度,幼儿园环境可以分为物质环境和精神环境。

以幼儿园一日生活类型为划分维度,幼儿园环境可以分为生活活动环境、游戏活动环境和学习活动环境。

以幼儿园潜课程的结构和特征为划分维度,幼儿园环境可以分为物质空间环境、组织制度环境和文化心理环境。

四、幼儿园环境创设的原则

幼儿园环境创设的原则是指教师创设幼儿园环境时应遵循的基本要求。倡导为儿童创设良好的教育环境,营造一种亲切温和的氛围,吸引儿童步入第一个社会集体,使幼儿园环境与氛围对儿童进行信息交换、感情交流、社会交往、获取知识、提升经验产生积极的作用。在环境创设中,尽可能地将社会、语言、科学、健康、艺术等幼儿园各个领域的教育内容渗透于环境创设之中,为此,教师必须具有正确的教育观念和环境意识,灵活地遵循以下的原则。

(一)教育性原则

幼儿园的环境创设并不是随心所欲,而要与幼儿园的教育目标相一致。幼儿园的教育目标是促进儿童的全面发展,在环境创设的整体规划阶段需兼顾德、智、体、美、劳这五个方面,不能忽视任何一方面。全面发展教育目标的实现是由上而下开展的,从月计划到周计划再到每一个具体的活动,都要给予考虑和体现。

(二)安全性原则

安全是指儿童身体、心理及社会性发展等方面处于没有危险隐患的舒适状态。在幼儿园进行环境创设时,既要考虑到儿童的生理安全,还要保障他们的心理安全。在创设良好的精神环境时,教师首先要拥有正确的儿童观、教育观、课程观,要接纳理解儿童的行为,特别是一些"捣乱性、破坏性"行为,再选择适宜的言行对儿童的行为进行评价和引导,让儿童身处一个尊重、接纳、鼓励、支持、信任的"情感环境"之中。

(三)发展适宜性原则

"发展适宜性"的一个具体表现就是"儿童化","儿童化"就是幼儿园的环境要具有"儿童的特色"。"儿童化"要求参与幼儿园环境设计的无论是专业设计师,还是园长、教师都应该"以儿童为中心",从儿童的审美情趣、生理需要、心理特点等方面来对幼儿园进行整体的规划和考量,打造园所建筑风格,小到班级的墙面和区域材料,都要落实到"儿童身上"。发展适宜性原则的另一个表现就是在环境创设时要考虑到个体差异。

(四)参与性原则

参与性原则是指在幼儿园环境创设时要听到"儿童的声音",要留下"儿童的痕迹"。教师在环境创设时要有意识地"留白",在环境创设初期要给儿童留下"建议"的空间,让儿童发表意见,提出想法,在这个过程中,儿童可以学习表达、聆听、尊重和接纳;在环境创设的过程中,要给儿童留出"探索和操作"的空间,让儿童在和材料的互动中,发现事物的性质、关系、结构,产生认知的冲突,推动思维的发展。这样可以增加儿童对幼儿园和班级的认同感和归属感,使班级成为教师和儿童共同的"家"。

(五)经济性原则

经济性原则是指在环境创设时要遵循低成本、高效益的原则。幼儿园环境创设在材料的选择上要因地制宜,就地取材,充分利用本地区本园的资源,不要忽视现有的客观条件,盲目模仿、跟风攀比,不追求园舍装修的宾馆化和设施设备的高档化,不走程式化,形成自己的环境特色。在保证安全清洁的条件下,考虑废旧材料的使用。创设环境时,还要考虑设施设备的使用周期,提高使用效益,避免"一次性"的环境创设。

(六)开放性原则

开放性原则是指创设幼儿园环境,不仅要考虑幼儿园内的环境要素,同时也要重视园外环境的各要素,两者有机结合,协同一致对儿童施加影响。利用开放的教育环境对儿童进行教育,是教育者应该树立的科学的教育观。面对外面环境的复杂影响,幼儿园应采取积极的态度,主动与外界结合,让家庭、社区成员进一步了解儿童和幼儿园,使幼儿园教育获得家庭、社区的支持和配合,有针对性地对儿童进行教育。

五、幼儿园环境创设的方法

(一)物质环境的创设

物质环境的创设主要指幼儿园空间的设计与利用,儿童使用的设备、活动区活动材料的数量种类及其选择与搭配等方面的设计。

1. 班级环境

(1)活动室。活动室是儿童一日的主要活动场所,所以要有一个较大的区域供儿童活动,并且活动室要有固定的位置摆放儿童使用的桌椅,以便于书写、手动活动以及就餐,另外活动室应布置在一定的区域,方便与更好地配合教学活动来完成教育目标。色彩不宜以彩色为主,每个年级、每个班级活动室的色彩不宜追求一致,应该根据孩子的特点显示自己独特的风格。活动室的布置可以分为三部分:

第一部分是房屋的房顶和墙面离地面最高的部分,可以按照本班孩子的年龄特点,用孩子喜欢的色彩布置主题。

第二部分是活动室墙面中间部分,孩子视线经常看到,但用手够不到。这一部分是活动室的展示区,由教师根据孩子的年龄特点来布置,通常在学期初更换,儿童一般不参与布置。

第三部分是活动室墙面最下面的部分,是儿童能够参与布置的区域。教师可以把布置的权利交给儿童,小班可以由教师设置主题,儿童在教师的帮助指导下进行布置;大班儿童可以通过共同讨论确定主题,然后讨论并完成布置。这部分主要是通过环境与儿童的互动来完成教育目标,所以要根据教育目标的完成情况不断地变换主题。

(2)睡眠室。睡眠室的面积要符合国家的标准要求,要有较好的朝向和良好的通风条件,避免阳光直射,保持空气新鲜。温度、湿度要适宜,冬季的温度大体应保持在19度,其他季节22度最适宜。睡眠室墙面颜色应选择明度不高的冷色调,如淡绿、淡蓝等。睡眠室应装有窗帘,窗帘以冷色调为佳。儿童床的长度为儿童平均身高加25厘米,床宽为最大儿童体宽的2倍。

(3)盥洗室。盥洗室的设计要考虑卫生、整洁、儿童易冲洗以及清洁其他物品的因素。便池、洗手台的高度要符合儿童的身体尺度。无论采用沟槽式或坐蹲式大便器,均应有1.2米高的加空隔板,并加设儿童扶手。儿童盥洗台的高度为0.5~0.55米、宽度为0.4~0.45米。水龙头的间距为0.35~0.4米,数量为6~8个。

2. 室内公共环境

室内公共环境主要包括门厅、走廊及楼梯。门厅的空间面积要根据幼儿园的规模、主体建筑中儿童的人数合理进行控制,要注意安全和人员的分流。走廊的宽度一般控制在1.5米以上,不宜大于2.4米。外走廊栏杆宜为通透式金属栏杆。栏杆高度不得低于1.2米。楼梯宜采用普通的折跑楼梯,楼梯的宽度不小于1.2米。楼梯两边的墙面可进行环境创设。

3. 户外环境

（1）注意地面的平整宽敞，保证儿童活动的安全适用。地面以坚实平坦的土地、沙地、草地为宜，这种地面可以减少跑跳活动对儿童脑部的震荡。我国北方地区雨水少，土壤渗水性强，因此，坚实平坦的土地最适合儿童。南方雨水多，土壤渗水性差，因此需要对地面进行改造，例如铺设塑胶跑道。水泥地比较硬，不适合作为户外活动的地面。

（2）选择不同的器械设备，促进儿童运动能力和身体素质的发展。在选购促进儿童肌肉发展的器械时，必须考虑设备的安全、坚固耐用以及可变组合，既能促进儿童运动能力的发展，也能锻炼儿童的体魄。选择的材料要环保，尽可能多选择天然的材料，例如沙子、水、落叶、泥土等。

（二）心理环境的创设

1. 心理环境的概念

心理环境是指由人际环境、文化观念等各种因素交织在一起所形成的氛围，既包括那些保证幼儿园得以正常运转的相对稳定的社会规范、价值标准、管理方式，也包括行政管理人员、教师与儿童彼此之间的互动交叉形成的人际关系。幼儿园作为群体式的保育和教育机构，其心理环境包括了儿童生活、学习和游戏的全部空间，特别是儿童的学习、活动及生活的气氛，幼儿园的人际关系及风气等，对儿童的身心发展起着潜移默化的作用。

2. 心理环境对儿童发展的影响

（1）能够促进儿童智力的良好发展，思维的反应速度和准确性能获得提升。

（2）有助于儿童的新陈代谢，增强他们对疾病的抵抗力，使得整个有机体的免疫系统处于平衡状态。

（3）有利于儿童积极健康人格的形成。

3. 良好心理环境的创设方法

良好的师幼关系是良好心理环境的重要组成部分。良好的师幼关系与教师的言行、对待儿童的态度等密切相关，对创设良好的心理环境有着重要的作用。

（1）良好的教师态度与言行有助于儿童安全感的形成。对儿童来说，安全感的获得是最重要的。教师必须满足儿童的基本生理需要，让孩子感到安全和舒适。言行要有鼓励性，有效地增强儿童的信心和勇气。儿童有了安全感，就拥有了成长的良好心理环境，从而能够健康地成长。

（2）良好的教师态度与言行有助于儿童健康人格的形成。3~6岁是儿童个性形成的开始时期，他们具有较强的可塑性，在这一阶段，良好的师幼关系有助于儿童个性的形成和发展。教师在与儿童互动的过程中，能够利用环境去激发和保持儿童活动的积极性，运用正面的、积极鼓励的、启发引导式的教育方法，可以促进儿童向更积极的方向发展。

（3）良好的教师态度与言行有助于儿童形成平等、合作和有爱的关系。幼儿园良好的心理环境不仅来自幼儿园教师，也来自于儿童的班集体和其他小朋友，因此教师要引导孩子平等待人、协商和谦让、合作和互助，在友爱的班风中促进儿童心理的健康发展。

【本章练习题】

一、单项选择题

1. 幼儿园基本的活动类型是（　　）。
A. 游戏　　　　　　　　　　　　　　B. 上课
C. 操作　　　　　　　　　　　　　　D. 劳动

2. 当前幼儿园开展教育活动的指导性文件的名称是（　　）。
A.《幼儿园教育纲要（试行）》　　　　B.《幼儿园指导纲要（试行）》
C.《幼儿园教育指导纲要》　　　　　　D.《幼儿园教育指导纲要（试行）》

3. 设计中将各种不同领域的内容、不同的学习形式与方法加以有机地融合，这体现的是教育活动设计中应遵循的（　　）。

A. 发展性原则 B. 渗透性原则
C. 整合性原则 D. 开放性原则

4. 属于创造性游戏的是(　　)。

A. 体育游戏 B. 表演游戏
C. 音乐游戏 D. 智力游戏

二、简答题

1. 幼儿园教育活动的设计原则有哪些？
2. 儿童游戏的特征是什么？
3. 如何有效地指导儿童的角色游戏？
4. 在组织和实施幼儿园生活活动时应注意哪些事项？

三、论述题

试从心理环境对儿童发展的影响谈谈良好心理环境创设的途径。

四、材料分析题

午饭时，马老师给中班的晨晨盛了半勺饭和荤素搭配好的菜。小朋友们都津津有味地吃着，而晨晨只吃了点饭，菜却一口不动。任凭老师怎么说，她就是不肯张口吃菜。再劝说晨晨就说早就吃饱了。马老师实在没办法了，就吓唬到："你今天一定要把饭菜吃完，否则下午就不让你姥姥来接你了！"晨晨哭了，但仍然不吃饭，一动不动。

问题：请对晨晨小朋友和马老师的行为进行分析。

五、活动设计题

请根据下面素材设计一节中班科学活动方案，要求写出活动名称、活动目标、活动准备和活动的主要环节。

活动室的自然角里饲养了一只大乌龟，孩子们每天都会跑过去看，但乌龟常常是一动不动。孩子们有时候故意大声喊叫，有时候用个小木棒去引逗，有时候专门拿来食物喂食，乌龟也很少游动，孩子们有些失望。中班黄老师看到后，以"不爱运动的乌龟"为主题设计了一节科学活动，以通过儿童多方面的探索了解乌龟的生活习性，满足孩子的好奇心，激发孩子喜欢探索、会用不同方式进行探索的欲望。

六、写作题

陶行知先生曾经说过："受过某种教育的生活与没有受过某种教育的生活，摩擦起来，便发出生活的火花，即教育的火花，发出生活的变化，即教育的变化。"所以说，生活与生活一摩擦便立刻起教育的作用。摩擦者与被摩擦者都起了变化，便都受了教育。

综合上述材料引发的思考和感悟，写一篇不少于800字的议论文。

要求：用规范的现代汉语写作，角度自选，立意自定，标题自拟。

第八章 学前早期儿童的年龄特征与教育

本章概要

本章介绍了学前早期教育的意义、任务、教育原则和教育形式,详细描述了出生至3岁前婴幼儿的年龄特征,进而提出了该阶段的教育要领。

第一节 学前早期教育概述

一、学前早期教育的概念

学前早期教育是对学前早期儿童实施的全面教养活动,是按照婴幼儿身心发展的规律与特点进行的科学保育和教育,通常也被称为婴儿教育。

关于学前早期教育的年龄界限,目前还没有一个统一的定义,但更多学者认同的是0~3岁儿童的教育。本章中所指的早期教育就是对0~3岁的婴幼儿进行的教育。

社会及家庭开展学前早期教育,其主要目的是根据学前早期儿童神经发育的特点及身心生长发育的规律,利用外界的客观环境和教育环境,有目的、有计划、有系统地对儿童的器官给以丰富的刺激和训练,从而培养儿童的感知、动作、语言、认知、行为和习惯,促进儿童身心的和谐发展。

二、学前早期教育的意义

心理学家巴甫洛夫曾经说过:"如果你在婴儿出生的第三天才开始教育,那么你就已经晚了两天。"怀特也曾经说过:"孩子头三年经验的重要性,远远超过我们过去所想象的。对于婴儿和学步的孩子,每个生活中简单的动作都是他们日后一切发展的基础……没有什么工作比抚育头三年的孩子更重要了。"由此可见,早期教育对人的发展至关重要,个体早期获得的经验对其一生的发展都会产生潜在的、长远的影响。随着生物学、脑科学以及心理学的迅速发展,其部分研究成果也证明了早期教育对儿童各方面的发展具有重要意义。

(一)婴幼儿阶段是儿童期生长和发展最迅速、变化最大的阶段,适宜的环境和教育可保证早期儿童的顺畅发展

0~3岁是儿童生长变化最快的时期。以初生时儿童身长约50厘米,体重约3千克来说,第一年时,身长增加25厘米,为出生时的1.5倍(即75厘米),体重增加6千克,为出生时的3倍(即9千克);第二年比第一年身长增加10厘米左右,体重增加2.5~3.5千克;而在3~6岁时,每年身长增3~4厘米,体重增1千克左右。从大脑的生长和发育来说,孕期最后3个月到出生后一年半是大脑快速生长和发育的时期,出生时小儿脑重约为成人的25%,6个月时为30%,一年时为60%,30个月时为75%。以后在3~5岁这两年中脑重只增加15%,达到成人脑重的90%。在2岁前,适宜的教育对儿童的大脑功能和结构

均产生积极的良好影响。

（二）婴幼儿阶段是人的一生中诸多方面发展的关键期，可塑性最强，适宜的环境和教育可取得事半功倍的效果

关键期是指学习或形成某种行为的最佳时期。在这个时期提供刺激最容易获得反应，过了这个时期，反应或者不能获得，或者不能达到最好的水平。这个概念来自奥地利生物学家劳伦茨（Lorenz 1903—1989）的研究，他在观察小鹅的追随行为时发现：在小鹅出生后24小时内，会出现追随一个活动着的物体的行为，主要是追随母亲。如果在此期间看到的是别的动物或人，就很难再形成追随自己母亲的行为了。经过多次实验，劳伦兹就把小鹅的这种无须强化，在一定时期内容易形成的反应叫作"印刻"现象，印刻发生的时期叫作"关键期"。

脑科学的研究表明，婴幼儿期是脑生理发育的关键期。在这一时期，脑在结构和功能上都有很强的适应和重组能力，脑结构与脑功能的发展易受环境的影响。在关键期内保证脑结构与脑功能发展的条件是适当的营养、运动、感觉和语言。在婴儿早期，中枢神经系统受损后，仍可在功能上形成通路，如轴突绕道投射，树突出现不寻常分叉，或产生非常规神经突触，以达到代偿的目的。例如：先天白内障的婴儿从出生后就会因缺乏视觉刺激而加剧病情，如果到了3岁仍不能复明，其视觉脑细胞就会萎缩或转而从事其他任务。如果过了视觉发展的关键期，即使是做手术治疗，患儿仍将长久性地丧失视觉功能。人的视觉最敏感最关键的时期是在出生后半年内，一般认为可长达4~5年。婴幼儿从出生到3岁，还是掌握语言的最佳时期，尤其在2岁左右，学说话的积极性很高，心理学家称之为孩子"叽叽咕咕，滔滔不绝"的时期。面对孩子发展的各种关键时期，成人若能提供适宜的条件和教育引导，就可能取得事半功倍的效果。如果错过了关键期，可能花再多的气力也难以完全补偿。

（三）婴幼儿阶段是人一生中发展的初始时期，适宜的环境和教育能够促进婴幼儿身心发展有良好的开端并影响其未来的发展

国内外诸多研究证明，0~3岁的婴幼儿不仅能够适应环境的要求，而且还可以向外界环境提出自己的要求，遇到问题时能主动去探索解决问题的方法。儿童发展的关键在于教育的环境，决定儿童之间个性差异的主要原因在于遗传素质与接受教育的时间和程度。对婴幼儿实施教育的环境和条件如何，将直接决定着儿童整体的发展水平。家长或主要抚育人对婴幼儿的态度和交往方式，对婴幼儿的教养内容，周围生活环境中人和物的数量、性质等也均对婴幼儿有重要的影响。

1975年，美国学者海勃尔发现贫穷家庭儿童中一部分智力落后，这些孩子并无生理缺陷，怀疑是环境因素造成。他选择了40名环境因素高危的儿童，分为两组，20人从3个月就开始早期干预，另外20个人做对照，到66个月时，干预组平均智商124分，对照组94分，相差30分之多。20世纪90年代初，最大样本的研究是美国"婴儿健康与发育项目"，研究者对近1 000名出生低体重儿（少于2500克）和早产儿（少于37周）进行了早期干预，按随机分配原则分为早期干预和常规随访组。36个月时，干预组儿童智商比常规随访组高13.2分（体重2~2.5千克组）和6.6分（体重少于2千克组）。

3岁前，婴幼儿的身体、智力、社会性和情感发展比以后各阶段更为密切地互相交错在一起。日常的哺喂或进食，换尿布或盥洗以及衣着等生活活动，不仅保障婴幼儿的饮食和营养，保持他们皮肤清洁、卫生，使他们的身体正常生长和发育，而且通过抚育者与婴幼儿的互相交往可以促进婴幼儿社会性与情感的发展。抚育者除了满足婴幼儿的生理和情感需求之外，其提供的各种适宜物品的支持和鼓励婴幼儿去感知与探索，又能在促进婴幼儿身体和动作发展的同时，帮助婴幼儿扩大其认识范围，发展其初步的智能，培养其自信心及成功感。

自20世纪60年代以后，许多国家开始重视学前儿童的早期教育，开展了相关实验和研究并取得了积极效果。但在早期教育的实践中，对婴幼儿教育还存在种种不正确的看法和做法，如认为婴幼儿只需要给予生活照顾和卫生保健，教育是可有可无的；或认为婴幼儿什么都不懂，不需教育；而有的父母则一味娇惯、放纵等。这些想法和做法是不利于婴幼儿的成长和发展的。

三、学前早期教育的任务

学前早期教育的任务是结合婴幼儿发展的特点,通过婴幼儿的一日生活,促使婴幼儿身心得到全面和谐的发展。学前早期教育主要包括以下几方面的任务。

(一)促进婴幼儿身体机能的正常发展

学前早期是人一生中生长发育最为迅速的时期,身高、体重、脑重、神经系统等的发展速度都很快,机体的一切功能也都在加速发展。但同时,3岁前婴幼儿身体的各种机能还很不健全,对疾病的抵抗力弱,自我防御或规避危险的能力差,缺乏一定的生活能力,主要依赖成人来满足他们身体发育的各种需要。这就要求抚育人应主动学习教养婴幼儿的科学方法,确保他们身体健康和生理机能的正常发展。

(二)促进婴幼儿良好生活卫生习惯的养成

孔子曰:"少成若天性,习惯如自然。"当代教育家叶圣陶也明确指出:"什么是教育,实际一句话,就是养成习惯。"3岁前正是个体良好习惯开始养成的重要时期,加紧对婴幼儿良好习惯的养成是这一阶段的核心任务之一,应重点培养婴幼儿良好的生活习惯、卫生习惯和学习习惯。良好习惯的养成,是一个日积月累的过程,培养婴幼儿良好的习惯需坚持循序渐进的原则,根据孩子的年龄特点及现有水平和个性差异进行培养,不能急于求成,应由易到难,由少到多地进行。

(三)促进婴幼儿积极情绪情感的发展

情绪情感是人的一种复杂的心理活动。人们一般将喜悦、愉快等情绪称为积极情绪或良好情绪,而将愤怒、哀伤、惊怕、恐惧等情绪称为消极情绪或不良情绪。2岁左右的婴幼儿就已显示出成人具有的大部分情绪。除了情绪之外,婴幼儿也开始产生了对人、对物的关系的情感体验。他们喜欢跟亲近的成人交往,在交往中往往还会产生愉快的情感体验,而对周围人的痛苦则会产生同情感。对3岁前的婴幼儿,应大力培养他们的积极情绪,尽量避免诸如嫉妒、怕羞、爱发脾气等不良的情绪和情感。

(四)促进婴幼儿智力潜能的发挥

每位婴幼儿身上都蕴含着独特的强势潜能。早期教育的任务之一,就在于采用适宜的方法和途径挖掘他们身上蕴含的潜能,促进智力的发展。苏联著名学者耶夫里莫夫曾经说过:"人类学、心理学、生理学、逻辑学的最新发现证明,人具有巨大的潜能,一旦科学发展到能够更深入地了解脑的构造和功能,人类将会为储存在脑内的巨大潜力而震惊。"而国内外的众多实验研究也证实,每个孩子只要拥有正常的生理机能,都可以通过提供积极的刺激和科学的教育而打开他们的智慧大门,并使他们的智能远远高于自然发展状态下的智能水平。

四、亲子教育的发展与实施

(一)亲子教育的发展

亲子教育是20世纪末在美国、日本和我国台湾等地兴起的一种新的早期教育模式。它强调父母、孩子在平等情感沟通基础上的双方互动,是以亲缘关系为主要维系基础,以婴幼儿与家长的互动为核心内容,以建立和谐的亲子关系和爱护婴幼儿身心健康、开发潜能、培养个性、促进婴幼儿全面和谐发展为宗旨的一种特殊形式的早期教育。狭义的亲子教育的对象是指父亲、母亲等与孩子有着直接亲缘关系的人,广义的对象包括孩子的亲属、监护人及孩子在日常生活中所有密切接触的人。亲子教育是家庭教育的深化和发展,是一种特殊的早期教育的形式。

（二）亲子教育的意义

随着脑科学、心理学、医学等学科的发展，越来越多的研究成果揭示了0~3岁早期教育的潜在价值和对个体终身教育的意义。但我国亲子教育的现状却并不乐观。很多父母一方面对孩子给予了很高的期望，另一方面却因忙于工作而无暇照顾孩子。他们还常常因缺乏教养子女的科学知识和方法，而仅凭书本和网络的经验、自己的理解、喜好和兴趣对孩子实施所谓的早期教育，带有极大的盲目性和随意性。再加上亲子游戏时间短，空间少，公共早期教育资源贫乏等原因，使得我国当前的亲子教育存在着很大的空白。但童年只有一次，成长不能重来，推行良好的亲子教育势在必行。

亲子教育是家长和孩子共同成长的有效方式，它能够让孩子在和父母彼此接纳、共同操作和活动的过程中，使其潜能得到开发，身心得到健康发展，并为未来的终身教育打下良好的基础。亲子之间的游戏既能够锻炼孩子的身体机能，发展他们的粗大动作和精细动作，又能训练孩子的双手协调和手眼协调能力，而这种"玩中学"的方式又会给孩子带来无穷的乐趣，感受天伦之乐，增进家庭成员之间的情感，促进其积极情绪情感和个性的发展。同时，父母在和孩子进行游戏的过程中，还容易发现孩子成长过程中存在的问题，及早找到解决问题的办法，实施有针对性的训练方案。

（三）亲子教育的实施

亲子教育的关键是家长要正确地看待自己在教育中的角色和作用。家长首先是婴幼儿的抚养者、日常生活的主要照料者，但同时也是婴幼儿的主要陪伴者、教育者。陈鹤琴先生在《怎样做父母》一文中指出："做父母的，要想把孩子养得好，在未做父母之前，应该问问自己：是否懂得养孩子的方法？有什么资格做好孩子的父亲或母亲？怎样教育孩子，使得孩子身心两方面都充分而又正常地发育？这些，都该弄明白，才配做孩子的父亲或母亲。"亲子关系对父母而言影响相对较小，因为父母对这种关系的出现是有准备的、有计划的，但对孩子来讲，这种关系却是他们接触最早也是最初的人与人之间的关系，亲子关系的特点、质量、类型将对孩子今后的性格、情感和人际关系的形成等具有潜在的影响。

而心理学家和社会学家的研究还发现，父亲和母亲在低幼儿童成长过程中的影响力是不同的。父亲对孩子形成勇敢、自信、果断的个性起着至关重要的作用，而母亲对孩子形成稳定、温顺、合作的个性则起到更为明显的推动作用，父亲以男性自身特有的优势弥补了母亲在教育上的不足。在英国、法国、美国和日本等发达国家，社会和家庭都十分重视亲子教育，特别强调父亲在亲子活动中的作用。但在我国的亲子教育中，父亲的参与比例是很低的，这也是我国亲子教育中的一个误区。我们应积极倡导和鼓励父母共同参与亲子教育活动，在活动中普及科学的教育理念和推广科学的教育方法，让父亲在孩子的早期教育中发挥更大的作用。

第二节 0~1岁儿童的年龄特征与教育

一、0~1岁儿童的年龄特征

（一）身体和生理机能的发展

1岁前儿童最突出的特征就是身长、体重增长最快，身长可由出生时的50厘米左右增加到75厘米（增长值是出生时身长的50%），体重可由3千克增加到9千克，是出生时的3倍。同时，身体各器官的构造和机能也处于加速发育的时期：脑重、骨容量、胃容量的增加量十分迅速；大脑皮层沟和回的深度和数目都在增加；神经细胞的大小和神经纤维的长度也在增长；连接中枢神经和全身的植物性神经发育基本完成，神经髓鞘化过程正在快速进行之中。这为其迅速适应母体外环境奠定了最初的生理基础。

（二）感知觉的发展

在学前早期的认识活动中，借助感知觉来探索世界、认识自我是婴幼儿主导性的认知方式，它们的发展同时也为今后各种心理活动的产生和发展打下了基础。

1. 视觉

婴儿出生时已具备了最基本的视觉能力，能感受到明暗的变化，1周后开始具备视觉能力，两三周后出现视觉集中现象。新生儿最优视焦距约为20厘米，1个月内的新生儿还不能对不同距离的物体调节视焦距，两个月以后则开始按物体的不同距离调节焦距，4个月时能对近的和远的目标聚集，视焦距调节能力已接近成人。他们看到运动的物体如闪烁的光、活动的球及活动的人脸等，能做出反应并能追随物体移动的方向；他们容易集中注视对比鲜明的轮廓部分，容易注视图形复杂的区域、曲线和同心圆式的图案；他们对颜色鲜艳的物体，更容易表现出兴趣，而且表现出对某些颜色的偏爱，他们偏爱的颜色依次为红、黄、绿、橙、蓝等。

2. 听觉

婴儿生下来就有了听觉能力，听到响声会出现眨眼睛、动嘴唇、呼吸加快等行为的改变，但听觉的灵敏性差。一般婴儿要到3个月时才能感受到不同方位发出的声音，听到声响会把头转向发声的方向，同时还会用眼睛去寻找声源。但如果声音过大，婴儿则用哭来表示抗议。一些研究还证明，婴儿拥有较强的音乐感知能力，他们喜欢听和谐、轻柔的音乐而讨厌噪音，而妈妈的声音对他们来说是最动听的音乐。

3. 嗅觉、味觉、触觉

（1）新生儿出生后即有了嗅觉反应，3~4个月时他们就能稳定地区别不同的气味。起初他们对特殊刺激性气味有类似轻微的受到惊吓的反应，以后会通过翻身或扭头等行为有目的地回避。

（2）新生儿出生时最发达的感觉是味觉，它具有保护生命的价值。新生儿的味觉相对比较敏锐，能辨别不同的味道。他们天生喜欢甜味，尝到甜味的食物会露出愉快的表情，而不喜欢苦、咸、酸的食物，对苦和酸味的食物会通过皱眉、闭眼等行为表示拒绝。

（3）新生儿出生后也有了较灵敏的触觉反应，尤其在眼、口、手掌、足底等部位，触之即有反应，出现眨眼、张口、缩回手足等动作。4~5个月后，视觉和触觉开始逐步协调起来，他们可以有意识地够到物体，并通过触觉来探索外在世界。

4. 知觉

知觉是对感觉的加工过程。知觉的发生较晚，在出生后4~5个月时才出现明显的知觉活动，手眼协调的动作也在此时开始出现。研究表明，婴儿在3~4个月时出现对形状的知觉，4个月的婴儿对物体有了整体的知觉，能把部分被遮蔽的物体视为同一物体。而著名的"视崖"试验（图8-1）则表明了婴儿深度知觉的发展：当3~5个月尚不能爬行的婴儿被放在视崖的深侧，他的心率明显减慢；而7~8个月已能爬行的婴儿总是避开看上去像是陡坡或悬崖的一侧，即使母亲逗引他，而且是绝对安全的，大多数婴儿也不肯爬过去，说明他们已经有了深度知觉。另外，空间知觉、距离知觉、自我知觉等也在婴儿时期逐步地发展了起来。

 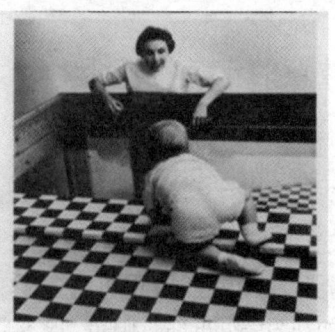

图8-1 "视崖"试验

(三)动作的发展

婴幼儿动作的发展是神经系统发育的一个重要标志,它与个体心理、智能的发展密切相关。尤其在婴儿期,婴儿由于言语能力有限,心理发展的水平更多是通过动作表现出来的,心理的发展离不开动作的发展。婴儿从先天的无条件反射到形成复杂的动作技能的过程,并不是无章可循,而是有其内在的发展规律,动作的发展落后于感知觉的发展。

1. 躯体动作的发展

儿童发展心理学将婴幼儿期的动作发展分为三个层次:先天反射性动作发展、粗大动作发展和精细动作发展。婴幼儿动作发展中最显著的是整个躯体动作的发展。躯体动作的发展又被称为粗大动作的发展,其发展规律是从整体到分化、从不随意到随意、从不准确到准确;运动发展规律是从头到脚、从中心到外周、从大肌肉到小肌肉。婴幼儿身体动作具体发展顺序是:抬头(1 个月)→抬胸(3 个月)→俯撑(4~5 个月)→翻身(5 个月)→坐(6 个月)→爬(7 个月)→扶栏站立(8~9 个月)→独立站(10 个月)→走(11~12 个月)。第一年年末时,动作发展好的孩子可以独立行走。如图 8-2 所示。

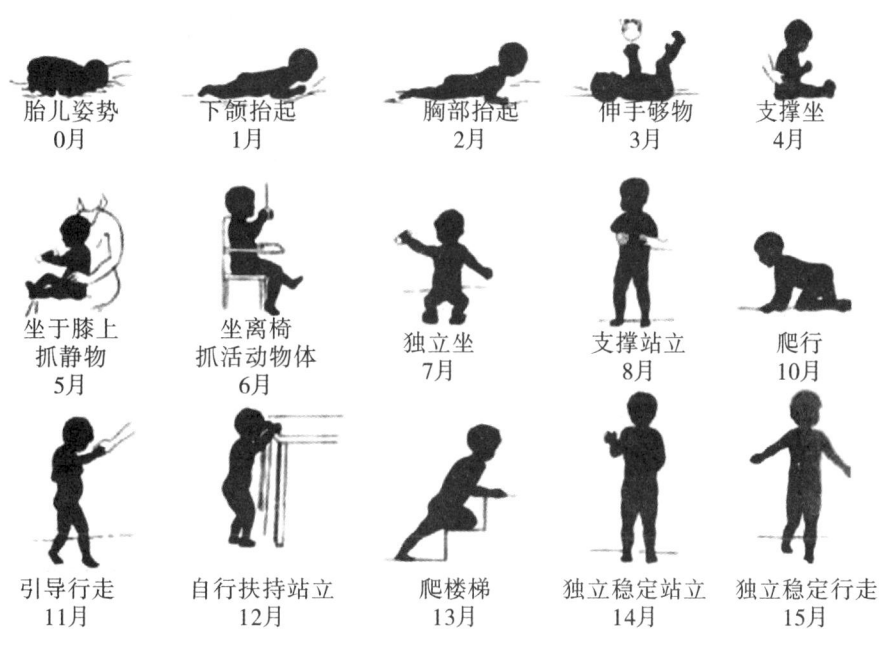

图 8-2 婴幼儿身体动作发展顺序

在婴幼儿动作发展的过程中,爬行有着特殊的意义。国内外的研究表明,早爬或爬得时间长的婴儿比晚爬或爬得时间短的儿童聪明得多,成熟得多。因为爬行可以提高婴儿感知共同注意信号的敏感性和准确性,促进准确定位能力的发展。同时,爬行后,婴儿主动探索环境的机会和接触陌生事物的机会相应增加,其自主活动的范围也得到明显的扩展,由此还带来了社会性交往行为的变化。但我国很多城市的婴幼儿大都未经过爬的阶段直接进入站起的阶段,这是婴幼儿动作发展中的损失。

2. 双手动作的发展

双手动作又叫精细动作,双手动作的发展对婴幼儿心理的发展有着重要影响,他们在触摸、抓握或摆弄物体的过程中能够逐步加深对客观世界的认识。双手动作的发展也有一定的顺序。

从五指的相对运动来看:婴儿最初是用整个手掌抓握物体;6 个月以后,出现了五指分工和配合的动作,他们能够有意识地控制伸手,可以同时向物体伸出双臂,并用双手抓住;7 个月后会用手指抓和捏取东西;8 个月后可以用手递东西,也可以在物品上进行挤、拍、滑动、捅、擦、敲和打;1 岁左右,可以用拇指和食指拈取较小的物体,还可以把物体从一只手放到另一只手或两只手同时各拿一件物品。如图 8-3 所示。

从手眼协调合作来看:婴儿出生时,手的动作处于混乱阶段(无目的,不协调,自己抓不住东西)→前够物阶段(手能抓住东西,但又随时放弃)→够物阶段(能根据眼睛看到的东西准确抓握)。

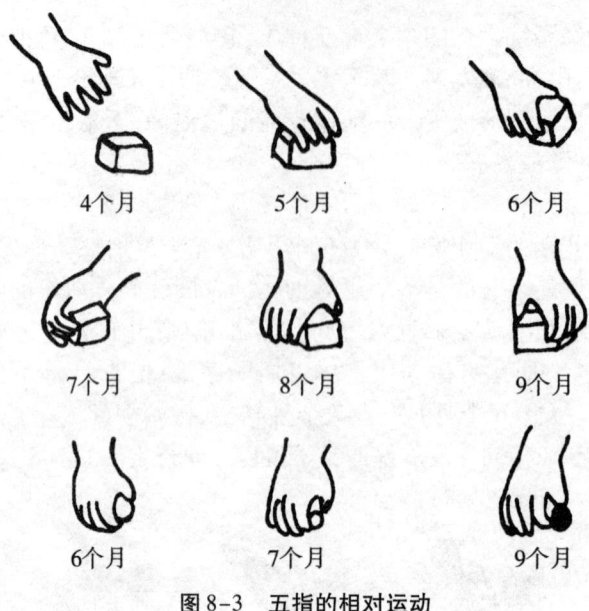

图8-3 五指的相对运动

(四)语言的发展

1岁之前,婴幼儿处于语言发展的准备阶段,他们需要经过三个阶段的发展,才能逐步产生真正的语言。

第一个阶段是简单音节阶段(0~3个月)。新生儿最初用哭声来表达自己的情绪,之后逐渐发展到咿呀语阶段。该咿呀语只是一种简单音节的重复,无实际的意义,但婴幼儿有时也会用重复的音节对成人的语言刺激做出相应的反应。

第二个阶段是连续音节阶段(4~8个月)。该阶段的婴儿经常发出 ma~ma、ba~ba 的声音,咿呀语的出现率达到高峰,并出现喃喃语声,能辨别一些语调、语气和音色的变化,感知说话者的表情态度。同时,其语言理解能力有所提高,懂得简单的词、手势和命令,能辨别家人的称呼,会指认一些日常物品,并出现"小儿语"。

第三个阶段是学话萌芽阶段(9~12个月):该阶段的婴儿可以执行成人的简单指令,并能够通过语音、动作、表情的结合和成人进行交流,语言交际功能开始扩展。1岁末时,大部分婴儿可以说出有意义的单词,这是语言发生的标志。

(五)情绪情感的发展

新生儿出生后就有了情绪反应。最初婴儿的情绪主要围绕适应生理需要而展开,并通过向成人发出情绪信号来反映他们的饥饱、舒适与否、病痛、寒冷等感受。伊扎德的研究表明,婴儿出生时已具有了五种面部表情:惊奇、伤心、厌恶、初步的兴趣和微笑。在成熟和后天环境的作用下,婴儿的情绪不断发展:5~6周会出现对人特别的兴趣和微笑;1个月后开始分辨熟悉的人和陌生的人;3个月的婴儿会积极地用眼睛寻找成人,并开始出现愤怒与悲伤的情绪;5~6个月的婴儿开始认生,并表现出对陌生人的不安、焦虑和对熟悉、亲近者的依恋;半岁以后,这种亲子依恋关系更加巩固。

二、对 0~1 岁儿童的有效教育

(一)科学养育,保证婴儿身体的正常发育

0~1 岁的婴儿身体发育很快,但又因自我防御能力差而易感染各种疾病,因此,1 岁前婴儿的教育重在身体方面的养护。通过制定合理的生活日程,提供丰富适宜的营养食品,坚持母乳喂养,及时增加辅食,确保充足的睡眠等有效方式,满足儿童生理发展的需要。同时,还要帮助他们养成良好的饮食、盥洗、睡眠等生活习惯,以更好地适应外部的环境。

(二)合理训练,促进婴儿感知觉的发展

1. 视觉训练

半岁前婴儿视觉训练的重点是发展其视觉定向和视听协调的能力。成人每天可定时在新生儿床头上方挂上一些能晃动、发出响声的小铃铛、小摇铃、鲜艳的花环等,每次挂一件,定时更换,以引起婴儿的兴趣,使他们有机会将视力集中到这些玩具上,锻炼他们观看的能力;也可在孩子觉醒的时候,家人有意识地用红色或黑白对比鲜明的玩具吸引婴儿的注意,并训练他们的视线随物体的变动而做上下、左右、圆圈、远近、斜线等方向的追随运动,从而发展眼球运动的灵活性、协调性,刺激视觉的发育。半岁后,成人在日常生活中要注意引导婴儿观察周围的事物,教他们认识周围的生活用品、自然景观,以激发其好奇心,发展观察力。同时,也可以让孩子多看各种颜色的图画、玩具及物品,提高婴儿对颜色的认知水平,培养婴儿对图片、实物的注意和兴趣。

2. 听觉训练

当新生儿觉醒时,成人可在他周围的不同方向,用说话声或玩具声训练他们转头寻找声源。母亲要经常用愉快、亲切、温柔的语调和婴儿说话,以吸引婴儿对成人说话的声音、表情、口形等方面的注意,进而诱发婴儿良好、积极的情绪和发音的欲望。家人平时可选择不同旋律、速度、响度、曲调或不同乐器奏出的音乐或发声玩具,也可利用家中不同物体的敲击声如钟表声、敲碗声,或者让他们敲打一些不易敲碎的物体等,来训练婴儿有意识地分辨各种不同的声音,以提高他们对声音的识别能力。

3. 触觉训练

婴儿面颊、口唇、眉弓、手指头或脚趾头等处对触压觉很敏感。光滑的丝绸围巾、粗糙的麻布、柔软的羽毛和棉花、头梳齿、粗细不同的毛巾或海绵和几何形状的玩具均可让婴儿产生不同的触觉感。成人可有意识地利用以上不同形状、质地的物体进行触觉练习,帮助婴儿发展他们的触觉感知能力。

4. 味觉、嗅觉训练

家长可利用日常生活来发展婴儿的味觉和嗅觉。如吃饭时,用筷子蘸不同味道的菜汁给婴儿品尝,促进味蕾的发育;吃水果时,让婴儿闻闻不同水果的香味,尝尝水果泥的滋味等,均有助于婴儿味觉、嗅觉的发展。

(三)创造条件,发展婴儿的基本动作

1 岁内的婴儿,应根据动作发展的顺序,有目的地创造条件发展他们的躯体动作和双手动作。在发展婴儿的动作时,不能太早也不宜过迟,应遵循循序渐进、持之以恒的原则。在发展躯体动作时,应关注儿童爬的动作的发展,可适当提前让婴儿练习爬的动作,但不要过早地让婴儿训练坐的动作,以免影响婴儿脊椎第二自然弯曲度的形成。

同时,还要注意训练婴儿手的精细动作。两个月前,主要训练婴儿手的感知和抓握能力。可在婴儿手腕部系上铃铛或鲜艳的手镯,来吸引小儿对手部的感知,帮助他感知手的存在,体验手的动作,还可选择不同大小和质地的玩具,让他们在玩具操作中了解手的技能。婴儿稍大些以后,就要注意发展双手和手眼之间的协调性,通过让婴儿双手击掌、捏取较小的物品、穿孔、画画、翻书、拾东西等日常活动来发展其手部的动作,进而提高他们手指的灵活性和手的控制能力。

(四)主动交流,加强语言的训练

1岁前的婴儿尽管处于语言发展的准备阶段,但家长应养成与孩子交谈的习惯,通过用语言和婴儿的日常性交流,激发婴儿发出声音的兴趣,提高婴儿语言的敏感性。从第4个月开始,家长可用玩具逗引孩子学习发声,生活中见到什么就和孩子说什么,逐步让他们明白实物和语言之间的联系。半岁以后,家长可以加强孩子听声音辨人和听音拿物品能力的训练,引导他们用动作来表达感情和听口令做出相应的动作;同时扩大语言的范围,让孩子从周围环境中直接接触各种声音。9个月后,婴儿进入学话的萌芽阶段,家长应主动诱导孩子进行发音练习,并通过念儿歌、讲故事等方式,让他们熟悉更多的语言信息。家长在和孩子进行语言交流时,尽量少用或不用儿语,如"吃饭"不要说成"吃饭饭","穿袜子"不要说成"穿袜袜"等,以免在语言词汇方面对孩子有所误导。

(五)关注情绪发展,培养婴儿积极的情绪情感体验

婴儿在身体发育的同时,情绪情感也随之开始发展,而积极的情绪是婴儿开始与他人交往的基础。刚出生的婴儿就会产生"皮肤饥饿"感,母亲的抚摸、拍打等,对孩子的情绪有很大的安慰作用,在使他们精神上得到慰藉的同时,也有利于建立母子(女)之间的良好情感。3~4个月的婴儿开始有了交往的需要,当看到母亲或熟悉的人时会报以高兴的微笑或发出欣喜的声音。家长此时可以多和孩子交流嬉戏,激发婴儿的愉快情绪,同时还应让婴儿多与小伙伴们接触、交往,促进其社会性的发展。6个月以后的婴儿已有了一定的活动能力,对周围世界产生了更广泛的兴趣和与人交往的社会需求。家长应每天抽出一定的时间和孩子一起游戏,进行情感交流,还要经常带他们外出活动,让他们多接触丰富多彩的大自然和社会生活,培养和丰富婴儿的积极情感体验。

第三节 1~3岁儿童的年龄特征与教育

一、1~3岁儿童的年龄特征

(一)身体和生理功能继续发展

1岁以后,儿童的身长、体重仍在增长,头围、胸围、脑重的增长量也仍在增加,但较出生后第一年的速度开始减慢。神经系统继续发育,髓鞘化的过程仍在继续,运动神经纤维的髓鞘化过程在这个时期最为明显,各项生理功能也在不断完善。

(二)运动能力发展迅速

1岁以后的婴幼儿最大的一个特点就是学会了直立行走,但协调性差,走路还不自如,容易跌倒。1岁半以后,孩子走的能力有了较大提高,走路越来越稳,能快走、蹲、踢等,还可以双手扶栏杆上下楼梯,控制跑动。到了2岁,婴幼儿可以一手扶栏杆上下楼、倒着走、双脚原地跳、爬、钻、骑小三轮车等,躯体动作发展迅速。

1岁以后的婴幼儿双手协调和手眼协调的功能也有了较好地发展,可以准确地拿需要的东西,也可以拼搭简单的积木,并能自己用勺子吃饭,能握杯喝水、翻书、握笔涂鸦、脱袜子、模仿别人画直线等。2~3岁婴幼儿的手眼协调能力也有很大提高,他们可以同时一手捧碗一手拿勺,也可以进行穿珠活动、开旋转式的门把,且能正确握笔,模仿别人画横线、画圆。在日常生活中还表现出自己洗手,自己穿脱衣服、鞋袜,并能在成人的帮助下自行如厕等。尽管该阶段婴幼儿的动作发展很快,但整体的稳定性不强,常常表现为做事动作迟缓,身体控制力较差,缺乏自我保护意识和能力,需要成人的鼓励和帮助。

（三）语言表达能力进一步提高

3岁前是儿童语言发展的关键期，也是从外部言语到内部言语的过渡期。1岁以后，婴幼儿开始用简单的话语来表达自己内心的想法和需求，但词汇量少，发音不准确。随着语言发音机制的完善和语言交流机会的增多，他们的语言表达能力不断提高，除了运用单词、简单句表达自己的需要之外，还可以加上动作和表情与他人交流，同时，对语言的理解程度进一步加深，无意义的发音现象逐步消失。2岁以后的儿童变得特别喜欢说话，词汇量迅速增加，可以使用简单的复合句来表达自己的意愿，并会用"我"来表达自己的需求，开始把自己从客体中区分出来，还能说出自己的姓名、年龄，回答别人的问题。此时的婴幼儿也很乐意听别人说话，喜欢听成人讲述图片上的物体以及念儿歌、讲故事等。3岁的儿童就能够基本掌握本民族的语言了，词汇量也能达到1 000个左右，听说能力基本形成，但语言明显缺乏条理性，话语结构不够完整，次序颠倒的现象时有发生。

（四）情绪情感丰富，自我意识开始出现

1岁前的婴儿已经出现最初的情绪情感，1岁后婴幼儿的情绪逐渐分化。2岁左右婴幼儿开始出现各种基本情绪，但该阶段婴幼儿的情绪非常外露，起伏较大，具有明显的易感性和易变性。他们对亲近的人，尤其是母亲，具有强烈的情感依恋。当与亲人分离时，大多数婴幼儿都要经历或长或短的分离焦虑，他们会用烦躁、啼哭、发脾气等方式表示分离的痛苦；而当自己的需求不能满足时，则会用跳跃、打滚、撒泼等行动方式来表达情绪的不满。

1岁多的婴幼儿已逐步产生朦胧的自我意识。他们开始认识到自己与他人的关系，意识到自己存在的力量，有了自己的想法和主意。在语言上，他们逐渐能够区分"你"和"我"，能够区分自己的动作和对象的动作。但与其他儿童交往的过程中，他们带有明显的自我中心倾向，常常以自己的需要作为唯一的标准。此时的儿童也开始出现自我评价的行为，但往往是成人对自己评价的简单重复。他们对自己的认识也主要建立在别人对他的评价基础之上，别人特别是父母的表扬和鼓励会使孩子的自尊心受到极大满足，对孩子产生正向的激励作用。

二、对1～3岁儿童的有效教育

（一）多带婴幼儿参加户外活动，提高他们的身体素质

1岁以后，尽管婴幼儿身体发育的速度较1岁前开始减缓，但仍处于生长发育的快速期，在保障充足营养睡眠的同时，父母应多带孩子到大自然中去吸收新鲜的空气和享受阳光，多做适宜的户外活动和体育游戏，加强体育锻炼，提高孩子的身体素质。同时，多到户外还可以增加对事物的感性认识，扩大孩子的眼界，丰富头脑中的表象。

（二）发展婴幼儿的动作，培养其生活自理的能力

1岁以后，大多数婴幼儿虽学会了独立行走，但平衡性、稳定性还较差，家长应继续训练他们的躯体动作，通过让孩子练习爬台阶、下楼梯、跑步等方式，锻炼孩子手、眼、脑、全身的协调能力。还可设计一些下蹲拾物、上斜坡、推车走、追逐跑之类的游戏活动，如让孩子拉着拖车玩具走路，和同伴比谁走得快，教他们拉着小车向前走、侧着走、倒退走等，提高动作的灵活性和稳定性，也可以采用让他扔球、捡球、跑来跑去找玩具等方法训练其综合运动的能力，进而发展他们迈高、蹦跳、跳远、双足同时跳离地面等稍有难度的动作。这些活动既可以训练婴幼儿动作的协调性、敏捷性和良好的反应能力，又可以培养他们胆大心细、勇敢的良好品质。

在双手动作初步发展的基础上，成人可以通过日常的自理活动、游戏、手工等方式，进一步促进婴幼儿精细动作的稳定性、协调性和灵活性。如教婴幼儿学习画画、搭积木、用塑料绳将有孔玩具串起，教会孩子搓、揉、压、卷、捏等动作，家长与孩子开展粘贴、折纸活动，比赛拾物游戏，用绳子串珠游戏等，发展他

们的手部动作,促进其手眼协调能力的进一步发展。

3岁前婴幼儿躯体动作和双手动作的发展,促使他们在日常生活中出现了一些简单的自理活动,但协调性差,动作不熟练、缓慢、不准确,需要成人耐心的指导并提供练习的机会。

(三)进一步发展婴幼儿的语言,提高语言表达能力

1岁以后的婴幼儿大多可以开口说话,但词汇量很少,且常用动作代替语言来表达。家长一方面要继续加强婴幼儿自身"听"话能力的培养,另一方面要多和孩子交流,鼓励孩子多说、多练,激发孩子用语言表达的兴趣。在生活中,父母应有耐心,以身作则,自己说话时发音要准确、完整、词序正确,给孩子提供正面的模仿对象。带孩子到户外、公园游玩时,注意引导孩子说出他所看到的花草树木的名称和发生事情的过程等,并教孩子用完整的句子进行表达。回家后,要孩子回忆在外面接触到的人、看到的事物,并尽量帮他用较完整的语言叙述出来。讲过故事以后,可以有目的地让孩子复述故事,讲述出故事中的主要内容,这样做既提高婴幼儿的记忆力,又增长了知识,还提高了语言表达的能力。

利用儿童文学作品是扩大婴幼儿的词汇量,提高阅读兴趣和表达能力的有效途径。父母可以和孩子一起听故事、说歌谣、背儿歌,还可以一起看图书,边看边讲,这对发展婴幼儿的语言能力有很大帮助。但这个时期不宜让孩子听过于复杂的故事,应选择画面丰富,文字很少的配图故事,以便于他们理解。

(四)关注婴幼儿的情绪情感变化,培养良好的性格

1岁以后的婴幼儿情绪情感日益丰富,且呈现出多样化的发展趋势,他们需要成人给予更多的情感关注。家长应努力为孩子创设宽松愉快的生活气氛和精神环境,使他们经常处于积极的情绪情感状态中。良好的生活环境、合理的有规律的作息制度、无压抑感、充满激励的情绪情感气氛,都可以使孩子经常保持快乐、稳定的情绪。在日常生活中,成人要经常以愉快、喜悦的情绪感染孩子,同时,还应创造与孩子情感交流的机会,多给予他们关心和爱抚,多拥抱、抚摸孩子,并尽量满足孩子对依恋对象合理的依恋要求,其目的不是对孩子过度的溺爱和保护,而是让孩子产生心理的安全感。

随着孩子自我意识的发展,在其试图独立做事和有限的能力之间常常会产生冲突,乱发脾气就成为这一时期孩子摆脱冲突的一种方式。父母应正确应对孩子的这种负面情绪,要弄清楚孩子发脾气的原因,在适当冷处理并让孩子的情绪稳定之后再和他们讲清道理。父母不能让孩子以发脾气的方式达到他们的目的或满足他们的无理需求,更不能恐吓或大声训斥孩子,以避免给孩子带来过大的压力,造成情绪和情感的伤害。

在婴幼儿社会化的过程中,孩子难免会遇到一些困难和挫折,也难免会经历一些痛苦、悲伤、恐惧等负面体验,但父母不必过度担忧,也不必事事过度保护。实际上,在保证身心安全的前提下,让孩子经历一些麻烦、挫折,对培养他们顽强的毅力、坚韧的品质和良好的性格是有利的。在遇到困难时,成人应以表扬和鼓励方式为主,引导协助孩子去完成一些力所能及的事情,在不断获得成功体验的过程中,使他们逐步养成活泼、乐观、自信的性格特征。但表扬和鼓励应具体、及时、有针对性,空洞的表扬容易让孩子形成虚荣心。表扬应关注过程而非仅仅是结果,特别是在孩子取得点滴进步时的及时肯定和鼓励,既有益于孩子的健康成长,又有助于让孩子形成乐观开朗的性格。

附

《上海市0~3岁婴幼儿教养方案》中各年龄阶段具体的教养内容与要求:

1. 新生儿

(1)提供自然睡眠的条件。保持房间空气清新,温度适宜,光线柔和,洁净温馨。

(2)按需哺乳。面带微笑注视新生儿,经常对新生儿进行肌肤抚触,与其交谈。

(3)为新生儿勤洗澡、勤换衣裤和尿布,保持其皮肤清洁和干燥。细心看护,经常对新生儿的皮肤、大小便、脐部、眼睛等进行观察。

(4)提供适量的视听刺激,让新生儿常听舒缓柔和的音乐、玩具声和讲话声,常看会动的玩具和人脸等,适宜距离为15~30厘米。

2. 1~3个月

(1)顺应婴幼儿的生理节律,逐步形成有规律的哺乳、睡眠。及时添加生长所需的营养补充剂。

(2)在适宜时间内进行适宜的户外活动和户外睡眠,让婴幼儿接触阳光和新鲜的空气。

(3)提供便于抓握、带声响、色彩鲜艳、无毒的玩具,帮助婴幼儿练习俯卧抬头、目光追视、抓握、侧翻等动作。

(4)经常面对面地和婴幼儿逗引交流,引发其对亲近的人和熟悉的声音产生反应。促进其情绪愉快,培育母婴依恋亲情。

(5)悉心辨析哭声,给予积极回应,满足婴幼儿不同需要。

3. 4~6个月

(1)保证婴幼儿充足的睡眠时间,逐渐养成其自然入睡、有规律睡眠的习惯。

(2)按月龄逐步添加辅助食品,逐渐形成定时喂哺的规律。

(3)帮助婴幼儿学习翻身和靠坐,练习主动伸手抓握玩具、双手扶奶瓶等动作。

(4)提高婴幼儿辨认周围生活环境的人、物和事的机会。

(5)帮助婴幼儿学习辨认亲近的人的声音,呼其名字时会转向发声的方向,用"咿呀"声与人交流。

(6)引发婴幼儿对熟悉的音乐有愉快的情绪反应。

(7)在盥洗中,引导婴幼儿乐意接受洗脸、洗手、洗屁股、洗澡,经常保持其手、脸等处皮肤的清洁干燥。

4. 7~12个月

(1)逐步形成婴幼儿定时睡眠(白天2~3次,一昼夜13~15小时)的习惯。

(2)逐渐提高各类适宜的食物,让婴幼儿初步适应咀嚼、吞咽固体食品,尝试用杯喝水、用勺喂食。

(3)鼓励婴幼儿配合成人为其穿衣、剪指甲、理发和盥洗等活动。引导婴幼儿学习坐盆排便,对大小便的语音信号有反应,帮助其形成一定的排便规律。

(4)让婴幼儿练习独坐、爬行、扶站、独立站、扶走,以及捏拿小物件,两手配合倒物等动作。

(5)用简单的词和指令刺激婴幼儿用表情、动作、语音等做出相应的反应(如指认五官等)。

(6)引发婴幼儿跟着音乐节律随意摆动身体。

5. 13~18个月

(1)停用奶嘴吸吮,提供杯子让婴幼儿喝水(奶),顺利度过离乳期。

(2)帮助婴幼儿学习用语言或动作表示大小便。提供适宜的坐盆,使其逐步形成一定的排便规律。

(3)提醒婴幼儿饭前洗手、饭后擦嘴。吃饭时自己学用小勺进食,形成定时、定位、专心进餐的习惯。

(4)提供机会让婴幼儿练习独立行走、下蹲、转弯、扶栏杆上楼梯等。

(5)为婴幼儿提高其喜欢的玩具,让其进行摆弄和装扮等活动。

(6)鼓励婴幼儿模仿成人的单词或短句,学着称呼人,用单词句表达自己的需求。

(7)提供机会让婴幼儿感知生活环境中的花草和树木、人和物,指指认认,初步建立实物和图片、物体和词语之间的关系。

(8)帮助婴幼儿充分感受色彩和形状,尝试涂涂画画。

(9)引发婴幼儿感受音乐节奏带来的快乐,跟着音乐做动作。

6. 19~24个月

(1)让婴幼儿逐步养成睡眠、进餐、盥洗的好习惯,生活有规律。

(2)在盥洗时帮助婴幼儿学着使用肥皂、毛巾,学脱鞋子、裤子、袜子和外衣。

(3)鼓励婴幼儿养成用餐时吃一口、嚼一口、咽一口和口渴时喝水的习惯。

(4)提供机会让婴幼儿练习自如地走、跑,进行举手扔球、玩叠高积木、穿大珠子等游戏,并学着收玩具。

(5)鼓励婴幼儿辨别周围生活环境中的常见物,让其对物体的形状、冷热、大小、颜色、软硬等差别明显的特征有充分的感知体验。

(6)鼓励婴幼儿学用简单句(双词句)表达自己的需求,说出自己的名字,提供机会多进行亲自阅读、听故事、学念儿歌。

(7)提醒婴幼儿与人打招呼,学着在和同伴一起玩耍、游戏中形成初步的规则意识。

(8)引导婴幼儿随着音乐节奏做模仿动作,跟唱简单的歌曲,用各种材料涂涂画画。

7. 25~36个月

(1)养成婴幼儿按时上床、安静入睡、醒后不影响别人的睡眠习惯。

(2)鼓励婴幼儿用小勺吃完自己的一份饭菜,愿意吃各种食物,自主地用杯喝水(奶)。

(3)提供婴幼儿模仿成人做事的机会,帮助其学习自己穿脱衣裤、鞋袜,自己洗手擦脸,主动如厕。

(4)让婴幼儿有练习钻爬、上下楼梯和走小斜坡的机会,体验运动的乐趣,培养初步的环境适应能力和自我安全保护意识。

(5)让婴幼儿操作摆弄积木、珠子、纸、橡皮泥等玩具,提高其手指的灵活性和手眼协调性。

(6)提供感知常见动植物和简单数字的机会,帮助婴幼儿察觉指认颜色、形状、时间(昼夜)、空间(上下、内外)等明显的差异。引导其开始了解人、物、事之间的简单关系。

(7)鼓励婴幼儿学用普通话大胆表达自己的需求,理解并乐意执行成人简单的语言指令。

(8)提供图画书,培养婴幼儿阅读的兴趣,学习并讲述简单的事情和学讲故事、念儿歌。

(9)帮助婴幼儿逐渐适应集体生活,愿意亲近老师和同伴。引导其学习对人有礼貌,不影响别人的活动。

(10)引导婴幼儿跟着音乐唱唱跳跳,用声音、动作、涂画、粘贴等多种方式表达自己的感受。

【本章练习题】

一、单项选择题

1. 婴儿动作发展中最显著的是( )。
A. 躯体动作的发展　　　　　　　　　B. 精细动作的发展
C. 双手动作的发展　　　　　　　　　D. 五指动作的发展

2. 6个月的婴儿处于语言发展的( )。
A. 简单音节阶段　　　　　　　　　　B. 符号音节阶段
C. 连续音节阶段　　　　　　　　　　D. 学话萌芽阶段

3. 从手眼协调性来看,婴儿手的动作的发展顺序是( )。
A. 前够物阶段→混乱阶段→够物阶段　　B. 前够物阶段→够物阶段→混乱阶段
C. 混乱阶段→够物阶段→前够物阶段　　D. 混乱阶段→前够物阶段→够物阶段

4. 儿童语言发展的关键期在( )。
A. 1岁前　　　　　　　　　　　　　　B. 2岁前
C. 3岁前　　　　　　　　　　　　　　D. 4岁前

二、简答题

1. 开展学前早期教育有何意义?
2. 学前早期教育的任务有哪些?
3. 0~1岁儿童的年龄特征表现在哪些方面?
4. 0~1岁儿童的教育要领是什么?

三、论述题
试根据1~3岁前儿童的年龄特征谈谈如何对其实施科学的教育。

四、材料分析题
淘淘已经1岁3个月,他特别缠人。每天只要妈妈在家,他就一直缠着妈妈,妈妈走到哪里,他就跟到哪里,闹得妈妈几乎做不成自己的事情。妈妈也试图采用转移注意力的方法加以改善,但只能持续很短的时间,很快身后就又有甩不掉的"小尾巴"——淘淘了。

问题:请对淘淘小朋友的行为进行分析。

五、活动设计题
请根据下面素材设计一节亲子游戏活动方案,要求写出活动名称、活动目标、活动准备和活动的主要环节。

婴幼儿刚学会走路的时候,因为经验不足,平衡能力差等原因,常常出现走路歪歪扭扭、动作不熟练、容易摔倒等现象。请为这一时期的婴幼儿设计一节有趣的亲子游戏活动,以激发孩子学习走路的兴趣,发展他们的平衡能力。

六、写作题
是谁发明了婴儿这种科技品,裸机一部,没配任何使用说明,完全无法沟通;待机极短,每两小时一充,且耗电量惊人;无法退货、更换、走"三包",随机需要大量周边配件;铃声不悦耳,需要使用者慢慢摸索着安装语音系统、操作系统,且还限购。

综合上述材料引发的思考和感悟,写一篇不少于800字的议论文。

要求:用规范的现代汉语写作,角度自选,立意自定,标题自拟。

第九章 幼儿园各年龄班幼儿的心理特征与教育

本章概要

本章主要从小、中、大班幼儿的心理发展特征出发,揭示了幼儿心理发展与教育之间的关系,进而又详细介绍了不同年龄阶段幼儿的教育要点,以有效促进幼儿身心的和谐发展。

从某种意义上来说,养孩子就像养花,每一种花都有与众不同的特性。如果孩子是一株月季我们就把他养成那株最美的月季,千万不要因为看到牡丹更富贵,就将牡丹富贵的特性赋予他;等他貌似成了牡丹,又嫌缺少兰花的恬静与高雅,结果,总在纠结中难以自拔。懂孩子,让孩子成为孩子,协助他成长,才是为人父母最重要的职责①。

幼儿园阶段是对3岁至入学前儿童实施教育的重要时期,也是儿童开始正式学校生活之前的一个过渡时期。在这里,他们实现着认知、思维、个性等多方面的转变和发展。"三岁看老","三岁之魂,百岁之才"等,都说明了3岁是儿童成长过程中的转折点。对幼儿园阶段的幼儿来讲,尽管他们的心理特征具有一定的相似性,但实际上,处于不同年龄阶段的幼儿仍存在着较大的差异性。我们只有充分了解幼儿园各年龄班儿童的心理特征,才能在科学教育的引领之下,促进幼儿全面和谐地发展。

第一节 小班幼儿的心理特征与教育

3~4岁幼儿处于学前初期,是孩子在幼儿园小班的阶段,这一时期的孩子刚刚从婴幼儿教育阶段步入学前教育阶段。一方面,他们仍然带有一些婴幼儿的"痕迹";另一方面,由于身心发展迅速,他们又开始呈现出学前期孩子的明显特征。这是儿童心理快速发展的过渡时期。

一、小班幼儿的心理特征

(一)生活范围扩大

随着生理器官及功能的发展与完善,小班幼儿的精力比以前充沛,睡眠相对减少,活动量明显增加。3岁幼儿在掌握了行走、跑、闪避、扔、停、拐弯、减速等大肌肉动作的同时,也开始快速地发展精细动作,比如能自己完成吃饭,会解扣子,会自己倒水等许多依靠小肌肉动作完成的事情。这一时期的幼儿基本能向别人表达自己的思想和要求,不需要成人过多地猜测他的意愿。小班幼儿生活范围在不断扩大,由家庭或家庭周围熟悉的环境扩大到更多的社会环境,生活范围的拓展和与其他人的交往活动,使幼儿的心理也不断发展,进一步加快了他们生活能力、认识能力、人际交往能力的发展速度。

---

① 林怡著.别以为你会爱孩子——林怡的智慧教养经.北京:中信出版社,2012:序言.

（二）由行为和动作引起思维活动

小班幼儿的思维活动很大程度上依赖于行为和动作，而口语表达能力和人际交往能力的欠缺，也决定了他们常常借助行动来表达自己的内心需求。该年龄阶段幼儿的思维具有明显的直觉行动性，他们的思维活动往往离不开具体的实物和实际的操作，是在行动中思维，离开了行动，思维便很难运行。幼儿看电影、电视、听音乐时，常常看着或者听着音乐，自己会不自觉地比画起动作，有的甚至唱出来或叫出声来，这些特征都是思维活动与动作不能分离的表现。

幼儿在该阶段最主要的学习方式是通过行为来获取知识。他们喜欢操作，喜欢通过亲自摆弄物品来了解物体到底是什么，它们是怎么工作的，但他们在做事情时，常常不是想好了再做，而是做了之后再想。比如，小班幼儿在搭积木，我们如果问他："你搭的是什么呀？"他们一般不会马上回答，原因并不是他不愿意说话，而是他不知道他正在做什么。当他把积木搭成一个类似于某一个事物时，他会自言自语道："哦！这像是一座房子/这像是一座桥，嗯，我搭的是房子/我搭的是桥。"由此也可以看出，小班幼儿的行为明显缺乏计划性，缺少思维的参与，主要依靠手、身体、动作的参与来获取知识和经验。

（三）思维缺乏灵活性和可逆性

小班幼儿的思维直观性很强，属于直觉行动思维阶段，对事物的理解和掌握仅仅停留在事物的表面，对语言的认识也是如此。比如，对于成人的反话、暗示语等很难理解，对儿童文学作品中的比喻句等不能很好地掌握，更难以进行逻辑推理，对事物之间的相对关系也几乎不能把握。和该阶段的幼儿进行交流或开展教学活动时，成人应使用正面语言而尽量不使用反话和暗示语，可直截了当地开展面对面的交流，正面对其进行教育和引导，以便达到有效教育的目的。

（四）行为具有强烈的情绪性

情绪化是幼儿园阶段儿童的共同特征，而且年龄越小表现得越明显，小班幼儿的情绪化行为表现得尤为突出。他们的行为受情绪影响很大：情绪高涨时，行为积极主动，热情高涨，什么事情都愿意做；情绪低落时，行为消极被动，无精打采，对周围事物失去兴趣。

另外，小班幼儿的情绪还很不稳定，很容易受外界环境的影响，表现出"七月天，孩儿面"的特点：高兴时手舞足蹈，生气时乱发脾气，情绪说变就变，但又难以控制自己的行为，而且有时候因情绪激动不能很好表达自己的意愿时，就会不自觉地使用哭的方式，表现出不达目的绝不罢休的态势。这个时候对其讲道理往往是讲不通的。

同时，小班幼儿还表现出强烈的依恋情感，他们常常因为对经常和他生活在一起的亲人的依恋，而表现出不愿离开家庭和家人去幼儿园的情况。有时在家已经说好去幼儿园，但第二天就会变卦，缺乏理智，受个人情绪的支配。在刚去幼儿园时，还会出现幼儿对某位教师的依恋，教师应理解孩子的这些行为，多和家长沟通、配合，采用情感转移法等逐渐消除幼儿的这种依恋行为。

（五）好奇心强，喜爱模仿

喜爱模仿是儿童的天性，而小班幼儿的模仿性活动尤为突出，他们模仿的对象主要是老师、家长和伙伴。幼儿此时的模仿主要表现在对话语、活动或动作的模仿。小班幼儿喜欢学成人的话，喜爱穿成人的衣服、鞋，喜欢模仿家人或成人说话的态度，学家人看书、看报，喜欢做和其他小朋友一样的平行游戏等，就是这一特征的例证。模仿既是3岁幼儿满足好奇心的方式，也是他们学习他人经验的过程。但幼儿的模仿并不是消极被动的临摹，他们在模仿中同样有创造，有自己个性与情感的表达。

小班幼儿喜爱模仿，且模仿能力很强。成人不经意间的一句话语或一个特别的举动，常常就会成为幼儿模仿的对象，而在教学活动中第一个说出某个答案或做出某种行为的同伴，也会成为幼儿效仿的对象。这样的特点决定了成人的言行举止和日常行为应检点、规范、合理，具有正面的引领价值。

二、小班幼儿的有效教育

(一) 做好新生入园的适应教育

幼儿第一次离开父母、家庭开始幼儿园生活时,会因种种方面的不适应而产生入园焦虑,这种焦虑状态因幼儿适应能力的不同而呈现差异性。据有关材料统计显示,小班新入园幼儿人数中,分离焦虑持续一周的占15%,持续两周的占65%,持续三周以上的占20%。由此可见,如何采取措施让新生幼儿尽快适应幼儿园的生活,是小班教师必须面临和解决的首要问题。教师应该了解小班幼儿的依恋特征,理解幼儿从熟悉温暖的家庭来到陌生的幼儿园环境而产生的不安、胆怯、惶恐、焦虑甚至害怕的不良状态,并采取积极的措施稳定孩子的情绪,消除恐惧心理,尽快引导他们融入幼儿园的集体生活中。

案例一: 来园时,君君小朋友还没有走进教室,就哇哇大哭起来,老师从他妈妈手里拉起他的小手,他没有反抗,但还是哭着。当他妈妈离开后,他赶紧跑到后窗口,一边哭一边说:"我在这里,妈妈!快看我啊!不要把我一个人留在这儿。"

分析:后窗口其实根本看不到妈妈,但是,孩子却这么幻想着、期待着。老师没有破灭孩子的希望,对他说:"你可以在这里看妈妈的,但是你不能哭了,再哭嗓子会哑的。"君君听了老师的话,果然降低了哭声,但还是断断续续地小声哭着说:"我要找妈妈,我妈妈过一会儿会来接我的。"老师用和蔼的目光对他点点头,他能明白老师的意思。等他情绪稍微稳定后,老师又继续开导他:"现在妈妈去上班了,她暂时不会回来的,我们去和小朋友一起玩游戏吧。等妈妈下班了,你再来看着等妈妈,好吗?"老师亲切的话语,慈爱的目光获得了君君的信任,他点点头,跟着老师加入到游戏之中,暂时平息了哭闹。

案例二: 点点小朋友在爸爸的牵领下来到了幼儿园,他一脸的迷茫,爸爸和老师说了一些话语之后,就放下点点的手转身走了。点点没有一点哭闹的表现,但当爸爸离开之后,他并没有加入到其他小朋友的队伍之中,而是原地蹲下来,双手捂住小脸,深深地把头埋藏在腿上。

分析:这是一个胆小而内向的男孩,他不喜欢大声哭闹,而是选择了沉默不语。当老师走过去想把他抱起来时,他劲儿很大,硬是不让抱,而且不肯抬头。当老师用力把他硬抱起时,他发出了很小的哽咽声。这个时候对他的安慰常常是无效的,反而会增强他的抗拒心理。于是,老师尊重了他的意愿,就任他自己蹲在那里待一会儿。过了一段时间,老师再次走过去,温和地对点点说:"你这样蹲着小脚会很酸很累的,来,和老师坐到位子上休息一会儿吧!"老师边说边轻轻地拉起点点的手,他看见老师没有敌意而且很和蔼,就很温顺地服从了。

以上两个例子是小班幼儿新入园时经常会出现的分离性焦虑状态,即当幼儿与依恋对象分离后,面对陌生的环境、陌生的人,往往会表现出心绪不宁、大哭大闹、无心学习等症状。刚入园的幼儿正处于从"自我中心"向"集体生活"过渡的时期,出现暂时的分离焦虑是正常的现象,但时间不可过长,以免导致抑郁、孤僻、自闭等心理疾病的发生。成人应多注意观察孩子新入园后的种种表现,弄清楚幼儿产生焦虑情绪的原因,尽快让幼儿将"幼儿园"与"快乐""交新朋友"等积极情绪之间建立起正向的联系,使幼儿早日适应幼儿园的生活,远离焦虑的困扰。

(二) 培养幼儿的生活自理能力和良好的生活习惯

3岁幼儿的脑部结构已基本完善,神经系统的发育也趋向成熟,睡眠时间减少,活动范围扩大,记忆能力增强。他们不仅掌握了跑、跳、闪避、扔、停、拐弯、减速等粗大动作,而且也掌握了一些吃饭、粘贴、解扣子等精细动作,这为他们进一步生活自理能力的培养打下了基础。成人可以通过儿歌、故事、游戏等方式,激发幼儿"自己的事情自己做"的愿望,并利用日常生活中的各种机会,锻炼幼儿自己吃饭、穿鞋、穿衣等最基本的生活能力。成人不要怕麻烦和怕耽误时间,应多给孩子提供锻炼的机会,还要让他们养成早睡早起、饭前便后洗手、勤剪指甲等良好的生活习惯。

（三）理性看待幼儿的"说谎"行为

在小班幼儿成长的过程中,天真无邪的他们有时会说出"天衣无缝"的谎话。这个时候的"说谎"并不是真正意义上的说谎,也不能说明孩子的道德发展出了问题,而是这个阶段孩子智力发展的一部分。家长和教师应正确对待小班幼儿的"说谎"行为,并根据"说谎"的类型做出恰当的引导。

幼儿常见的"说谎"行为有以下几种类型。

1. 记忆误差型

> **案例一:** "六一"儿童节过后,静静穿了一件很漂亮的裙子。老师问:"静静,谁给你买的漂亮裙子啊?"她说:"是姥姥"。午睡起来后,保育员又问她:"你的裙子真好看,谁给你买的啊?"她说:"是妈妈。"

分析:幼儿的记忆常会出现错误,再加上他们语言能力发展的有限,很多时候他们不能完整地回忆或者表达事物的原貌;而且他们也会经常不经意地回答成人的问题,或者会说出想象和虚构记忆缺失的部分,这样就很容易出现"张冠李戴",把几件事情混合在一起,进而出现说出的话语与事实不符的情况,但不是儿童有意为之。

2. "天方夜谭"型

> **案例二:** 早晨,文文打着饱嗝进到幼儿园,老师笑着问:"你吃了多少东西啊,还打着饱嗝?"文文毫不犹豫地回答:"我吃了100个鸡蛋,100根油条,还一口气喝了100杯牛奶,吃得可饱了。"

分析:小班幼儿处于无意想象占主导的时期,他们常常分不清哪些是想象,哪些是现实,经常把想象的东西当成真实的事物来描述,这时候的"说谎"实际上是想象说谎。有时为了满足自己的一些心理需要,他们还会把现实生活中无法实现的愿望借助想象表达出来。另外,有些幼儿为了吸引别人的注意力,喜欢把一些小事任意夸大,自己故意"创造"和"虚构"出一些事情从而表现自己,有时犹如"天方夜谭",甚至到了荒唐离谱的地步。

3. 潜在目的型

> **案例三:** 芳芳一走出幼儿园门口,就急着说道:"妈妈,我今天在幼儿园得了一朵小红花,明天应该给我买布娃娃了吧?"刚刚不小心弄坏了遥控汽车,妈妈问他时,他却说:"不是我,是爸爸弄坏的。"齐齐在晨间活动时,自豪地向同伴炫耀:"昨天叔叔给我买了一个像人一样大的机器人。"

分析:以上说谎行为的出现,都是孩子们为了满足自己的需要,或者为了达到某种目的才说的谎,与前两种类型的无意说谎相比,以上行为属于有意说谎的行为。对于此种类型的说谎行为,成人应该给予应有的关注和适宜的引导,并做好以下工作:一是让孩子明白现实与想象的差异,渗透概念教育;二是端正成人的言行,不要当着孩子的面说谎;三是发现孩子说谎的真正原因,给予教育;四是孩子的合理愿望,应适当予以满足。

（四）正确对待幼儿的"破坏性行为"

> **案例四:** "六一"儿童节,爸爸妈妈送给冲冲一个遥控玩具小汽车,冲冲拿到玩具后迫不及待地玩起来。只见小汽车一会儿前进,一会儿倒退,一会儿左转,一会儿右转,玩得不亦乐乎。

可是等妈妈做好饭叫他吃饭时,却见小汽车已经被拆坏了。

在小班幼儿的日常生活中,我们经常会发现孩子有意无意地去"破坏"手中的玩具,特别是成人专门为孩子准备的有价值的玩具,总是被他们破坏得更严重:布娃娃被咬烂了鼻子,小帆船的帆与船身分了家,塑料小鹿的角剩了一支,玩具汽车的车头和车身分了家……这样的现象不胜枚举。对于3～4岁的幼儿来说,他们很多的破坏行为并不是"为了破坏而破坏",而只是通过探索玩具的秘密来满足自己的好奇心,这是他们求知欲强的一种表现。如案例中的冲冲,他拆坏小汽车只是想搞清楚它是怎么开动的,又是怎么听遥控器指挥的,他是在探索而不是真正想搞破坏,但却带来了破坏性的结果。

幼儿的破坏性行为可分为"无意破坏"和"有意破坏"两类,年龄越小的孩子无意破坏的行为越多。如递给孩子一件新玩具,他刚接过去,没有拿稳,"啪"的一声掉在地上摔坏了。这是典型的"无意破坏"的行为,主要因生理原因造成,与幼儿的反应协调机能较弱,注意力不易集中的因素有关。减少幼儿的无意破坏,可以通过一些生理和心理训练来解决。如用不易摔坏的木制玩具教幼儿分别做单手、双手抓握动作,训练上肢肌肉的力量;用玩具琴让幼儿弹拨,用铅笔、蜡笔等让幼儿划、画、涂、写,训练手指动作的灵活性和准确性;用塑料杯、碗盛水,让幼儿捧着慢慢行走,要求水不洒出来,以训练注意力和动作的协调能力;等等。经过一段时间的有意训练,幼儿的无意破坏行为会大大减少。

对于有意破坏的幼儿,成人应首先弄清楚破坏的原因,不要不分青红皂白就斥责甚至打骂孩子。同时,应耐心回答幼儿提出的关于玩具结构等方面的问题,鼓励幼儿的求知欲和探索精神,也可以给幼儿买一些能够拆装的玩具,或为他们准备一些可以操作的小钳子、小螺丝刀等工具,让他们自己学着拆装,以满足他们的好奇心和探索欲望。

第二节 中班幼儿的心理特征与教育

4～5岁的幼儿处于学前中期,这是幼儿园生活中的一个过渡时期,在幼儿园教育中起着承上启下的作用。

一、中班幼儿的心理特征

(一)活泼好动

活泼好动是孩子的天性,中班幼儿在此方面表现得尤为明显。在小班走、跑、跳、钻、跨、攀登等基本动作发展的基础上,中班幼儿动作的灵活协调性进一步加强。而他们活动能力的提高,精力旺盛却又不善于约束,熟悉和习惯了幼儿园的生活制度并积累了一定的认识经验等因素的存在,更加剧了其活泼好动这一行为特征的出现。比如,走路时踢个小石子,吃饭时坐不稳,上课时坐不住,看书时手脚不停晃动等。

中班幼儿活泼好动,但他们的好动并不是无目的的活动,而是常常表现在对游戏的兴趣上。他们不但爱玩,也会玩,一个人在家做角色游戏时,可以一会儿当医生,一会儿当病人,一会儿当护士,一人承担多种角色;而出门在外也可以较好地与其他儿童开展合作游戏,花样很多,过程丰富。成人不能轻视中班幼儿的这一年龄特征,也不能为了减少麻烦而限制他们的有意义行动,应创造安全的环境和条件来满足他们的心理需求与欲望。

(二)无意行为占优势,有意行为开始发展

中班幼儿的行为仍受情绪的支配,无意行为占优势,但有意性行为开始发展。但相对于小班幼儿,他们逐步听懂一些道理,能听进成人向他提出的一些要求并可以按成人的要求完成一些力所能及的任务,还能对自己担负的任务产生了最初的责任感。他们很乐意轮流当值日生,争着完成给花浇水、给鱼缸换

水等日常的工作。

中班幼儿的注意力仍以无意注意为主,有意注意也开始发展,虽水平仍然较低,但维持的时间在逐步增加。日常生活中,凡是生动、形象、色彩鲜艳的事物仍容易引起他们的注意,比如,当幼儿正在玩自己喜爱的玩具或游戏时,周围一旦出现什么声响和新异的刺激,他会很快分散注意力而停止正在进行的活动,之后会继续完成未完成的任务。中班幼儿在开展游戏活动时,会先想一想,再去做;玩角色游戏前,也能事先分配好角色再进行游戏,并能按照游戏规则开展活动。

中班幼儿有意行为的发展还表现在记忆、想象等方面的有意性发展,同时,幼儿在集体生活中的规则意识也开始萌芽。他们懂得要排队洗手、依次玩玩具等日常性的行为规则,且能遵守一定的规则,并具有了初步的自我控制能力,咬人、动手打人的现象比小班时期明显减少。

(三)思维具有明显的具体形象性

具体形象性是学前儿童思维的主要特点。小班幼儿主要是直觉行动思维,中班幼儿的思维处于动作思维向具体形象思维过渡的时期,具有明显的具体形象性。他们对事物的认识往往受到生活习惯的影响,总是借助于各种具体的事物或具体事物的表象而不能认识事物的本质特点。例如两堆同样数量的扣子,一堆集中,一堆散开(图9-1),如果问幼儿哪堆多,哪堆少,他们会认为散开的那堆扣子多,集中的扣子少,因为散开的这堆扣子占的地方大,这是中班幼儿具体形象思维的特点造成的。

图9-1 扣子思维

在日常教学活动中,教师应善于采用让幼儿通过看、听、摸、尝、闻等感知的方式来认识事物和周围世界,因为幼儿直接接触过的、形象逼真的事物,不仅便于他们的理解,也可以增强他们记忆的持久性。单纯依靠语言讲授的方式向幼儿传递知识则很难达到预期的教学效果。

中班幼儿的表象活跃,他们开始运用头脑中的表象进行思维活动。例如,幼儿在游戏角看见了两个相同的玩具娃娃,他们就会在"娃娃家"游戏中加入双胞胎的角色,这是因为两个相同的娃娃引起了他们头脑中双胞胎的表象;一个小男孩看到玩具柜中有一个圆形的飞盘,他拿起来就玩起了"开汽车"的游戏,虽然他在原地坐着,却"开着汽车逛遍了全城",而且玩得津津有味。

中班幼儿已开始根据自己的生活经验来理解事物之间的关系。如教师说"一滴水,不起眼",儿童则理解成了"一滴水,肚脐眼"。这时期的儿童在已有感性经验的基础上,开始能对具体事物进行概括分类,但概括的水平还很低。其分类是根据具体事物的表面属性,如颜色、形状、功能或情景等。如把苹果、桃、梨归为一类,认为这些水果可以吃,吃起来水分多;把太阳、卷心菜归为一类,认为这些都是圆形的;把玉米、香蕉归为一类,认为这些都是黄色的。

(四)游戏中的表征水平逐步提高

4~5岁是儿童游戏活动的黄金时期,处于这一阶段的幼儿不但喜欢游戏,而且也很会做游戏。他们能够自主选择主题、自行分工、自己组织游戏,游戏情节丰富、内容多样化,并出现了以物代物的替代行为。如他们会用积木代替电话机、用"雪花片"代替公园门票、用一个冰糕棍儿当铲子等,表征水平有了较大的提高。中班幼儿的游戏内容不仅反映日常生活的情景,还经常反映电视、电影里的故事情节。游戏过程中还会逐渐形成良好的伙伴关系,并开始有了相对稳定的游戏伙伴,但由于交往技能不足,幼儿容易在游戏过程中发生争执和攻击性行为。

二、中班幼儿的有效教育

(一)发展幼儿的表现力和创造力

中班幼儿活泼好动,想象力丰富并具有一定的独立能力,这为幼儿表现力和创造力的发展提供了良好的基础。教师应有目的、有计划地引导幼儿通过手、口、动作、表情等进行表现和创造,同时教给幼儿一些有助于创新的方法。比如,通过加一加、减一减、连一连等方式制作新的物品;鼓励和启发幼儿多提问,培养善于思考的好习惯;引导幼儿从不同的角度去思考同一个问题,训练幼儿发散思维的能力。

(二)引导幼儿观察生活,提高行为的有意性

中班幼儿的有意性行为开始发展,提高行为的有意性应该成为这一时期的教育要点。教师应有意识地引导幼儿有目的、有计划地观察周围的各种生活现象,观察教学用具的不同、教室内外环境的变化、幼儿园活动场地的改变等;可以组织幼儿到景色秀丽的地方去春游和秋游,观察美好的城郊、玫瑰色的春天和金色的秋天,观察晴空、白云、彩虹、轻风、细雨,最大限度地让幼儿领略大自然的美景;还可以要求家长利用每天接送幼儿的途中,有意识地引导幼儿观察沿路的景物、不同职业人员的劳动场面。通过引导幼儿观察周围的生活,能够丰富幼儿对周围事物的表象,使他们有意地注意、记忆一些日常生活中的知识现象,从而在增长幼儿知识和认知能力的过程中,逐步提高幼儿行为的有意性。

(三)采用直观教学的方法,提高教学的有效性

中班幼儿的生活经验较为贫乏,思维具体形象,这些特征决定了幼儿园在开展各领域的教学活动时,应积极贯彻直观性原则和运用直观教学法,以激起幼儿的学习兴趣,加深幼儿的印象,提高理解的水平,进而取得良好的教学效果。在使用直观教学时应注意以下问题:

(1)应根据教学活动的目标、内容及任务恰当地选择直观手段。幼儿园直观手段包括实物直观(指观察实物、标本、实地观察、小实验等)、模具直观(指观察图片、图书模型、贴绒教具、沙盘玩具等)、电化教具直观(包括幻灯、录像、录音、唱片、电视、电影等)和语言直观(教师语言的形象性描述)。

(2)直观手段要与训练幼儿的感觉器官相结合。教师应让幼儿有较多机会摆弄物体,并通过看、听、摸、闻、尝、做等方式来训练幼儿的感官和动手动脑的能力。供给的材料力求人手一份或小组一份。

(3)直观手段要与教师的语言指导相结合。教师要用简明、生动、形象、准确的语言启发幼儿观察和操作,以强化直观教具的作用,获得正确的知识。

(4)运用直观教具要恰当。教具要有典型性,主要特征要突出,紧扣教学要求,但不宜过多。

(四)调动幼儿参与多种游戏的积极性,促进幼儿的全面发展

游戏是一种符合幼儿身心发展需求的快乐而自主的实践活动,不仅能够促进幼儿身体的发展,而且可以巩固和丰富幼儿的知识,促进其智力、语言、美感、良好行为品质和创造能力的发展。游戏的种类很多,不同的游戏对儿童的发展不同,而中班幼儿活泼好动,并具备了多种游戏的技能,因此,教师应引导幼儿开展多种游戏,使他们在游戏活动中获得全方位的发展。比如,各种学习任务可以通过新奇、形象、生动、有趣的智力游戏形式向幼儿提出,引导幼儿听听、看看、摸摸、想想、说说、做做,使耳、眼、手、脑、口各种器官活动起来,并做出智力上的努力。幼儿通过这些游戏形式,不仅可以巩固和运用已有的知识,发展智力获得能力,而且又促进了幼儿与他人愉快合作,诚实地遵守游戏规则等良好品德的培养。

(五)引导幼儿学会处理好同伴关系

伴随着中班幼儿认知能力、注意力、观察力、想象力等能力的不断发展,幼儿对同伴的关注范围进一步扩大,幼儿之间的交往明显增多,兴趣相似的幼儿常常因为在一起玩的机会多而逐步建立起初步的同伴关系。但由于幼儿缺乏同伴交往的方法和技能,同伴之间常常因为角色的安排、玩具的分配、环节的协

商等问题而发生摩擦和冲突。

案例一:航航升入中班后,和班里小朋友之间的交往开始增多,但依然和小班时的好朋友洋洋最好。有一次,航航和嘟嘟下飞行棋,他很快就赢了一局,于是手舞足蹈地在全班幼儿面前炫耀:"我天下无敌。我赢啦,我赢啦!"输了的嘟嘟原本就一脸的不高兴,看到航航在小朋友面前炫耀就更加气愤,眼睛红红的快要哭出来。坐在旁边的洋洋原本打算坐到航航的位置上跟嘟嘟下棋,这时看到快要哭了的嘟嘟就转身说:"别难过,我帮你赢回来!"嘟嘟高兴地点点头,而航航却不高兴了,用力推了洋洋一把说:"还是我的好朋友呢,帮助别人。"洋洋没有防备地摔倒在地上,气愤地站起来和航航对打了起来。

分析:中班幼儿一方面渴望和更多的小朋友建立同伴关系,另一方面又由于思维的局限性和交往技能的缺失性,而经常出现以上案例中的消极行为。教师可以借助幼儿园一日生活中的此类事情加以引导和教育,并通过讲故事、情境表演、角色游戏等形式,培养幼儿的分享、帮助、谦让和合作行为,提高幼儿明辨是非的能力,促进幼儿社会性的发展和良好同伴关系的建立。

案例二:孩子们正在喝水,阳阳突然跑过来大声对老师说:"李老师,丽丽打我了,还把我的水弄洒了!"没来得及等到老师的答复,他已经跑回到位子上,得意地对丽丽说:"我告老师了,我告老师了!"满脸的兴奋。

分析:告状是中班幼儿常见的行为之一。除了上述案例中出现的以告状为乐的类型外,还有委屈的告状、寻求帮助的告状等。中班幼儿在认知水平提高的过程中也逐步懂得了一些道理,并开始把自己或别人的言行与一定的规则或作为规则体现的榜样相比较,进而产生相应的道德判断。由于社会交往技能有限,当他们遇到矛盾和冲突的时候,常常不能够通过协商、帮助和谦让等方法来解决,而通过告状借助于教师来处理就是一条便捷的途径。但幼儿相互之间的频繁告状容易导致同伴之间的相互怨恨,也干扰了教师正常的教育教学活动,同时也容易养成幼儿事事依赖老师,不能自己独立解决问题的不良习惯。因此,教师应从两个方面进行引导:一方面,认真倾听幼儿的告状,并和幼儿一起找到解决矛盾和冲突的办法;另一方面,教师应利用日常生活中的一些教育契机教给孩子解决问题的技巧,并注意培养幼儿独立解决问题的能力。

第三节 大班幼儿的心理特征与教育

大班幼儿处于学前后期,他们在继续表现出中班幼儿年龄特征的同时,又发展出了一些新的心理特征。

一、大班幼儿的心理特征

(一)爱问、爱学

好奇心强是学前儿童的普遍心理特征。大班幼儿依旧对周围的很多事物保持着较强的好奇心,喜爱问大大小小的不同问题。但与小班、中班幼儿不同的是,大班幼儿不再满足于问"这是什么""那是什么"的表面问题,更喜欢提出"为什么"的追根问底的问题。大班幼儿提出的问题十分广泛,除了日常生活中碰到的问题外,还会涉及天文、地理、物理、化学、生物等各个方面,以至于经常会让成人感到难以应付。回答他们的问题,既需要充足的知识,又需要一定的回答技巧。

爱问问题的同时,大班幼儿也喜欢学习。他们在学到一些新的知识或技巧后,常常会感到得意和满足,而且喜欢对别人讲。他们可以坚持稍长一些时间的教学活动,喜欢一些动脑筋的智力活动和下棋、猜谜及各种智力游戏。

大班幼儿的爱问、爱学,还表现在他们日常性的"破坏行为"方面。他们喜欢拆卸一些玩具或其他物品,以了解其中的原理和结构,但由于知识经验的局限性,他们常常"闯祸"后还自以为有理。比如,两个大班幼儿在自来水管下面的水槽上横架了一块搓衣板,让水通过搓衣板的小沟流下来,玩得很起劲。老师制止了他们的行为并批评他们浪费水,而他们却感到委屈,因为"一个水管变出了那么多小水管,是节约水而不是浪费水"。针对这种有价值的"破坏"活动,成人应该首先肯定孩子的探索行为,然后给他提供一些可以"破坏"的材料,引导他们有目的地去"破坏",并给予解释和帮助。

（二）有意行为不断增加

有意行为在中班已经出现,到了大班有意性有了更进一步的增进。幼儿可以有意地控制和调节自己的行为,集体教学的时间也可以增加到30分钟,而对于自己感兴趣的活动,坚持的时间会更长,且精力会比较集中。开展结构游戏时,会先思考搭建的主题再进行建构；进行角色游戏时,会先分配好角色再开展游戏,并且每一角色能够按照本角色的要求坚持到底；绘画活动时,幼儿会先考虑好绘画的内容,再一部分一部分地按自己的预想画出来；而在观察图画时,也能够按照一定方向或路线(如从上到下、从左到右)依次扫视。

大班幼儿有意行为的发展还表现在,当自己遇到特别想做而又不能立即满足的事情时,可以采用一定的方法有意地控制自己的欲望和行为。比如,为了集中精力关注某种事物时,他们会自觉地把眼睛紧盯着注意之物,把双手放在身旁或用两手掩着耳朵以防止杂音的干扰。而在一个"延迟满足"的实验中,当实验者要求幼儿如果不去接触诱惑物,等待实验者回来可以给予诱人的奖品时,大班幼儿采用了多种方法抗拒诱惑：有的孩子把背朝着诱惑物,有的趴在桌子上打瞌睡,有的唱起歌来,他们都试图通过自己的方法促使自己不被诱惑物所吸引。

（三）抽象逻辑思维明显萌发

大班幼儿的思维仍以具体形象思维为主,但表现出明显的逻辑思维的萌芽。例如,给幼儿一些画有车、船、桌、椅、苹果、梨等物体的图片,大班幼儿就能够按交通工具、家具、水果等概念进行分类。中班幼儿往往弄不清楚"车子"和"卡车"这两个概念之间的关系,而大班幼儿则可以做出"车子"中包含着"卡车"的判断。他们还懂得同样数量的车子"合起来多,分开来少"的道理,甚至个别幼儿还能说出"因为合起来是总数,分开来是一部分,卡车是一部分,比总的车子少"的话语。由此可以看出,大班幼儿基本上已经掌握了部分与整体的包含关系,这正是逻辑思维的基本成分。大班幼儿还能够掌握"左、右"等比较抽象的概念,并且可以不用说出"拿勺子的手是右手"等以具体事物作为左右标志的话语。同时,他们对简单的因果关系也能有所理解,并能在日常的讲述活动中恰当地运用"因为……所以……"等句式。

大班幼儿在记忆具体事物时,开始出现按类别记忆的行为。比如,让幼儿记忆一些任意排列的物体：车子、桌子、橘子、椅子、船、梨,他们在回忆时会说成"车子、船、桌子、椅子、橘子、梨",甚至有的孩子还会自言自语地追忆"还有什么水果呢?"而他们在观察图片时,也会进行一些符合逻辑的推理。比如,几个大班幼儿在观察一幅图画时,对图画描绘的季节发生了激烈的争论：有的孩子说是夏天,"因为图中男孩子穿着短裤"；有的孩子则说是秋天,"因为女孩子穿着绒衣",由此可以看出,他们既注意到了图画中的细节,又根据这些细节进行了分析推断。当然,大班幼儿的逻辑推理能力还比较浅,对于一些需要经过多层次分析推理的事情,他们还力不能及,成人应重视并加以培养。

（四）个性初具雏形

个性是个体较稳定的具有一定倾向性的心理活动的总和,主要表现在自我意识、性格、态度、兴趣和能力等心理成分上。进入学前后期,伴随着各种心理机能的逐步成熟,幼儿的个性也开始发展。5岁以后,个性特征有了较明显的显现,其中最突出的是幼儿自我意识的发展。

大班幼儿自我意识的发展主要表现在自我评价的能力方面。他们对自我的评价从依从性评价开始走向独立性评价,他们不再完全趋同于成人的评价,而当成人的评价与幼儿的自我评价不一致时,他们会提出自己的辩解意见。同时,他们的自我评价也逐步从个别性评价向全面性评价发展,比如,有的大班幼儿在评价自己时会说:"我会唱歌跳舞,但讲故事不行";"我画画画得可好了,就是跑步太慢了"。

大班幼儿的荣誉感、自卑感、羞愧感等也开始出现,并逐步形成了较为稳定的态度和兴趣。比如在自由活动中,有的幼儿总是去玩球,有的总去玩"娃娃家",有的则总是凑在一起看图书、讲故事。大班幼儿的性格特征也有了明显差异,表现出顺从、冲动、外向、内向等不同的性格特征。但学前后期形成的只是个性最初的雏形,其可塑性还相当大。

二、大班幼儿的有效教育

(一)满足幼儿的独立需求,培养其自主解决问题的能力

大班幼儿的各方面能力有了较大发展,他们的活动范围在进一步扩大,喜欢独立尝试,探索的欲望也在不断增强。再加上处于幼儿园中大哥哥、大姐姐的特殊地位,他们开始意识到自己的长大,并产生了较强烈的独立解决问题的愿望。成人应该在安全的范围内,引导幼儿学会安排、选择自己能够操作的事情,鼓励幼儿大胆尝试,积极探索,做自己的主人。但由于经验缺乏,幼儿之间经常因为坚持自己的想法而发生摩擦和冲突。此时,简单地让冲突的双方互相道个歉就完事的做法并不能够让幼儿满意。因为"在一般的情况下,儿童都喜欢自己解决自己的问题,成人如果干涉太早或太多都是会有害处的"(蒙台梭利)。大班幼儿已经有了初步分辨是非的能力,他们有自己的想法和做法,也喜欢自己解决自己的问题。因此,提供机会让幼儿自己想办法解决矛盾,既能锻炼幼儿自主处理问题的能力,又能减少对教师的依赖,还可以在使幼儿学会多种解决问题的方法,在体验成功喜悦的过程中,有效促进幼儿自信心的提高和独立性的发展。

大班幼儿处于幼小衔接的过渡期,在培养他们独立生活能力的同时,还应逐步培养他们独立学习的能力,比如自己能够安静看书,自己能够独自整理书包学具,自己能够专心致志做完某件事情等,以便为他们顺利适应小学的生活打下良好的基础。

(二)鼓励幼儿大胆想象,培养幼儿的创造力

幼儿期是创造性思维形成的黄金时期,尤其是到了大班之后,随着幼儿经验的不断丰富和能力的提高,幼儿在活动中表现出更强的想象力和积极的参与性。成人应有目的地培养幼儿善于发现问题的能力,通过提高幼儿的观察力、想象力来提高幼儿创造性思维的能力。在日常教育教学的过程中,教师可以有意识地设置一些错误或者疑难问题,让幼儿自己去发现,去解决,以增强他们对错误和疑难问题的敏感性。

没有想象力就没有创造力。通过培养大班幼儿的想象力来促进创造力的发展,是一条有效的培养途径。比如,故事讲到关键地方可以突然停止,激发幼儿去想象下面的情节会如何发展,等他们充分展开想象后再继续故事的讲述。成人还可以向幼儿提出一些假设的问题,比如"如果地球上没有水,将会发生什么样的问题?""假如没有空气,地球的人类会怎么样?"等,激发幼儿丰富的想象,并引导他们进一步提出解决问题的方法。

(三)创设多种途径,培养幼儿的合作能力

未来社会是一个竞争与合作并存的社会,"学会交往""学会合作"是时代对人提出的基本要求。作为个体社会化的重要内容,合作能力的培养对于大班幼儿的全面和谐发展也有着重要的价值。大班幼儿还面临着即将步入小学生活的问题,利用日常生活中的各种教育契机,创设多种途径对幼儿开展交往技能和合作行为的训练,是大班有效教育的一项重要内容。比如,在区域游戏中,教师通过设计"蔬菜拼盘""编手链""娃娃家"等合作性的游戏,来引发幼儿之间合作行为的产生;在"结构游戏"中,通过设计"公园""游乐场"等主题游戏,让幼儿充分体验到独自玩与合作玩的不同感受,并在大家互相合作的过程

中较快地完成建构的目的。借助多种游戏形式和其他有目的方式,逐步让幼儿体会到合作的价值,并在逐步体验合作带来的愉快感受中,使合作行为逐渐由被动型转为主动型。

(四)做好幼小衔接的工作

幼儿园与小学是两个相邻的教育阶段,但两个阶段的明显差异性,决定了做好幼小衔接工作是贯穿在整个大班阶段幼儿生活中的一项主要内容。为此,成人应提高大班幼儿的适应性,加强对幼儿入学准备方面的教育。但入学准备绝不是指读写算的提早训练和准备,而应该是身心健康发展的全面准备,比如,入学意识的培养、社会适应能力的培养、学习适应能力的培养和生活适应能力的培养等。

【本章练习题】

一、单项选择题

1. 中班儿童处于(　　)。
   A. 动作思维阶段　　　　　　　　　　B. 行为思维阶段
   C. 形象思维阶段　　　　　　　　　　D. 学话萌芽阶段
2. 问正在搭积木的幼儿:"你搭的是什么呀?"他没有回答。过了一会儿,他自言自语道:"哦!这像是一座房子,我搭的是房子。"这是(　　)。
   A. 托班幼儿　　　　　　　　　　　　B. 小班幼儿
   C. 中班幼儿　　　　　　　　　　　　D. 大班幼儿
3. 喜欢提出"为什么"追根问底的问题的是(　　)。
   A. 托班幼儿　　　　　　　　　　　　B. 小班幼儿
   C. 中班幼儿　　　　　　　　　　　　D. 大班幼儿
4. 《3—6岁儿童学习与发展指南》颁布的时间是(　　)。
   A. 2012年2月　　　　　　　　　　　B. 2012年6月
   C. 2012年10月　　　　　　　　　　 D. 2012年7月

二、简答题

1. 小班幼儿的心理特征是什么?
2. 如何对小班幼儿实施有效的教育?
3. 中班幼儿呈现出哪些方面的心理特征?
4. 对中班幼儿开展有效教育的途径有哪些?

三、论述题

试根据大班幼儿的心理特征谈谈如何对其开展有效的教育。

四、材料分析题

林林要上小学一年级了,林林妈妈十分焦虑。因为她对儿子入园适应困难的情景还记忆犹新。她害怕林林入小学后也会经历一个漫长的适应时期,于是从大班开始,就让儿子每天在家里学习拼音、识字,学英语,做数学题。

问题:请对林林妈妈的行为进行分析。

五、活动设计题

请根据下面这首诗歌设计一节大班语言活动方案,要求写出活动名称、活动目标、活动准备和活动的主要环节。

找　梦
田　地

我一睡觉,
梦就来了。

我一醒来，
梦就去了。

梦从哪里来？
又到哪里去？
我多么想知道，
想把它们找到。

在枕头里吗？
我看看——没有。
在被窝中吗？
我看看——没有。

关上门也好，
关上窗也好，
只要一合眼，
梦就又来了。

六、写作题

埃米利奥盯上了我的一支新笔，他问我："爸爸，这个给我行吗？"

"是的，你可以……"

"谢谢你，爸爸。"

"……如果你好好表现，不调皮捣蛋的话。"

"噢，好吧，那不必了。"埃米利奥回答，快快地离开了，不再对那支笔感兴趣了。

——[意]皮耶罗·费鲁奇著，张晶译《孩子是个哲学家》

综合上述材料引发的思考和感悟，写一篇不少于800字的议论文。

要求：用规范的现代汉语写作，角度自选，立意自定，标题自拟。

第十章 幼儿园教育的衔接与合作

本章概要

本章主要从幼儿园与小学、家庭、社区三个方面揭示了它们之间的关系,并阐述了三者之间合作的意义和内容,进而又对三者合作的方法与途径进行了详细介绍。

第一节 幼儿园与小学的衔接

从幼儿园进入小学,是儿童成长过程中的一件大事,如何使他们顺利地过渡到新的教育阶段,如何合理调整衔接中的"坡度",减少儿童入学适应中的困难和问题,是学前教育领域值得研究的现实问题。虽然幼儿园和小学是两个相邻的教育阶段,但二者却在教育形式、内容、方法、要求、作息制度和生活安排等方面存在着较大差距。再加上部分儿童在入学前没有做好基本的准备工作,很容易造成儿童感到身体疲劳、食欲不振、睡眠不足、体质下降、心理压力大、课堂违规现象多、学习自信心差等不适应现象,因此,搞好幼小衔接工作对学前儿童显得尤为重要。

一、幼儿园教育与小学教育的不同之处

(一)主导活动的不同

幼儿园教育是以游戏为主导活动,强调游戏中的学习。游戏灵活、自由、趣味性大,没有严格的约束力,儿童可以在轻松愉快、不知不觉中获得知识经验。而小学教育是以学习为主导活动,它主要借助上课的形式对学生进行基础知识的传授和基本技能的训练。虽然国家取消了小学入中学的集中考试,主张就近入学和实施素质教育,但实际上仍然以分数高低作为评判小学生、教师的主要标准,这就使得小学生的学习具有一定压力。

(二)生活环境的不同

幼儿园的活动室,一般布置得美观,富有儿童特色,充满生活情趣,桌椅可以自由移动,室内还创设自然角、图书架、玩具柜等供儿童观察、游戏、操作和娱乐之用。而小学每班只有一间教室,除了固定的黑板、讲台和桌椅外,没有玩具和其他的娱乐设备,室外活动场地上的运动器械较少且属全校合用,刚入学的儿童可享用的机会很少。

(三)规章制度的不同

幼儿园的一日活动以游戏活动和睡眠、吃饭、喝水、如厕等生活活动为主,教学活动即使到大班,每天的教学时间一般不会超过两个学时,每学时不超过30分钟。每位儿童都有单独的床铺,每天有2~2.5小时的午睡时间,病事假制度较为宽松。而小学生有严格的上学制度和学习制度,除早读课、早操外,上午一般上课3~4节,下午1~2节,每节课40分钟。同时,集体活动如班会、周会、队会等也较多,且有时

间的限制和纪律的要求。小学生学习时间长,生活环节短,自由活动少,容易使孩子感到生活紧张,学习压力大,竞争性强。

（四）师生关系的不同

幼儿园教育采用的是保教结合的原则,教师在儿童一日生活的诸多方面,如游戏、散步、饮食、睡眠、盥洗等各项活动中都要参与,接触时间长,交流机会多,关系亲密融洽。而小学教师主要负责儿童的学习、品德和文体活动,精力主要放在教学活动上,对学生的生活方面照顾较少。教师和小学生除了课堂上的接触外,师生个别接触的机会很少（班干部和有特殊行为问题的学生除外）,再加上部分教师要求严格,态度严肃,批评、斥责比较严厉,都会使小学生感到师生之间距离较大,关系较远。

（五）社会要求的不同

幼儿园教育和小学教育同属基础教育,但幼儿园教育没有划入义务教育的范畴,学前儿童不承担社会义务,主要通过各种形式的活动促进儿童生活经验的获取和良好生活习惯的养成。儿童的学习结果没有严格的评分标准和要求,更不需要书面化的测试,也没有考分的衡量,儿童的学习责任感较轻,没有压力。而小学教育属于义务教育,小学生学习既是社会赋予的责任,也是对社会尽的一项义务。不管他们意愿如何,是否有兴趣,他们必须遵守学校和班级的一切纪律,也必须努力学习,按时完成国家统一规定的教学计划和学校规定的各项教育任务,并达到一定的教育要求。同时,小学教育以书面考试的成绩作为衡量学习效果的主要手段,并实行升留级制度,这就对小学生提出了更高的社会要求。

二、幼儿园与小学衔接的意义

幼儿园与小学的衔接,简称幼小衔接,是指根据学前儿童过渡期身心发展的特点,借助有效的方法与途径,从德、智、体、美各方面做好基础性的准备工作,从而保障学前儿童能够尽快适应小学的生活,并为其今后的持续性发展奠定良好的基础。

（一）做好幼儿园与小学的衔接工作,是学前儿童身心健康发展的需要

儿童身心的发展是一个由低级到高级、由量变到质变的连续发生发展的过程。尽管幼儿园和小学是两个不同性质、不同教育任务和不同教育要求的独立教育机构,但儿童身心发展的内在规律决定了教育应从连续性、整体性出发,从生理、心理等各方面做好充分准备,实现从一个教育阶段到另一个教育阶段的自然、顺利过渡。

（二）做好幼儿园与小学的衔接工作,是学前儿童入学适应不良现状的实践要求

幼儿园阶段和小学阶段在主导活动、生活环境、规章制度、师生关系和社会要求等方面均存在较大差异。这些差异带来了儿童入学后出现的诸多身体、精神、社会适应等方面的不良反应和不适应状态。这些现实决定了学前儿童从幼儿园进入小学并开始新的生活之前,应该接受一定的调整和准备工作,建立一系列过渡性的行为方式,以满足新的教育阶段的新要求。

（三）做好幼儿园与小学的衔接工作,是幼儿园教育内容的重要组成部分

《幼儿园工作规程》明确指出:"幼儿园和小学应密切联系,互相配合,注意两个阶段教育的相互衔接。"《幼儿园教育指导纲要（试行）》也明确规定:"幼儿园应与家庭、社区密切合作,与小学相互衔接,综合利用各种教育资源,共同为幼儿的发展创造良好的条件。"由此看出,做好幼儿园与小学的衔接工作,是幼儿园阶段的一项基本教育任务,是教育内容的重要组成部分而不是额外增加的工作。

（四）做好幼儿园和小学的衔接工作,符合世界幼儿园教育的发展潮流

幼儿园与小学的衔接问题,是世界性的问题。许多国家的学前教育工作者围绕该主题开展了一系列

的探究工作,1990年国家教委曾与联合国儿童基金会合作,开展了历时5年的幼儿园与小学衔接的专题研究。因此,继续加强幼小衔接工作的研究和实践,可以进一步推动这一世界性问题的解决与发展,同时也是对世界学前教育工作的一大贡献。

三、幼儿园与小学衔接工作中存在的主要问题

(一)衔接机构的不平衡性

衔接是指两个相邻教育阶段之间的相互联系。这种联系是衔接机构之间的双向链接而不是单方面的独立工作。但从目前教育实践的现状来看,幼儿园比小学更关注幼小衔接的问题,而且也能在一段时间内主动根据幼儿园教育的实际开展一些专门性的活动。而小学方面则相对比较被动、滞后,形式上的衔接大于实质性的衔接。

(二)衔接内容的片面性

衔接应是德、智、体、美各方面的衔接而非是偏重于某一方面的衔接。在幼小衔接的问题上,偏重于"智"的倾向比较严重。特别在幼儿园方面,提到衔接,有些教师就认为是对孩子提前开展学拼音、认汉字、做数学题的活动,认为唯有如此,才能为入小学做好准备,才可以减轻孩子入学后的压力和负担。实际上,儿童入校的种种不适应现象不仅仅是由于"智"的方面准备不足,更多是健康状况、学习态度、生活自理能力、人际交往等方面的不足而造成的。幼小衔接应是整体性而非片面性的衔接。

(三)衔接工作的固化性

在幼小衔接工作的实践中,幼儿园和小学都逐步开展了一些有意义的活动。比如,幼儿园方面会在大班儿童毕业前,带领儿童去熟悉小学的环境,参加"六一节"的入队仪式,召开升学庆祝会或毕业典礼等,而小学方面也会带领儿童回访幼儿园,和大班儿童开展联谊活动等。这些活动有一定的价值,但不能长期固化于传统的形式,而应该创新性地开发出一些新的活动方式,也可以尝试国外的一些好的做法,从而跟得上孩子身心发展的时代需要。

(四)衔接工作的突击性

幼小衔接是一项长期性的、儿童全面素质培养的过程。对幼儿园来讲,这项工作应从儿童入园开始,贯穿于幼儿园教育的全过程,而不能仅仅作为大班后期的突击性工作而采取急功近利的行为。

四、幼儿园与小学衔接的具体工作

幼小衔接工作的开展,需要幼儿园、小学和家庭三方面的共同合作,是三方面协同工作的结果,以下分别从三个方面提出各自工作的重点和内容。

(一)幼儿园方面的衔接工作

1. 把握儿童身心发展的规律,做好全面的准备工作

幼儿园方面幼小衔接工作的重点是做好儿童的入学准备,但入学准备应是全面素质的准备,是从幼儿入园就开始的、贯穿在整个幼儿园教育的全过程,是幼儿园三年全面发展的结果。做好身心两方面的准备是工作的基础。

(1)身体上的准备。目前在开展幼小衔接方面有个误区,只注重智力、社会适应性等一些具体方面的衔接而忽视了儿童体能的训练和体质的增强。实际上,小学生的学习负担是很重的,身体健康孩子的适应能力远远高于不健康孩子的适应能力,很多孩子就是没有健壮的体质、较好的耐力和抵抗力,而在入学初期因难以适应生活上的急剧变化和紧张的学习任务而接连生病,导致经常缺课、体重下降、厌学等行

为的出现。因此，幼儿园教育除了保证儿童必需的营养，做好保健工作之外，还要积极锻炼儿童的身体、发展动作，以增强儿童的体质，发展手眼协调能力和运动能力，为小学阶段的学习打下良好的身体基础。

(2)心理上的准备。心理上的准备是个长期系统的培养过程，应努力做好以下几个方面的准备工作：①培养儿童的学习兴趣和求知欲。幼儿园应采取多种方式激发儿童对知识本身的学习兴趣，并能从学习中获得满足感和愉悦感，进而产生学习的主动性和积极性。②培养儿童良好的学习习惯。学习习惯是学习活动中比较稳定的行为方式，应注重培养儿童专心听讲，举手发言，爱提问、爱思考等良好的学习习惯。③培养儿童良好的个性品质。心理学家认为，个性品质对一个人的成功起着决定性的作用，但良好的个性品质从儿童时期就应注重培养。幼儿园应通过一日生活各个环节的渗透，逐步培养儿童活泼开朗的性格、乐意合作、友爱互助的意识，自信、进取心、有恒心的意志品质和关心集体、遵守规则、有一定是非观念和评价同伴行为的能力。④提高儿童的智力水平。在幼儿园的教育活动中，游戏、动手操作、观察、参观等是儿童主要的学习方式。幼儿园应借助这些有效的方式与途径，使儿童获得初步的基础性知识，并在逐步发展儿童的感知力、观察力、注意力、记忆力、思维能力、语言表达能力和创造力的过程中，提高儿童的智力水平，为进一步的小学学习打下良好的知识基础。⑤提高儿童的社会适应能力。原国家教委与联合国儿童基金会历时5年的合作项目——"幼儿园与小学衔接"研究结果显示，我国在幼小衔接方面突出的两大问题之一是儿童在社会性方面的准备严重不足。而大量的科学研究则表明，社会适应能力与学业成绩之间呈正相关的关系。因此，幼儿园应有意识、有目的地加强儿童任务意识和责任感的培养、规则意识和执行规则能力的培养、独立性和生活自理能力的培养以及人际交往能力的培养，逐步提高儿童的社会适应能力。

2. 对大班儿童开展专门的入学准备工作

(1)采取多种形式培养儿童对小学生活的向往之情，激发良好的入学动机与愿望。幼儿园大班可以更集中、更有针对性地对儿童进行一些专门性的入学准备活动，以激发儿童渴望上学、向往小学生活的愿望和做一名小学生的自豪情感，并通过体验式的活动让儿童获得直接的、积极的情感体验。为此，可以开展以下的教育活动：①引导儿童设想自己的未来，培养上学意识。②通过游戏，使儿童熟悉小学生的生活，因势利导加强学习意识的培养。③组织儿童参观小学，直接尝试小学生的学习活动。④参加小学生的有意活动，激发儿童对小学学习生活的向往。比如"六一节"活动、入队宣誓活动、少先队活动等。⑤组织儿童毕业告别会，开展毕业离园教育。

(2)合理改变作息制度和环境布置，缩小与小学之间的差异。幼儿园可从大班下学期开始，在不影响儿童身心健康的前提下，适当调整一日生活的作息制度，可适当缩短午睡的时间，减少游戏时间，延长集中教育活动的时间至35分钟左右，并适量增加课时和智力活动的强度。

在环境创设方面也可做适当的改变：减少活动区角，扩大图书角，增加知识型图书的数量；将惯常的围坐方式改为小学生的排列方式；绒布版或磁性版改为黑板；儿童可带小书包入园，可自带阅读书籍和文具盒等学习工具，但教学内容不能小学化。

(3)培养儿童良好的学习品质，提高儿童的学习能力。小学阶段属于义务教育阶段，它要求小学生必须完成规定的学习任务，达到一定的学习要求。这对于习惯于以游戏为主的幼儿园生活的儿童来说是有难度的。而只有让儿童具备良好的学习品质和拥有一定的学习能力才能适应小学阶段的学习生活。为此，从幼儿园大班开始，就应将小学生应达到的基本要求融入幼儿园的一日活动中，逐步养成小学生应有的学习品质和行为习惯。比如，按时作息、按时上学、按时完成作业，遵守上课纪律、不做小动作，勤于动脑等。

同时，要不断提高儿童的学习能力，重视培养儿童听(专心听讲)、说(大胆表达)、写(前书写)、看(前阅读)的能力，从而使儿童更快地适应小学的学习生活，并得以顺利过渡。

(4)加强儿童独立生活能力和劳动习惯的培养。小学生在校期间的课余时间均由自己独立支配，生活需要自理，这就要求他们入学前要做好生活自理能力方面的准备：培养儿童的时间观念，增强独立自主的意识，提高处理事务的效率；培养儿童自觉、自理的能力，学会自己整理学习用品和生活用品；培养劳动习惯，学会打扫卫生、洗刷餐具等基本劳动技能。

（二）小学方面的衔接工作

做好幼小衔接工作，小学方面也是重要一环，小学可以从以下几个方面入手。

1. 了解低年级学生的身心特点，提高教师的幼小衔接意识

儿童从幼儿园进入小学，尽管拥有了小学生的身份，但其身心发展的连续性决定了低年级小学生的"幼稚性"和"不成熟性"，因此，教师应主动了解低年级特别是一年级学生的身心发展特征和幼儿园与小学的不同之处，多关心小学生的日常生活，理解他们在转换过程中的迷茫与困惑，尽量用更接近幼儿园的教学方式开展教学活动，减少衔接中的"陡坡"坡度。

2. 适当调整低年级的课程设置和制度设置

在小学低年级，可适当减少语文、数学的课时数，增加体育、音乐、美工、科学等艺术类和户外活动类课程，使学习活动丰富多彩，避免让学生因感到枯燥、单调而产生厌学的情绪。

同时，对一年级的小学生可采取一些特殊制度，比如在第一学期每节课可减少至35分钟，两节课后课间操的时间适当加长，上午上3节课，作业在学校完成，不带书包回家等。

3. 采用多种教学方法，调动小学生的学习积极性

教师应根据少、精、活的原则组织教学活动，提倡愉快教学法、活动教学法和游戏教学法，上课时可增加直观教具的运用，并根据各科教学内容的特点，采用多样化的教学方式，将观察、实践、讨论等多种方法灵活运用，从而满足小学生活泼好动的天性，在与幼儿园教学方式衔接的基础上，自然过渡到小学生的学习生活。

4. 减轻作业负担，激发学生的兴趣

作业负担沉重，学习压力过大，是许多低年级家长感到焦虑和为难的事情。特别是对于小学一年级的孩子来说，减轻学习上的"坡度"是幼小衔接中最需要解决的问题。在小学低年级，应尽量减轻学生的作业负担，争取在校内解决当天的教学任务。同时，还应开辟多种渠道，采取课内与课外结合，知识与技能结合、发展智力与陶冶情操结合的方法，加强学科之间的横向联系，激发学生的广泛兴趣。

（三）家庭方面的衔接工作

在幼小衔接的工作中，家长是连接两个教育阶段的重要桥梁。但目前研究和教育实践的重点均放在幼儿园和小学这两个方面，而忽略了家长的调节作用。实际上，无论是儿童生活自理能力的锻炼、社会性行为的发展，还是学习习惯的养成、学习信心的培养，都与家长的观点、态度和行为有着直接的关系。而不少家长在入学之前的错误做法，比如教儿童写、算、背乘法口诀，忽视非智力能力的培养，不支持儿童的社会交往，对儿童的学习要求过高过急等，却在一定程度上成了做好幼小衔接工作的障碍。因此，家长应成为幼小衔接工作中的重要力量，并通过适宜的方式发挥自身的协调、润滑功能。

1. 做好入学前的身体准备

健康的体魄是完成小学阶段学习的基础。家长在儿童入学之前，要积极鼓励儿童锻炼身体，增强体质，保护好儿童的感觉器官，保证充足的营养和睡眠，防止疾病，减少因身体不适带来的学习不适应问题。

2. 做好入学前的心理准备

进入幼儿园大班以后，受幼儿园、家庭环境等的影响，儿童开始羡慕小学生的生活，羡慕新书本、新书包、新铅笔盒、羡慕红领巾等，并从内心产生了早点进入小学读书的愿望。作为家长应细心体察孩子的情绪和心态，用启发性的语言激发儿童产生当小学生的光荣感、自豪感，调动儿童上学的积极性。同时，善于利用日常生活培养儿童的自我控制能力、坚持力和良好的个性品质。但不能要求过高过多，更不能随便吓唬孩子，防止孩子未入学校就产生焦虑感和恐惧感。

3. 做好入学前的物质准备

儿童进入小学之前，需要准备好书包、铅笔、橡皮等学习用品和水杯、餐具等生活用品，这个过程对儿童具有很强的吸引力。家长应尊重儿童的选择，和孩子一起商量着购买他们喜欢的用品，从而激发儿童对新的校园生活的向往之情。

4. 做好入学前的生活习惯准备

小学生的生活是一种相对独立的生活,诸如系鞋带、上厕所、准备学习用品、打扫教室卫生等问题,都需要靠儿童自己来独立完成。家长应帮助儿童合理安排作息时间,尽量使家庭与学校的作息制度保持一致,并利用家庭生活中的每一件小事,培养儿童的时间观念、自理能力和良好的生活习惯,让他们学会穿衣、洗脸、叠被、整理房间、端饭、擦桌子、扫地、整理学习用品等基本生活技能,减少因生活习惯准备不足带来的焦虑和压力。

5. 做好入学前的学习习惯准备

良好的学习习惯是儿童顺利进行学习活动的保证。家长在儿童入学之前,应协助他们养成如下的良好学习习惯:严格遵守作息时间的习惯;看书时坐姿端正的习惯;爱思考、爱提问和认真回答问题的习惯;正确的握笔写字的习惯;爱护书本及学习用品的习惯。

第二节 幼儿园与家庭的合作

家庭是儿童出生后的第一个生活环境,也是幼儿园重要的合作伙伴。家庭在儿童身心和谐发展中的独特作用,决定了幼儿园应与家庭密切配合,综合利用各种教育资源,共同为儿童的全面发展创造良好的条件。

一、幼儿园与家庭合作的意义

(一)家园合作有利于贯彻国家的学前教育政策,提高学前教育的发展质量

学前教育是终身学习的开端,是国民教育体系的重要组成部分,也是重要的社会公益事业。改革开放特别是 21 世纪以来,我国的学前教育事业取得了长足发展,普及程度逐步提高,国家对学前教育的重视程度也日益提升。2010 年出台的《国家中长期教育改革和发展规划纲要(2010—2020 年)》《关于当前发展学前教育的若干意见》等多项文件的颁布实施,均表明了国家对我国学前教育事业发展的高度重视和大力发展学前教育的决心。幼儿园和家庭都是对学前儿童进行教育的重要环境,它们共同承担着促进儿童全面发展的职责。儿童家长有义务去了解国家的学前教育政策,幼儿园也有义务向家长宣传国内外最新的学前教育研究成果和现代育儿观念,使家长充分认识到学前教育对儿童发展的意义,认识到教育好子女不仅仅是家庭内部的事情,而且是关系到国家强盛的大事,从而与幼儿园一起做好学前儿童的教育工作,为学前教育事业的健康发展共同努力。

(二)家园合作有利于家庭教育和幼儿园教育保持一致,形成教育的合力

幼儿园是专门的教育机构,由受过专业训练的教师、保教人员,按照国家的教育目标,结合儿童身心发展的规律和特点,运用科学的学前教育方法,对儿童进行有目的、有计划和有组织的教育。家庭是儿童接触最早,持续时间最长的生活、学习场所,父母或其他年长者通过日常生活,借助自觉的、有意无意的随机性教育而发挥着潜移默化的教育影响力。作为儿童健康成长的两个重要场所,它们虽然在教育目标、教育形式、教育内容和方法等方面存在着明显的差异性,但却以独特的方式发挥着各自的教育功能。二者之间只有相互配合,协调一致,才能充分发挥教育的合力作用,促进儿童的协调发展,否则就会彼此抵消教育的效果,降低教育的效力。苏联教育家苏霍姆林斯基也认为,"没有家庭教育的学校教育和没有学校教育的家庭教育,都不可能完成培养人这一极其细微而复杂的任务"。因此,幼儿园和家庭之间应统一教育观念,加强联系与合作,发挥幼儿园教育和家庭教育的双方优势,从而减少儿童的困惑和不安,增强对教师和家长的信任,提高学前教育的实效性。

(三)家园合作为家长和幼儿园教师提供了共同的学习平台

家园合作对家长和幼儿园教师来说,既是一个彼此交流互动的平台,也是一个互相学习,共同提高的过程。通过家庭和幼儿园之间的合作,家长会不断增加学前教育的知识和经验,逐步提高自身的教育技能和能力,增强教育好子女的决心和信心。而幼儿园教师则通过与家长合作,不断改进和修正教育的内容和方法,提高自己的教育水平,提升教育的效果。同时,家园合作也为家长和家长之间提供了一个交流和经验共享的机会,在这里,不同文化和社会背景的人既是学习者,又是教育者,大家通过彼此之间的切磋,加深了对科学育儿教育思想和方法的理解和运用,扩展了对教育、对人、对社会的理解,并成为共同育儿的合作伙伴。

二、幼儿园与家庭合作的内容

幼儿园与家庭在合作过程中较多存在合作不深入和合作内容脱节等问题。如家园合作较多地停留在表面,家长虽然进入了幼儿园,但参观的多,参与的少;参与中的家长也是间接参与的多,直接参与的少,更是很少深入到幼儿园教育过程的深层次环节之中。在合作内容上,家长来园的目的主要参与幼儿园的游戏活动、运动会等集体性活动,而很少将活动和家庭教育联系起来,由此带来家长在实施家庭教育时,往往凭感觉而不是根据幼儿在园的活动情况开展针对性的教育。因此,了解家园合作的具体内容将有助于双方的彼此了解,共同努力。

(一)幼儿园方面

1. 增强家长的合作意识

幼儿园要帮助家长树立正确的合作观念和合作意识,使家长认识到家园合作不是出于偶然的需要,更不是当孩子出现问题时才联系。家园合作是一项长期性、经常性的工作,学前教育并不仅仅是幼儿园的单方教育,而是家园双向的共同任务。在家园合作中,幼儿园方面应发挥更多的主动性、主导性,争取家长的理解和配合。同时,也可以通过发放宣传资料、创办宣传栏、开展家庭教育讲座、家长会等方式,向家长宣传科学育儿的知识及家长在学前儿童发展中的重要作用,帮助家长认识到家庭与幼儿园的合作伙伴关系,提高家长主动参与幼儿园教育的积极性。

2. 帮助家长树立正确的教育观念

家长的教育观念决定着家庭教育的内容、方法和教育的效果。许多家长因缺乏正确的教育理念而存在着不同程度的家庭教育误区:过于溺爱孩子而忽视了孩子独立能力的发展;过于重视智力开发而忽视了非智力因素的培养;过于关注孩子的学习结果而忽视了学习的过程……幼儿园教师应主动用科学的育儿观念和方法去引导家长,改变家长不正确的教育理念和急功近利的教育方式,通过家长学校、家长论坛、家长专题辅导等多种形式,帮助家长树立正确的儿童观和教育观,使家长端正认识,了解学前儿童的学习特点,掌握学前儿童的发展规律,充分认识到学前儿童教育的基础性、迟效性和不可逆转性,既不能对学前儿童放任自流,也不能娇惯溺爱、专制独裁,协助家长建立良好的亲子关系,创设民主平等的家庭教育环境。

3. 引导家长了解家庭教育的主要内容

幼儿园要借助家园合作的平台,向家长有目的地介绍有关家庭教育的主要内容,使家庭和幼儿园在教育内容上能够保持一致。

(1)健康领域:幼儿园应引导家长注意培养儿童良好的生活习惯,使孩子能按时睡觉,自己整理床铺,饮食定时定量,养成不挑食不偏食的好习惯;卫生习惯方面,养成饭前便后洗手,保持服装、环境干净整齐,学会正确的站、走、读、写等姿势;自我保护方面,帮助儿童了解必要的安全知识,不害怕打针吃药等;身体锻炼方面,鼓励儿童参加户外活动,提高幼儿健康水平。

(2)科学领域:幼儿园应引导家长重视培养儿童的求知欲与探索精神,鼓励儿童自己发现问题、提出问题、解决问题,发展儿童的思维能力;启发儿童观察周围事物,掌握一定的观察方法,提高观察能力。

(3)语言领域:幼儿园应引导家长要经常在家里和儿童一起看图书,讲故事,鼓励儿童大胆想象,自由讲述,能用语言表达自己的思想和需要,使用规范用语与人交流,掌握必要的语言倾听习惯。

(4)社会领域:幼儿园应引导家长注意培养儿童尊敬师长、诚实勇敢的良好品质,教给儿童与人交往的方法,培养儿童的责任感。

(5)艺术领域:幼儿园应引导家庭培养儿童感受美、表现美的情趣,重视儿童创造美的能力;日常生活中多和孩子一起亲近大自然,一起参加各类艺术活动,使孩子成为外在美和内在美的统一体。

4. 指导家长掌握科学的教育方法

幼儿园要向家长传授保教儿童的基本知识,帮助家长掌握儿童保健、营养、心理教育的技能,学会运用正确的方法教养孩子。如在营养方面,可以通过"家长园地"的展示,向家长介绍食物搭配指南;在能力锻炼方面,可以通过"家长座谈会"或"经验交流会",引导家长之间彼此学习好的教育方式,发展孩子多方面的能力;在日常生活方面,可以通过"家长讲座"的形式,引导家长改变对孩子事事包办代替的错误做法,放手让孩子学习整理自己的玩具、物品,注重独立性的培养。

(二)家庭方面

1. 幼儿园管理方面的合作

家长是儿童的法定监护人,家长有权了解并参与幼儿园的各项管理决策。家长参与的范围应涉及幼儿园的人、财、物、时空、信息等各个方面。家长参与内容的重点和中心应是具体的保教工作,幼儿园也应当承认并支持家长对幼儿园教育管理的决策权,遇事多与家长协商。

2. 幼儿园教育资源方面的合作

儿童家长是幼儿园的重要人力资源,家长可以凭借自己的一技之长参与幼儿园的保教工作,可以和儿童一起唱歌、玩游戏、协助保教人员带儿童外出游玩。家长还可以为幼儿园提供财力、物力方面的服务,如家长可以自愿捐款、捐物,为幼儿园组织的有益活动提供方便,同时还对幼儿园起到了一定的宣传和推广作用。

3. 儿童个别化教育方面的合作

每位儿童都是与众不同的独特个体,家长应主动向教师介绍儿童的个性特点及其在家庭中的生活习惯和行为表现,以便配合教师做好个别化的指导工作。同时,家长也可以根据日常生活中对孩子的了解,与教师一起参与制订孩子的个别教育计划,确定针对自己孩子的教育目标、内容、方法、步骤、重点、难点等。

4. 幼儿园教育质量评价方面的合作

儿童家长不是幼儿园的工作人员,他们为了孩子的合法权益,在监督与评估幼儿园教育质量的时候,更容易采取客观、公正和严肃的态度,因而能对幼儿园的教育质量起到很好的监督作用。家长是幼儿园教育质量的合作评估人,幼儿园也应发挥其自身的专业特点指导儿童家长留心观察,学会监督和评估学前儿童保教的各项工作。

三、幼儿园与家庭合作的基本原则

(一)地位平等,相互尊重

家园合作要求合作的双方即幼儿园教师和家长要有平等的态度,任何一方居高临下,以指挥者的姿态自居,都会让另一方退缩。这就要求,教师不能以自己是专业教育工作者,比家长懂得更多的教育知识、具有更强的教育能力自居,而应该把自己看成是与家长一样的儿童教育的主体,相互间是平等的伙伴关系,大家共同的目标是促进儿童的和谐发展。另一方面,家长要清醒地认识到,儿童既是自己的子女,也是国家的未来,自己有责任与教师共同完成培养孩子的重任,任何形式的不闻不问都是一种失职。同时,家长也应尊重教师的教育教学方式,肯定教师的教育成效,并大力支持教师的日常工作,积极参与幼儿园和班级组织的集体活动,与教师保持通畅的沟通与合作。

(二)合作伙伴,责任共担

家庭是人生教育的起点,父母是孩子生命中的第一任老师,家庭在个体发展中的特殊性决定了家庭教育对儿童的健康发展起着举足轻重的作用。而幼儿园是儿童集体生活的起点,是儿童跨进社会的第一步,也是儿童接受早期系统化教育的场所。二者虽然有着不同的教育内容和方法,但却有着共同的目标和责任,那就是各自发挥好自身的特有价值,在彼此合作中共同承担起教育好儿童的重任。

(三)协同配合,互惠互助

家庭教育与幼儿园教育是相辅相成的,教育双方应了解彼此的教育规律和特点,支持对方的教育形式和方法,在协同配合中发挥出"1+1>2"的教育效果。家园合作的方法有很多,双方应积极配合,及时反馈彼此的意见和看法,减少家庭教育与幼儿园教育之间的脱节现象,以更好地提高教育的有效性,达到互惠互利的效果。

四、幼儿园与家庭合作的途径与方法

我国著名的学前教育家陈鹤琴先生曾指出:"幼稚教育是一种很复杂的事情,不是家庭一方面可以单独胜任的,也不是幼稚园一方面可以单独胜任的,必须两方面结合方能得到充分的功效。"幼儿园教育的过程,既包括教师与儿童互动的过程,也包括教师与儿童家长互动的过程,二者借助有效的途径与方法,可以更好地促进儿童的和谐发展。

(一)幼儿园与家庭合作的途径

1. 正式途径

正式途径是指由幼儿园有计划组织的、比较正式的家庭教育指导活动,有一定的周期性,次数相对较少。家长开放日、亲子活动、家长联席会、育儿经验交流会、家庭访问等均属于正式的家园合作途径。

2. 非正式途径

非正式途径是指教师与家长沟通与互动中随机性地进行的教育指导活动,一般由家长主动提出,方式灵活,内容多样。入园离园时段的谈话、日常性的电话沟通、网络联系、家长园地等均属于非正式的家园合作途径。

(二)幼儿园与家庭合作的方法

1. 家长会

家长会是以幼儿园名义召开的,以班级为集体的家园联席会议。从时间上分,主要包括开学前的家长会、学期中的家长会和学期末的家长会。开学前的家长会一般放在学期初召开,主要目的是向本班家长集中介绍幼儿园在本学期的工作计划和安排。对于新入园的儿童家长主要介绍幼儿园的生活常规、儿童入园后可能会出现的问题以及希望家长做好儿童入园的相关准备工作等。学期中的家长会主要向家长通报开学以来儿童园的教育工作、儿童的发展情况、下半学期的工作重点和将要开展的主要活动等。学期末的家长会主要是在学期结束时向家长汇报整个学期幼儿园的工作、儿童的整体发展状况及对家长工作的感谢等。

2. 家长委员会

家长委员会是家长以富有建设性的姿态参与幼儿园决策的重要方式,通常由教育经验丰富、关心幼儿园教育的家长代表组成,定期不定期地召开会议。其目的是协助幼儿园与家长之间的联系,代表家长参与讨论幼儿园的课程设置、教学计划、环境布置、活动安排等问题。许多国家的幼儿园都设有家长委员会,但组织形式有所不同,如德国幼儿园的家长委员会由家长代表组成,参与幼儿园重大问题的协商与决策,幼儿园园长也由家长委员会征聘、选定。法国幼儿园的家长委员会由家长代表和教师组成,参与幼儿园重大事务的讨论和管理。我国幼儿园的家长委员会一般由各班家长推选1~2位家长组成,在园长指导下分工协作,参与主要活动的制定和实施,并阶段性地向家长汇报活动的情况和效果。

3. 家园联系册

家园联系册是以书面交流的形式开展的经常性的家园合作方式,儿童人均一册,由幼儿园和儿童家庭两个方面的基本情况组成。通过家园联系册,幼儿园可以定期向家长反映孩子的进步和不足,提出家长可以合作的内容和方法;家长则可以向幼儿园介绍孩子在家的日常表现,提出共同教育孩子的想法和建议,从而在幼儿园和家庭不定期的往返交流中,很好地实现家园合作的目的。

4. 家长开放日

家长开放日是幼儿园从实践层面来指导家长的一种重要形式。幼儿园可定期邀请家长来园参观园内活动,观摩教师组织的教学活动、游戏活动和生活活动,以增进家长对幼儿园日常教育教学工作的感性认识。开放日活动可以是家长在儿童入园前,对幼儿园整体环境、设施设备与师资力量等情况的参观、考察,也可以是儿童入园后的一日或半日活动的观摩。有条件的幼儿园还可以定期向社区0~3岁的儿童家长开放,让更多的家长直接参与幼儿园的各项活动,亲身感受幼儿园教育活动的特点及与家庭教育的不同。

5. 家庭访问

家庭访问是个别进行家园合作的一项经常性的工作。该方式目的明确,针对性强,而且灵活有效。家访前,教师要对儿童家长的职业、工作单位、文化程度等有所了解,事先确定好家访的主题,与家长约好时间,考虑好家访的方式,预防告状式、谴责式、浏览式的家访,并注意不要触及家长的隐私,以获取家长的信任。

6. 家庭教育讲座(报告会)

家庭教育讲座(报告会)是幼儿园根据家长最关心的和家庭教育中容易出现的问题,而专门开展的系统讲授科学育儿知识的一种家园合作方式。家庭教育讲座(报告会)可以定期或不定期进行,讲座的内容和方式多样,既可以由园长或教师讲授普适性的教育问题,也可以请专业人员进行专题式的讲座。

7. 家长经验交流会

家长经验交流会一般由有经验的家长现身说法,结合孩子的实际情况介绍自己好的教育经验,在交流互动中起到影响启发其他家长的目的。家长经验交流会一般不确定具体的主题,交流的时间较短,但说服力强,效果好,能充分发挥家长自我教育的作用。

8. 家长园地

家长园地是以文字或图片的形式介绍科学育儿的方法,帮助家长掌握儿童身心发展特点、保健营养、良好行为习惯的养成等信息的家园联系方式,通常开辟在园外大门口的橱窗和班级门口的墙壁上,以方便家长在接送儿童时阅读(如图10-1所示)。家长园地中的部分栏目相对固定,而部分栏目则需经常更换,特别是介绍本班活动内容的栏目一般是每周更换,其他内容的更换时间最长也不超过一个月。

图10-1 北京市北部新区幼儿园示例

9. 接送交流

儿童入园和离园时段,是教师和家长开展面对面交流的良好时机,虽然彼此间的交流时间不会太长,但教师借此主动向家长反映儿童在园的情况,家长也可以主动和教师交流孩子在家的表现,借助双方的信息沟通,可加深双方对儿童的了解,相互印证儿童在家与在园的表现是否一致及儿童在家生活与在园生活间的相互影响,以便家园双方及时、有针对性地共同探索最适合儿童成长的教育方案。通过直接的接送交流,可以达到家园双方互动沟通、共同培育儿童的目的。

10. 电话及网络交流

电话或网络交流是电子化的家园互动方式。电话与网络交流相比,更方便、快捷,是家园沟通的重要渠道。教师可以随时通过电话或短信方式告知家长儿童在园的情况,幼儿园近期的活动安排以及需要家长参与的活动等,而家长也可以通过电话向家长了解孩子的近期表现,咨询教育孩子的相关问题。伴随着网络的逐步普及,很多幼儿园也开始充分利用网络的功能,如微信、QQ、E-mail、BBS、博客等方式开展家园合作的活动。有的幼儿园已建立了自己的网站,把有关幼儿园的制度、教师个人情况、儿童学习情况、幼儿园的工作动态等公布在网站上,方便家长随时了解幼儿园和儿童的学习、生活。有的幼儿园网站上建立了家教论坛,不同儿童家长通过在网络平台上的言语互动,达到与教师和其他家长共同交流经验的目的。多形式的交流方式可以拉近家长与幼儿园之间的距离,增强教师与家长的情感交流,建立友好的合作关系,从而使教师与家长为了儿童的成长真正走到一起。

除了以上方法和途径外,每个幼儿园还经常有各自不同的独特方式,比如举行家长和教师的联欢活动,开展定期的亲子活动,发动家长为幼儿园贫困儿童募捐活动等有益的家园合作方式。

第三节 幼儿园与社区的合作

《幼儿园教育指导纲要(试行)》在组织与实施中提出:"充分利用自然环境和社区的教育资源,扩展幼儿生活和学习的空间。幼儿园同时应为社区的早期教育提供服务"。作为儿童成长中的重要场所,幼儿园除了为儿童提供健康、丰富的生活和活动环境,满足他们多方面发展的需要之外,还担负着与社区、家庭密切合作,综合利用各种教育资源的任务,社区在学前教育中有其特殊的意义与价值。

一、社区学前教育概述

(一)社区学前教育的概念

长期以来,我国学前教育的发展更多局限在幼儿园和托儿所这一单一、封闭式的教育方面。而实际上,学前教育是"家庭、幼儿园、全社会共同参与的、对全体出生至入小学前的儿童进行的综合性、整体性的"教育,社区儿童教育是学前教育事业的重要组成部分,学前教育与社区教育息息相关。

社区教育始于欧美发达国家、北欧福利国家和东南亚一些具有优良教育传统的经济新兴国家。社区学前教育以社区为依托,在社区中向儿童或全体居民广泛进行育儿知识、教养技术和教育观念培养的教育活动。社区学前教育将社会、幼儿园与家庭的教育连接与沟通起来,从而全方位地促进儿童的健康成长。社区教育是幼儿园教育的延伸与拓展,也是学前教育的一种非正规形式。

(二)社区学前教育发展的条件

社区学前教育的发展不仅取决于社区和幼儿园,还取决于国家政策和社会大环境的支持。

1. 国家政策和社会环境的支持

在我国,社区教育起步于20世纪80年代初期,它是在国家实行改革开放后,总结原有学校教育、家庭教育、社会教育相结合经验的基础上,借鉴国外社区教育的经验,从国内不同地域的实际出发,通过试点逐步发展起来的一种教育形式。社区教育的最初对象主要是青少年和中小学生,在世界各国逐步重视社区学前教育改革和发展的共同驱使下,我国的社区学前教育才开始在一些城市和农村悄然兴起。20世纪80年代末,我国在上海、河北等省市率先开展了社区学前教育最优化的研究,探索出了巡回学前教育辅导站、儿童家庭游戏场、草原流动幼儿园、巡回游戏大篷车等适合不同地区学前教育发展的教育形式,为众多学前儿童提供了更广泛的受教育场所和接受学前教育的机会。1992年,《九十年代中国儿童发展规划纲要》把社区教育作为深化教育改革的一项内容,提出了"发展社区教育,建立起学校(托幼园所)教育、社会教育、家庭教育相结合"的育人机制,由此开始把社区学前教育的问题提上了议事日程。而2001年教育部颁发的《幼儿园教育指导纲要(试行)》中也多次提到社区教育,强调幼儿园"要与家庭、社区合作,综合利用各种教育资源,为幼儿的发展创造良好的条件"。

除了国家政策的导向外,社会环境的变化也对社区教育的发展起到了推动作用。目前,城乡住宅商品化、小区化发展迅速,社区服务逐步完善,居民对社区的要求也由物质生活层面转向了社区文化教育的层面,而国家对小区配套幼儿园建设方面的严格规定,更进一步推动了社区学前教育的持续发展。

2. 社区的物质和人员条件

(1)社区物质环境。社区的物质环境是社区学前教育发展的环境条件,包括自然景观、地理环境、社区结构布局和设施设备等方面。社区结构布局的区域规划,公共教育、宣传、文化、娱乐、休闲等场所,社区文化中心、儿童活动中心的选址,周边环境和内部设施设备等,是开展社区学前教育所必备的物质和环境条件。

(2)社区管理机构。包括社区内党政机关、企事业单位、社会团体、社区教育行政部门、社区教育机构及社区教育力量的组织与管理等,它们对社区学前教育的实施产生着较大的影响作用。

(3)社区文化氛围。包括社区传统文化,民风习俗,道德风尚,价值观念,生产、生活方式和经验,审美情趣,网络文化等,它们为社区学前教育营造了浓厚的文化氛围,是社区学前教育资源的重要构成部分。

(4)社区工作者。包括志愿者、企事业人士、管理者、专家学者、离退休干部、儿童家长、各类教育工作者以及社会各界的先进人物、知名人士、各类专业特长的居民等,他们是社区教育的"生命载体",是教育资源开发和整合的基本力量。其中社区和学前教育机构的教育工作者和管理者是社区学前教育工作的主要力量。

(三)社区学前教育的类型

我国社区学前教育兴起于20世纪80年代,开展的时间虽短,但也逐步探索出了类型多样的社区学前教育。目前主要包括四种类型:以幼儿园为中心的社区教育,以社区街道、居委会为中心的社区教育,以社区学前教育指导中心为载体的社区教育和以家庭经验交流为特色的社区教育。

1. 以幼儿园为中心的社区教育

该类型的社区教育是以幼儿园为社区学前教育的组织者、实施者和协调者,利用幼儿园的办学资源和优势开展与社区共促共进、互惠互利的活动。如为了了解社区内学前儿童的基本情况,幼儿园可以把印制的"小区学前儿童情况调查表"委托居委会下发到有关的家庭。为了使更多的儿童和家长积极参与幼儿园的开放日活动,幼儿园可以通过邀请居委会的成员参观幼儿园的环境设施,了解幼儿园向社区开放的目的与意义来帮助幼儿园做好宣传发动工作。幼儿园还可以定期向社区学前儿童和家长开放,并将开放时间固定,形成开放制度,园内的图书阅览室、游戏场、户外活动设备和场地向社区儿童及家长开放,欢迎他们参与幼儿园的教育活动,或参加园内大型的聚会活动、开放日活动或跟班听课。幼儿园还应成为社区儿童与家长的文化中心,传播科学早期教育的中心,定期向社区家长提供卫生保健、科学育儿等义务性的咨询与讲座。

2. 以社区街道、居委会为中心的社区教育

该类型的社区教育是街道或居委会作为所辖行政区域的社区教育的组织者、实施者、监督者和协调者,以"优生、优育、优教"三优工程的社区服务及社区文化为着眼点,以融合社区教育资源、动员和协调社区内的家庭及成员积极参与社区内的各种学前教育活动为主要形式,围绕"三优工程"而开展的各种文化、娱乐、教育服务的活动。此种类型的社区学前教育突出的特征是"政府牵头、社会参与、双向服务",带有较强的行政管理和统筹社区学前教育资源的特点。

3. 以社区学前教育指导中心为载体的社区教育

该类型的社区教育是由独立设置或在社区内附设的"社区学前教育指导中心"作为社区学前教育的龙头机构，统合调配各类教育资源，通过理事会、学历教育、非学历教育、专题研究、教育咨询等手段面向社区学前教育行政管理者、教育工作者、教研员、家长、儿童等进行文化性、职业性、专业性和启蒙性的社区学前教育。社区学院是近年来在北京、上海等地出现并日益引起关注的新型教育形式，附设于内的"社区学前教育指导中心"可以融学前教育、家庭教育的学历与非学历教育、职业资格证书与休闲文化教育、各界委托项目与居民自治教育、儿童教育、心理问题咨询、诊断辅导与专题科研等为一体，是一种新型的社区学前教育办学实体。

4. 以家庭经验交流为特色的社区教育

该类型的社区教育是通过各种形式开展家教经验交流活动，发挥每位家长各自的专业所长和教育优势，融合家长的教育资源，促成家长与家长，家长与社区学前教育工作者之间的相互交流、经验共享和优势互补，共同提高家教质量和育儿水平，促成家长、学前教育机构以及社区之间的沟通交流、理解支持和平等合作，共同促进儿童的健康成长。此类型的社区教育要凝聚家长的教育力量，体现家教经验共享。

二、幼儿园与社区合作的意义

（一）利用社区资源，拓展幼儿园的教育内容

儿童的发展与健康成长，需要一个良好的社会环境，而社区则是儿童接触最多的日常社会环境之一，与儿童的成长息息相关。利用社区的各种资源可以达到优化幼儿园教育的作用。如某幼儿园开展的"我们的小区"主题活动，以自然、亲切的绿色环境呈现在儿童眼前，让儿童在轻松、愉快的情境下去感知环境的优美，使儿童萌生出热爱小区、爱护小区的情感，从而又引发了"我是环保小卫士"的环保主题活动的开展。在活动中，儿童主动为制止损害和破坏环境的行为"出谋划策"，还通过为小区设计环保标志，为小花小草浇水，捡塑料袋等活动，服务于社区；幼儿园还组织儿童以小记者的身份在社区内进行采访，了解社区的环境整治情况。社区资源的利用，还把孩子们从课堂中解放出来，走进广阔的自然和社会情境中学习，带给他们更充分、更自由的想象空间。它不仅拓展了儿童生活和学习的空间，加强了幼儿园教育与社会生活的联系，也丰富了学前教育的内容、方法、形式和手段，使幼儿园教育更贴近儿童的实际生活。

（二）为家长提供了多种类型的服务，开拓了学前教育的渠道

幼儿园与社区合作，共同为社区提供便民教育和服务。幼儿园教师可发挥自己的专业特长，为社区群众举办教育讲座，和社区一起建立家庭教育辅导站，开展指导家庭教育的活动，节假日可以帮助社区排练节目，协助开展文娱活动，还可以利用学前教育的资源在双休日向社区儿童开放，丰富儿童的园外生活。每个社区的文化是不完全相同的，幼儿园应从实际情况出发，借助和运用社区的教育资源，发挥社区的有利因素，为儿童的园外生活拓展教育渠道。如带领儿童在社区散步与玩耍，感受社区文化、认识和关心社区里的人、参加小型的社会实践活动等。

（三）促进社区居民与幼儿园的双向交流，提高社区服务水平

社区是幼儿园同儿童家庭教育合作的结合部，社区学前教育的开展，使得社区服务不再仅仅局限于提供生活方便，其文化教育、法律咨询和维权等方面的服务也会得到长足的发展。发展社区学前教育，可以进一步推动社区的精神文明建设，而社区的儿童活动中心和幼儿园又可以作为文化传播和教育的基地，发挥辐射、培训、宣传等多方面的作用。同时，幼儿园和社区合作开展各种类型的学前教育活动，又可以促进社区居民与幼儿园的双向交流，激发儿童家长对社区的关心，促进儿童家庭教育的社区化和幼儿园教育的社区化。

三、幼儿园与社区合作的途径

(一)挖掘教育资源,宣传学前教育理念

幼儿园应依靠社会各方力量挖掘社区内蕴藏的教育资源,向社区学前儿童提供经常性的教育支持。

物质环境方面,幼儿园应积极和社区合作,改善社区的物质教育环境,或创造条件为儿童兴建游乐场所、玩具图书馆和与儿童生活有关的服务设施如食品、用品、玩具等,并组织好儿童玩具、图书的出租和交换活动。

精神环境方面,幼儿园应主动协调社区工作人员,取得他们的共同支持与配合,对社区环境进行综合治理,净化儿童成长的精神环境,消除环境中对儿童成长不利的因素。同时通过深入广泛的宣传,使社区成员能逐步认识到社区学前教育的意义与价值,吸引大家参与社区学前教育中来,形成一个全社区共同关心、支持、参与学前教育的良好育人环境。

(二)幼儿园对社区开放,为儿童和家长提供有益的教育服务

幼儿园可利用周末、节假日等将自己的教育资源、游戏场所和玩具等向社区儿童和家长开放,以实现教育资源的共享。同时,幼儿园还可以为不同年龄阶段的儿童制订0~2岁、2~4岁、4~6岁等的社区活动计划,每月发给家长,使家长有目的地开展家庭教育。此外,幼儿园可定期为社区家长组织学前教育知识讲座,帮助家长树立正确的儿童观、教育观,提高家长的科学育儿水平。

(三)社区人员进入幼儿园,进行专门的教育活动

社区中各行各业的人员是幼儿园重要的人力资源,幼儿园可以根据教育教学的需要,邀请社区中的相关人员参与幼儿园的有关活动。如在爱家乡的教育中,可以请亲历了几代变化的老人来给儿童讲新旧城市的变化;在关爱生命的活动中,可以请社区的老司机给儿童讲解必要的交通规则;在消防安全的教育活动中,可以请社区中的消防员为儿童现场展示灭火的技能等。社区人员的亲身经历和专业特长,开阔了儿童视野,使教育活动更真实,效果更佳。

【本章练习题】

一、单项选择题

1. 属于阶段性家园联系方式的是(　　)。
A. 个别谈话　　　　　　　　　　B. 家庭访问
C. 书面联系　　　　　　　　　　D. 电话交流

2. 我国社区学前教育开始于(　　)。
A. 20世纪90年代初　　　　　　B. 20世纪90年代末
C. 20世纪80年代初　　　　　　D. 20世纪80年代末

3. 属于非正式家园合作途径的是(　　)。
A. 家长开放日　　　　　　　　　B. 家长园地
C. 亲子活动　　　　　　　　　　D. 家长联席会

4. 幼儿园从实践层面来指导家长的一种重要形式是(　　)。
A. 家园联系册　　　　　　　　　B. 家长委员会
C. 家长联席会　　　　　　　　　D. 家长开放日

二、简答题

1. 幼儿园与小学教育的不同之处是什么?
2. 幼儿园与家庭合作的方法与途径有哪些?

3. 幼儿园与社区的合作有何意义?
4. 如何做好幼儿园和社区的合作?

三、论述题

试根据幼小衔接中存在的问题谈谈如何有效开展幼小衔接的工作。

四、材料分析题

星期一,钱老师埋怨地说:"孩子在家过个双休日,再回到幼儿园后,许多良好行为习惯都消失了,真不知家长在家怎么陪孩子过的周末!"站在一旁的李老师也感慨道:"是啊,如果家长在周末也能按幼儿园的要求带孩子就好了!"钱老师接着说:"这些家长不按我们的要求去做倒也罢了,还经常给我们提这意见那意见,好像我们当老师的还不如他们懂得多,真拿这些家长没有办法……"

问题:请对两位老师的对话行为进行分析。

五、活动设计题

请根据下面的素材设计一节大班社会活动方案,要求写出活动名称、活动目标、活动准备和活动的主要环节。

儿童生来就对大自然中的水、土、大气、生物等有着浓厚的兴趣。但随着生态环境的不断恶化,儿童周围的生活环境也逐步变得浑浊起来。大班的王老师专门设计了一节主题为"我爱绿色家园"的社会活动,以从小培养儿童的环保意识,并养成自觉保护环境的文明习惯。

六、写作题

我国著名学前教育家陈鹤琴先生曾指出:"幼稚教育是一种很复杂的事情,不是家庭一方面可以单独胜任的,也不是幼稚园一方面可以单独胜任的,必须两方面结合方能得到充分的功效。"

综合上述材料引发的思考和感悟,写一篇不少于800字的议论文。

要求:用规范的现代汉语写作,角度自选,立意自定,标题自拟。

第十一章 幼儿园教师及其专业发展

本章概要

本章首先回顾了幼儿园教师职业化的发展历程,在详细描述了幼儿园教师职业特点和承担角色的基础上,又从幼儿园教师应该具备的专业理念与师德、专业知识和专业能力三个方面,全面介绍了幼儿园教师应该具备的专业标准,最后又对幼儿园教师专业发展的内涵、途径等进行了阐述。

第一节 幼儿园教师的职业特点及角色

一、幼儿园教师职业化的发展过程

幼儿园教师职业化的发展过程经历了一个从"非职业人员"到"一般职业人员"再到"专门职业人员"的过程,这个过程也是学前教育走向正规化、科学化和系统化的过程。在职业发展的过程中,幼儿园教师逐渐从家庭走向社会,从社会边缘走向中心,成为社会机构的正式工作成员。以我国为例,近现代幼儿园教师称谓经历了"乳媪—保姆—幼稚教师—教养员—幼儿园教师"的转变过程。这些转变既体现了社会、国家对于幼儿园教师职业角色规定的社会期待和认识,即教师观,也体现了幼儿园教师职业发展的变化历程[①]。

(一)乳媪或保姆阶段

我国近代社会的学前教育机构——蒙养院并没有专门从事蒙养教育的师资,这些机构主要利用育婴堂和敬节堂的乳媪、节妇以及谋生之贫妇充当师资,她们很多人并不识字。这样,"节妇、乳媪和贫妇"就成为近代我国第一批在专门学前教育机构中、由国家认可的、以正式身份出现的从事学前教育的人员。而后,1915年《国民教育令》规定,"蒙养院保育幼儿者为保姆","保姆需具有国民学校正教员或助教员之资格,或经检定之合格者充之"。可见,我国最早从事学前教育活动的相关人员身份比较复杂,当时的幼儿园教师主要来自三种人:①具有道德意义之乳媪、节妇,她们从事学前教育的目的在于社会需要认可、树立维护封建道德的"歌颂者"形象;②谋生之贫妇,她们从事学前教育的目的在于维持生计;③外来的日本保姆,她们引进了诸如"谈话、游戏"等属于学前教育专门特色的科目,带来了西方一些新的学前教育保育理念,而且确立了学前教育机构以道德教育为基本内容的专业教育,在一定程度上细化了保姆角色应该承担的责任。

从职业化的角度来看,当时的幼儿园教师具有以下特点:

(1)基本以封建的、国家的道德规范来确定其职业角色的边界,属于幼儿园教师职业自身的特质并

---

① 秦奕.幼儿园教师职业认同结构要素与关键主题研究.南京师范大学博士论文 2008:12-16.

未彰显。

(2) 教师的角色并非是一种基于社会分工需要而产生的结果。

(3) 教师本身并不具备作为一般职业应该具备的知识或技能,更谈不上终身从事职业的愿望,更多的是在其国家道德教育舞台上扮演"看护者"的角色。

(4) 没有专门关注教育对象本身的特殊性。也就是说,在这个阶段,我国的幼儿园教师并未真正产生,其职业的专门性也难以确立。

(二) 幼稚教师或保教人员阶段

现代社会我国幼儿园教师职业逐步走向独立合法化的主要标志在于从"保姆"到"幼稚教师或保教人员"的转变。1939年国民政府教育部颁布的《幼稚园规程》中明确规定了"幼稚教师"的角色——"教师是幼儿活动中的把舵者,要使幼儿跟着他的趋向而进行……教师是最后的裁判者,到幼儿不能解决时教师才可从旁启发引导……教师不但应有母亲和师长的知能,并须具有看护的身手,治病的常识"。同时代的我国老解放区也存在学前教育的"保教人员"的角色,他们大多是农村劳动妇女,文化水平有限,但他们富有艰苦奋斗和勇于开拓的创业精神,"许多保教人员克服了参考资料少、文化水平低、专业知识缺乏等困难,自力更生地为幼儿编写一些具有思想性、知识性、趣味性的儿歌、故事、游戏等作为教材"。

从"保姆"到"幼稚教师"的称谓变化,这种"师"的内涵对于幼儿园教师来说,强调的是一种作为专业教育者应当具有的态度。这一角色的规定要求教师要能够注意到幼儿特点开展教育教学;能主动克服困难为幼儿编写教材;能拥有为全体幼儿谋幸福的目标。可以说,这些角色规定具有了一定主动了解幼儿、帮助幼儿的教育者意识。某些主张在今天看来并非完全符合专业意义上的教师角色,但主动观察幼儿生活、学习幼儿保育常识、掌握学前教育专业知识等的要求,体现了"师"的角色正在添加到专门学前教育职业人员之中。

(三) 教养员或幼稚教师阶段

中华人民共和国成立之后,新中国开始了旧学前教育的改造与新民主主义学前教育建设的过程。1952年,《幼儿园暂行规程》将"幼稚教师"改名为"教养员",实行教养员责任制。教养员应对幼儿负全面教养的责任,"使幼儿全面发展;使教养内容和幼儿生活实际相结合;使幼儿习惯于集体生活"。应该说在称谓方面,幼儿园教师职业本身的发展并没有与当时新中国的社会发展同步。当时"人民教师"是社会主义国家对学校中从事教学工作的专业人员的通称,而在《幼儿园暂行规程》中强调幼儿养育和集体教养方式的"教养员",其实并没有与当时整个学校教育体系的基本要求同步。学前教育领域将"幼稚教师"改为"教养员",去掉了"师"的称谓。

"教养员"代表的幼儿园教师职业属性,其实更多是一种集体性教养意义上的管理者,强调整齐划一的教养方式在一定程度上提高了教师工作的效率,改变了以往教师等同于"保姆"或一般保教人员的局面。史慧中教授认为,在这一阶段学习苏联学前教育经验的过程中,"老解放区'一切为了革命,一切为了孩子'的精神以及所创造的保教结合的原则等宝贵经验,在当时没有受到足够的重视和传播,以至影响了对老解放区先进保教经验和资料的整理、保存和继承。这对建设我国自己的幼教理论是一大损失"[①]。

(四) 幼儿园教师阶段

20世纪80年代以后,在学前教育科学化、多元化的发展大背景中,幼儿园教师拥有了专门的职业化称谓——幼儿园教师,也能像其他各级各类学校的教师一样,获得社会的尊重和认可。1987年10月,国务院办公厅转发了国家教委等八个部门《关于明确幼儿教育事业领导管理职责分工的请示》的通知,将发展托幼事业提到了与民族素质密切相关的战略高度。1989年的《幼儿园工作规程》规定:"幼儿园教师对本班工作全面负责,其主要职责……结合本班幼儿的特点和个体差异,制订教育工作计划,并组织实

---

① 史慧中.中华人民共和国幼儿教育50年大事记.幼儿教育,1999(12).

施;观察、分析并记录幼儿发展情况;严格执行幼儿园安全、卫生保健制度;参加业务学习和幼儿教育研究活动;幼儿教师的职务实行聘任或任命制。"2001年作为《幼儿园工作规程》的下位文件《幼儿园教育指导纲要》也规定,"教师在教育过程中应成为幼儿学习活动的支持者、合作者、引导者"。应该说,"开展科学研究,探索建设有中国特色社会主义幼教体系的规律"是这一时期学前教育事业发展的主旋律,幼儿园教师职业的"专业性"开始得到重视。人们开始将幼儿园教师作为一个具有职业性的岗位加以认识:幼儿园教师不是无职业性的"保姆",也不是仅仅把孩子看好不出事故就可以的"儿童看护者",而是具有自主精神的专门学前教育从业人员。

在幼儿园教师称谓规定的变化中,我们看到了幼儿园教师职业角色的大致发展历程,在这些历程中,职业价值观的变化成为主流。幼儿园教师职业的发展与社会的整体发展特点紧密相关,并随着社会的变动而呈现出不同的特征。

二、幼儿园教师的职业特点

幼儿园教师作为一种专门职业,有其独特的职业特性。它要求教师要有系统的专业理论知识做支撑,有专门的技能做保证;要求教师以"儿童的利益高于一切"作为行动的原则;要求教师能"专业自主",能运用专业知识独立进行判断、决策[①]。与其他职业相比,幼儿园教师的职业特点表现在以下几个方面:

(一)教育对象的幼稚性

幼儿园教师的教育对象是幼儿,而幼儿的身心发展水平较低,身体器官的发育还不够成熟,思维具体形象,缺乏知识经验。幼儿成长发育的幼稚性,决定了幼儿园教师必须尊重幼儿身心发展的规律和学习特点,从幼儿的角度和知识经验水平来设计教育的内容和过程。例如,皮亚杰在研究儿童思维的过程中发现,学前儿童的思维常常是泛灵论的,即把无生命物体看作是有生命、有思想的东西来认识和解释。在幼儿园中,当看到孩子们把玩具当作有生命的伙伴进行交谈、玩耍时,幼儿园教师应能理解幼儿的此类行为,并融入孩子们设定的情境中与他们一起游戏、交流,而不是讥讽、嘲笑他们的幼稚行为。

(二)教育工作的全面性

从教育目标来看,幼儿园教师要对幼儿实施德、智、体、美等方面全面发展的教育,促进幼儿身心和谐发展。教师既要向幼儿传授文化科学知识和基本技能,又培养他们形成良好的道德品质和行为习惯,等等。从教育内容来看,幼儿园教师要在健康、语言、社会、科学、艺术五个领域,从不同的角度促进幼儿的情感、态度、能力、知识、技能等方面的发展。从教师服务的对象来看,幼儿园教师面向的是千差万别的幼儿,他们不仅有着不同的遗传因素、生活背景、个性差异等,而且处在快速成长和变化的时期。因此,幼儿园教师需要在同一个时空下对全体幼儿采取最适合的教育方式展开有差别的教育教学,并且为有特殊需要的幼儿提供更多的帮助和指导。教师在本着尊重、平等、合作的原则对待所有孩子的基础上,还要争取家长的支持和主动参与,并积极帮助家长提高科学育儿的水平。从教育实施的方式来看,学前教育的基本途径是寓教育于幼儿园的一日生活之中。这就要求教师应从入园、晨间活动、早操、早点、盥洗、教育教学活动、游戏活动、午餐、午睡、散步、午点、自由活动、兴趣活动、离园等各个环节的活动入手,以多种形式有计划、有目的地引导幼儿的发展。

(三)教育活动的创造性

《幼儿园教育指导纲要(试行)》指出:"教育活动的组织与实施过程是教师创造性地开展工作的过程。教师要从本地、本园的条件出发,结合本班幼儿的实际情况,制订切实可行的工作计划并灵活地执行。"每位幼儿的家庭环境不同,入园前的教养方式各不相同,他们的性格爱好及认知发展水平也各有差

---

① 教育部基础教育司组编.幼儿园教育指导纲要(试行)解读.南京:江苏教育出版社,2002:212.

异,再加上我国不同地区的自然环境和社会经济资源差别很大,使得幼儿园教师的劳动过程充满了挑战性。如何根据每位幼儿的特点,灵活地运用教育原则,采用不同的教育教学方法,使每位幼儿在各自的"最近发展区"内获得适宜的发展;如何随着教育情境的不断变化,在随机事件中迅速而正确地做出判断、开展教育;如何结合实际情况,不断更新教学方法,富有创造性地达成学前教育目标,是每位幼儿园教师需要面对的日常活动。

三、幼儿园教师的角色

社会是由各种错综复杂的关系组成的庞大系统。这一系统在和谐运转的过程中,往往会对处于某一社会位置的角色提出一定的要求,并为他们规定适合于其角色的行为规范,即角色期待。如果每一个体不按照适宜的角色期待行事,就会产生混乱的局面。例如,有一位刚从幼儿师范院校毕业的学生走上幼儿园教师工作岗位时,经常和幼儿一起打闹玩耍,孩子们可以扯她的耳朵、捏她的鼻子、叫她的名字,她觉得这样可以和孩子们打成一片,而且孩子们确实很喜欢她。但在组织集体教学活动时,这样的关系带来的是教学秩序的紊乱和教学组织过程的无序,且教学任务根本无法达成。究其原因就在于,这位新手教师对于自己的角色定位是不清晰的、混乱的。

幼儿园教师的角色即社会对幼儿园教师的期待,是与幼儿园教师的地位、身份相联系的被期待的行为。《幼儿园教育指导纲要(试行)》中明确指出,教师应成为幼儿学习活动的支持者、合作者、引导者。

(一)教师是幼儿学习活动的支持者

幼儿由于其身心发展的不成熟性,在学习和发展过程中会遇到各种各样的问题,他们需要教师的鼓励和支持。现代幼儿园教师应从传统的知识传授者转变为幼儿学习的支持者,通过观察幼儿的心理和外在变化了解幼儿已有的发展水平和当前最迫切的需要,进而提供必要的支持。教师对幼儿学习活动的支持包括创设物质环境的支持、提供同伴及集体的支持、形成安全心理环境的支持。

物质环境的支持主要体现在:为幼儿创设丰富的生活和活动环境。幼儿园及教室的空间、设施、活动材料等应有利于引发、支持幼儿的游戏和各种探索活动。教师应当及时补充幼儿感兴趣的学习资源,保证活动材料能够激发幼儿的兴趣和求知欲,让幼儿在活动中学习,在玩中学。

同伴及集体的支持主要体现在:幼儿园教师自身首先要有成为重要教育资源的意识,应学会敏锐观察幼儿遇到的困难,适时引导、启发幼儿进行思考和动手操作,耐心倾听幼儿的想法和感受,并积极促进幼儿与同伴之间的交流合作。传统的学习只被视为幼儿个体的活动,是一种"孤独式"的学习。然而,幼儿在同伴群体中是能够互相观察模仿、讨论协商的,他们是在合作中学习和发展各种社会行为和解决问题的能力的。因此,教师要支持幼儿形成合作性的学习氛围,鼓励幼儿结成小组开展学习。

心理环境的支持主要体现为:教师对幼儿尊重、接纳的态度,以幼儿的眼光理解世界,对幼儿自发的探究活动、新异想法和发现给予支持、肯定和鼓励。尊重和接纳的态度是通过行为表现出来的,例如,在与幼儿交谈时,应该尽量蹲下身体或弯下腰,与幼儿的目光保持在同一水平线上;教师与幼儿的交谈要多用商量的语气,而不要用命令、威胁或高压式的口气。

(二)教师是幼儿学习活动的合作者

教师是幼儿学习活动的合作者,是指教师应以幼儿伙伴的角色参与到幼儿的活动中去,分享幼儿的内心世界,同幼儿一起体验探索并成为"更有能力"的伙伴,而不是去"管"孩子。在活动中,教师要与幼儿一起运用已有的知识经验,通过实际操作获得新的经验,共同促进学习活动的不断延伸,形成合作探究式的师幼互动。充分了解幼儿的兴趣需要和认知水平是教师设计课程活动方案的前提和基础,而教师作为幼儿的合作伙伴一起活动,不仅有助于教师更深入地了解幼儿的特点,而且能够在活动中随时根据幼儿的反馈信息及时调整活动内容和活动形式,更好地激发幼儿思维的积极性,提高幼儿的参与性。同时,在合作学习中,教师也能够从幼儿身上获得更多的灵感和教育的智慧,师幼双方在合作中共同成长。

(三)教师是幼儿学习活动的引导者

幼儿园教师在理解和尊重幼儿的基础上,应当结合所学习的与幼儿成长相关的心理学与教育学知识,帮助幼儿充分发挥各种潜能,成为幼儿学习和发展的促进者和引导者。人本主义心理学家罗杰斯认为衡量一个教师优秀与否的标准是"看他有多大的创造性以促进学习,以保持或激发学生对学习的热爱"[1]。因此,教师作为幼儿学习活动的引导者,要善于发现幼儿在一日生活中感兴趣的事物和偶发事件中所隐含的教育价值,从而把握时机,积极引导幼儿朝着"完整儿童"的培养目标发展。幼儿园教师要想扮演好引导者的角色,就必须了解幼儿当前的学习需要和面临的问题与冲突,进而找出它们与教育目标之间的联系,通过适时介入来引导幼儿不断发展。当幼儿遇到困难来向教师寻求帮助时,教师首先应考虑是否要"介入"以及"介入"的程度如何。如果幼儿对面临的问题毫无知识经验,教师应当提供探索的思路和线索,引导活动进一步深入;如果幼儿已经形成了自己的思维逻辑,教师应当尊重并推动幼儿按照他们的想法开展活动,鼓励幼儿分享自己的经验,并逐步提升他们的经验水平,使幼儿获得成功和满足的体验。

第二节 幼儿园教师的专业标准

2012年2月,我国教育部正式颁布了《幼儿园教师专业标准(试行)》(以下简称《专业标准》)。《专业标准》的出台,将极大地促进我国教师专业水平的提高,对于建设教师专业标准体系,严格实施教师准入制度,提高教师队伍的整体素质,提升教育质量,促进学前教育均衡发展和教育公平都将发挥重要作用[2]。该《专业标准》中提出了作为一名合格幼儿园教师应达成的三项专业要求:专业理念与师德、专业知识和专业能力。

一、幼儿园教师的专业理念与师德

(一)幼儿园教师的职业道德

幼儿园教师的职业道德,即幼儿园教师在从事学前教育工作中应履行的行为规范和道德准则的总和。《专业标准》中,把"师德为先"作为幼儿园教师专业标准的基本理念之一,并提出了"热爱学前教育事业,具有职业理想,践行社会主义核心价值体系,履行教师职业道德规范,依法执教。关爱幼儿,尊重幼儿人格,富有爱心、责任心、耐心和细心;为人师表,教书育人,自尊自律,做幼儿健康成长的启蒙者和引路人"的基本要求。

对于学前时期的幼儿来讲,他们的模仿性很强但分辨是非的能力却较弱。可以说,幼儿很多的知识和经验不是来自于正规的教学活动,而更多是来自于日常生活中对成人的模仿和环境等潜移默化的影响。幼儿园教师作为幼儿园内专门从事教育教学活动的专职人员,他们除了要用自己的专业技能向幼儿传递粗浅的知识和经验外,更主要的是通过自己的人格魅力和道德力量,言传身教地影响幼儿的发展。

1. 对待事业,要爱岗敬业

爱岗敬业是幼儿园教师职业道德的基础和前提,凸显了责任对教师的重要性。教师只有热爱学前教育事业、理解幼儿保教工作的意义,才会真正感受到教育孩子的价值,才能心甘情愿地知难而上,乐于奉献。教师的根本任务是教书育人,强烈的责任感是教师自觉、积极的职业态度形成的基础,是教师教育教学和自身发展的重要精神动力,也是教师献身教育工作的根本动力。每位幼儿园教师都应该始终牢记自

---

[1] 刘晶波著.师幼互动行为研究——我在幼儿园里看到了什么.南京:南京师范大学出版社,1999:1.
[2] 教育部教育工作司组编.幼儿园教师专业标准(试行)解读.北京:北京师范大学出版社,2013:前言

已的神圣职责,既然选择了幼儿园教师这个职业,就要尊重自己的选择;对学前教育工作时刻抱着积极的态度,把职业责任变成自觉的道德义务,有为学前教育事业做出贡献的决心和信心。

2. 对待幼儿,要接纳热爱

关爱幼儿是教师职业道德的灵魂。苏霍姆林斯基说过:"教育技巧的全部奥秘也就在于如何爱护儿童。"热爱学前是教师热爱学前教育事业的集中体现,也是良好师幼关系得以存在和发展的基础。教师热爱幼儿,幼儿就会信赖教师、愿意听教师的话,教师便能真正走进幼儿的内心深处,引导幼儿求真向善。作为专业的教育者,教师的爱应该是普遍而广泛的。每位幼儿都有各自不同的性格特征和学习特点,教师应该认识到这些差异的普遍存在,并充分尊重幼儿的差异,平等地对待每一位幼儿,促进他们富有个性地全面发展。

3. 对待家长,要尊重合作

家长是幼儿园重要的合作伙伴,幼儿园教师要本着尊重、平等、理解、合作的态度,采用多种方式(例如可以通过召开家长座谈会、家访、网络等方式)与家长保持密切联系,主动及时地沟通幼儿在园的表现,增进理解,相互支持。无论是幼儿园教师的职责,还是其专业教育者的地位,都要求教师在与家长的合作关系中处于更积极主动的位置。教师一方面要积极争取家长对幼儿园工作的理解、支持和主动参与,另一方面要以专业化的知识和判断帮助家长更新教育观念、改善教育行为、提高教育能力,共同促进幼儿的健康发展。

美国学者琼斯与西鲍特根据互动行为主体的相倚状况,把人际互动划分为四种类型:假相倚、非对称性相倚、反应性相倚和彼此相倚[①]。其中,非对称性相倚指的是一方以对方的反应作为自己行为的根据,另一方则主要对自己的计划做出反应,这是一种不平等的相倚。幼儿园教师与家长的互动中更多是处于非对称性相倚的状态,只是这种非对称状态中的主动权并不固定,它可能随不同园所、不同教师个体,甚至不同情境而发生变化。

4. 对待同事,要团结协作

良好的同事关系是教师成长的重要环境。教师在与同事相处时,要以尊重、信任为基本前提,既要有对自己正确的评价,也要有对他人全面、客观的评价。幼儿园教育教学任务的完成、班级保教工作的开展等都是教育者集体劳动的结果,需要许多教师协调一致、相互支持、友好合作,从而形成最大的合力。因此,幼儿园教师要有团队协作的意识,互相尊重,取长补短。在互相交往的过程中实现思想上的互助、信息上的互换、情感上的融洽和知识上的融合,从而完善自我,提高整个教师队伍的综合素质和专业化水平。

5. 对待自己,要以身作则

以身作则、为人师表是幼儿园教师职业道德的重要内容,这是由教师劳动的示范性特点和幼儿的模仿性、可塑性强的特点所决定的。教师必须在思想品德、生活方式、言谈举止等各方面严格要求自己,对繁重紧张的工作有较强的承受能力,能够精力充沛地投入工作,以自己的人格影响幼儿,引导他们健康成长。同时,教师要理解幼儿园教师的专业性和独特性,明确教师的育人职责,注重自身专业发展。根据新时期教育改革和发展的要求,积极探索科学的教育规律,保持乐观进取的工作态度,不断提高教育教学能力和水平。

(二)幼儿园教师的专业理念

幼儿园教师的专业理念是指幼儿园教师"在对教育工作本质理解基础上形成的关于教育的观念和理性认识"[②],是指引教师进行专业思考的方式和行为举止。幼儿园教师所持有的专业理念会直接决定其组织保教活动的目的、内容和方式,影响其保教活动的效果及其专业发展的方向[③]。幼儿园教师的专业

---

① 刘晶波著. 师幼互动行为研究——我在幼儿园里看到了什么. 南京:南京师范大学出版社,1999:234.
② 叶澜. 新世纪教师专业素养培养初探. 教育研究与实验,1998(1).
③ 教育部教育工作司组编.《幼儿园教师专业标准(试行)》解读.北京:北京师范大学出版社.2013:55.

理念主要体现在三个方面。

1. 对幼儿的态度与行为

"对幼儿的态度与行为"是从儿童观的角度对一名合格幼儿园教师应具备的专业理念的规定与要求,是作为"成年人"的幼儿园教师对"幼儿生活世界"的观点和看法。幼儿园教师在对待幼儿时应树立以下的专业理念:

(1)关爱幼儿,重视幼儿身心健康,将保护幼儿生命安全放在首位。

(2)尊重幼儿人格,维护幼儿合法权益,平等对待每一个幼儿。不讽刺、挖苦、歧视幼儿,不体罚或变相体罚幼儿。

(3)信任幼儿,尊重个体差异,主动了解和满足有益于幼儿身心发展的不同需求。

(4)重视生活对幼儿健康成长的重要价值,积极创造条件,让幼儿拥有快乐的幼儿园生活。

2. 对幼儿保育和教育的态度与行为

"对幼儿保育和教育的态度与行为"是从保教观的角度对一名合格幼儿园教师应具备的专业理念的规定与要求,是教师对幼儿园保教活动的作用、内容、方式、效果等的认识与理解。幼儿园教师在正确对待保育活动和教育活动时应树立以下专业理念:

(1)注重保教结合,培育幼儿良好的意志品质,帮助幼儿形成良好的行为习惯。

(2)注重保护幼儿的好奇心,培养幼儿的想象力,发掘幼儿的兴趣爱好。

(3)重视环境和游戏对幼儿发展的独特作用,创设富有教育意义的环境氛围,将游戏作为幼儿的主要活动。

(4)重视丰富幼儿多方面的直接经验,将探索、交往等实践活动作为幼儿最重要的学习方式。

(5)重视自身日常态度言行对幼儿发展的重要影响与作用。

(6)重视幼儿园、家庭和社区的合作,综合利用各种资源。

二、幼儿园教师的专业知识

幼儿对周围世界的认识是表面的、肤浅的,但也是广泛的、全面的。教师作为幼儿获得知识的启蒙者、传递者,唯有具备广博而科学的知识,才能深入浅出、正确无误地回答幼儿的问题,丰富他们的知识。一名合格的幼儿园教师应该是一位"通才",既要精通一门学科,又要广泛涉猎其他学科。教师的知识储备越广博,越能将知识讲解得生动透彻,增强幼儿的求知欲。《专业标准》中提出,幼儿园教师应拥有"幼儿发展知识""幼儿保育和教育知识"和"通识性知识"三个部分的专业知识。

(一)幼儿发展的知识

全面深入地了解有关幼儿的各方面知识,是幼儿园教师开展有效教育教学活动的基础和前提。幼儿园教师应该拥有的关于幼儿发展的知识包括:

(1)了解关于幼儿生存、发展和保护的有关法律法规及政策规定。

(2)掌握不同年龄幼儿身心发展特点、规律和促进幼儿全面发展的策略与方法。

(3)了解幼儿在发展水平、速度与优势领域等方面的个体差异,掌握对应的策略与方法。

(4)了解幼儿发展中容易出现的问题与适宜的对策。

(5)了解有特殊需要幼儿的身心发展特点及教育策略与方法。

(二)幼儿保育和教育的知识

拥有保育和教育的知识是指导幼儿园教师的保教实践,提高教师的保教能力的基石。幼儿园教师应必备的保育和教育知识包括:

(1)熟悉幼儿园教育的目标、任务、内容、要求和基本原则。

(2)掌握幼儿园各领域教育的学科特点与基本知识。

(3)掌握幼儿园环境创设、一日生活安排、游戏与教育活动、保育和班级管理的知识与方法。

(4)熟知幼儿园的安全应急预案,掌握意外事故和危险情况下幼儿安全防护与救助的基本方法。

(5)掌握观察、谈话、记录等了解幼儿的基本方法和教育心理学的基本原理和方法。

(6)了解0~3岁婴幼儿保教和幼小衔接的有关知识与基本方法。

(三)通识性知识

对于幼儿园教师来说,通识性知识既是孕育教师文化素养和教育素养的"土壤",也是教师必备的教学内容知识。幼儿园教师应掌握的通识性知识包括:

(1)具有一定的自然科学和人文社会科学知识。

(2)了解中国教育基本情况。

(3)具有相应的艺术欣赏与表现知识。

(4)具有一定的现代信息技术知识。

三、幼儿园教师的专业能力

专业能力是幼儿园教师专业化发展在教育实践中的集中表现,它直接影响着幼儿园的保教质量和幼儿的学习与发展。幼儿园教师应具备以下七大方面的专业能力。

1. 环境的创设与利用能力

幼儿园教师应具备环境创设与利用的能力,为幼儿创设丰富多样的环境,支持、引导和促进幼儿与环境的互动,使幼儿在适宜的环境中获得良好的发展[1]。幼儿园教师应具备的环境创设与利用能力包括:

(1)建立良好的师幼关系,帮助幼儿建立良好的同伴关系,让幼儿感到温暖和愉悦。

(2)建立班级秩序与规则,营造良好的班级氛围,让幼儿感受到安全、舒适。

(3)创设有助于促进幼儿成长、学习、游戏的教育环境。

(4)合理利用资源,为幼儿提供和制作适合的玩教具和学习材料,引发和支持幼儿的主动活动。

2. 一日生活的组织与保育能力

有质量的幼儿园教育需要科学合理地组织幼儿的一日生活,给予幼儿良好的生活照料和适宜的教育,充分体现保育和教育的结合。幼儿园教师应具备的一日生活的组织与保育能力包括:

(1)合理安排和组织一日生活的各个环节,将教育灵活地渗透到一日生活中。

(2)科学照料幼儿日常生活,指导和协助保育员做好班级常规保育和卫生工作。

(3)充分利用各种教育契机,对幼儿进行随机教育。

(4)有效保护幼儿,及时处理幼儿的常见事故,危险情况优先救护幼儿。

3. 游戏活动的支持与引导能力

游戏是幼儿的基本活动,是幼儿的生活方式和存在方式,幼儿园教师应该拥有以下有效支持和引导幼儿开展游戏活动的能力:

(1)提供符合幼儿兴趣需要、年龄特点和发展目标的游戏条件。

(2)充分利用与合理设计游戏活动空间,提供丰富、适宜的游戏材料,支持、引发和促进幼儿的游戏。

(3)鼓励幼儿自主选择游戏内容、伙伴和材料,支持幼儿主动地、创造性地开展游戏,充分体验游戏的快乐和满足。

(4)引导幼儿在游戏活动中获得身体、认知、语言和社会性等多方面的发展。

4. 教育活动的计划与实施能力

专业的幼儿园教师应具有计划和实施充分体现幼儿园教育特点的教育活动的能力,科学地设计和实施幼儿园教育活动。该方面的能力包括:

(1)制定阶段性的教育活动计划和具体活动方案。

---

[1] 教育部教育工作司组编.《幼儿园教师专业标准(试行)》解读.北京:北京师范大学出版社,2013:105.

(2)在教育活动中观察幼儿,根据幼儿的表现和需要,调整活动,给予适宜的指导。

(3)在教育活动的设计和实施中体现趣味性、综合性和生活化,灵活运用各种组织形式和适宜的教育方式。

(4)提供更多的操作探索、交流合作、表达表现的机会,支持和促进幼儿主动学习。

5. 激励与评价能力

评价是幼儿园教育过程的重要组成部分,是改进学前教育和促进幼儿良好发展的重要手段。幼儿园教师应具备的激励与评价能力包括:

(1)关注幼儿日常表现,及时发现和赏识每个幼儿的点滴进步,注重激发和保护幼儿的积极性、自信心。

(2)有效运用观察、谈话、家园联系、作品分析等多种方法,客观地、全面地了解和评价幼儿。

(3)有效运用评价结果,指导下一步教育活动的开展。

6. 沟通与合作能力

学前教育是一个由多方资源构成的网络系统,幼儿园教师就是协调好各方面资源与关系的纽带和桥梁。幼儿园教师应具备的沟通与合作能力包括:

(1)使用符合幼儿年龄特点的语言进行保教工作。

(2)善于倾听,和蔼可亲,与幼儿进行有效沟通。

(3)与同事合作交流,分享经验和资源,共同发展。

(4)与家长进行有效沟通合作,共同促进幼儿发展。

(5)协助幼儿园与社区建立合作互助的良好关系。

7. 反思与发展能力

反思与发展能力包括幼儿园教师的反思能力和自我发展能力。该项能力具体包括以下能力:

(1)主动收集分析相关信息,不断进行反思,改进保教工作。

(2)针对保教工作中的现实需要与问题,进行探索和研究。

(3)制定专业发展规划,积极参加专业培训,不断提高自身专业素质。

第三节 幼儿园教师的专业发展

一、教师专业化和教师专业发展

教育的质量取决于教师的质量。所有试图改进教育质量或使学校工作更具活力的努力,都必须完全立足于教师能力的提高。基于对教育现实的担忧与教师教育质量的关注,教师专业化和专业发展的问题成了近年来世界各国教师教育研究的重要课题。

(一)教师专业化

一个普通的职业群体通过努力探索不断走向成熟,逐渐建立起专业标准,成为专门的职业,并获得相应社会地位的过程就是专业化的过程。教师专业化是按照一定的专业标准,通过一系列的措施和途径,使教师职业由现在的半专业化、准专业状态或"形成中的专业",逐渐转变发展为专业状态的过程。

教师专业化包括个体专业化和群体专业化两个方面,即教师个体专业水平不断提高与教师群体为争取教师职业的专业化地位而努力奋斗的过程。1995年,第45届国际教育大会提出"专业化"作为一种改善教师地位和工作条件的策略,指出"教师不仅是一种行业,更是一种专业,具有像医生、律师一样的专业不可替代性"。《中华人民共和国教育法》明确规定"教师是履行教育教学职责的专业人员"。从法律上确认了教师的专业地位。

狭义的教师专业化指的是个体专业化,是教师在整个职业生涯中,通过终身教育训练,获得教育专业知识,实现专业自主,表现专业道德并逐步提高自身专业素质,成为一个良好的教育工作者的历程。这是教师个体专业成长的过程,是一个动态的发展过程,具有累积和持续的特性[①]。教师专业化不仅要求有职业资格认证等外在的制度保障,而且还要求教师群体和教师个体能够自觉地完善自身的专业结构,并在持续地学习中走向专业化的发展历程。

(二)教师专业发展

从广义上来讲,教师专业化和教师专业发展两个概念是相通的,均指加强教师专业性的过程。但在对照使用时,两者还是存在着一定的差异。教师专业化更多是从社会学角度加以考虑的,主要强调群体的、外在的专业性提升;而教师专业发展更多是从教育学维度加以界定的,主要指教师内在专业结构不断更新、演进和丰富的过程[②]。

教师专业发展的历程并不平坦,主要经历了"由忽视到逐步关注、由关注教师专业群体专业化转到关注教师个体专业发展、由关注专业发展的'外部'环境和对社会地位的认可转到关注'内部'专业素质提高"的发展过程[③]。而"为了提升教师专业化程度,人们起初采用的是群体专业化策略,即着力于提高教学工作的专业化水平"[④]。此后,教师专业化的重点由群体转向个体。"教师个体的专业化也经历了一个重心转移的过程,先是强调教师个体的被动专业化,后来才转向强调教师个体的主动专业化,即教师专业发展"[⑤]。

由此看来,从"教师专业化"向"教师专业发展"的转变,不仅仅是概念词汇的不同,而是一种观念上的改变。这种观念的改变促使包括学前教育在内的各级各类教育从强调教师群体的、外在的专业性提升转向了强调教师个体的、内在的专业性发展,并开始把教师自身作为专业发展的主体。

二、幼儿园教师专业化和幼儿园教师专业发展

(一)幼儿园教师专业化

美国学前教育专家凯茨曾经指出,专业化的幼儿园教师常常表现为在教育工作中能运用高级缜密的知识作为判断和行事的标准。具有这种专业素质的幼儿园教师能够"抓住幼儿抛过来的球,并把它及时准确抛回去",在持续往复的互动中,还能不断创造出新的内容来,而非专业化的教师在幼儿园教育中的表现则大相径庭。比如,当幼儿之间出现矛盾、冲突时,专业教师的第一反应是"我能利用这个机会让儿童学习些什么",着眼于幼儿长远的发展;而非专业教师的反应则往往是"发生了什么事情",仅仅注重当前情况,只想尽快地结束纠纷。

全美学前教育协会(NAEYC)也指出,幼儿园教师的专业化应体现在:对幼儿发展有着深刻的理解和体悟,将心理学、教育学知识运用于实践;善于观察和评量幼儿的行为表现,以此作为课程计划的依据和设计个性化课程的依据;善于为幼儿营造和保持安全、健康的氛围;计划并履行适宜幼儿发展的课程,全面促进幼儿的社会性、情感、智力和身体方面的发展;与幼儿建立积极的互动关系,成为幼儿发展的支持力量;与幼儿家庭建立积极有效的关系;支持幼儿个体的发展和学习,使幼儿在家庭、文化、社会背景下得到充分的理解;对教师专业主义予以认同[⑥]。

---

① 张燕主编.幼儿教师专业发展.北京:北京师范大学出版社,2006:25.
② 叶澜主编.教师角色与教师专业发展新探.北京:教育科学出版社,2001:226.
③ 叶澜主编.教师角色与教师专业发展新探.北京:教育科学出版社,2001:203.
④ 白益民.教师的自我更新:背景、机制与建议.华东师范大学学报(教育科学版),2002(4).
⑤ 白益民.教师的自我更新:背景、机制与建议.华东师范大学学报(教育科学版),2002(4).
⑥ 程妍涛,徐鸿著.幼儿教师专业生活论.济南:山东人民出版社,2010:13.

（二）幼儿园教师的专业发展

在关于什么是教师专业发展的问题上，国内外有很多不同的看法，概括起来，主要有两种基本的理解：一是指教师的专业成长或教师内在专业结构不断更新、演进和丰富的过程；二是促进教师专业成长的过程，即我们所说的教师教育。本书中所提到的专业发展主要是指第一种。

幼儿园教师的专业发展，是指幼儿园教师从非专业人员成为专业人员且不断提升自己的专业品质的过程①，也是对教师个体的专业生活进行重组、对教育行动的意义重新理解与发展的过程。当代的学前教育，已经把幼儿园教师的专业发展作为了重要的研究领域，并采取了种种手段和方法来提高幼儿园教师的专业发展质量。《幼儿园教育指导纲要（试行）》中对幼儿园教师角色的界定，又进一步对广大幼儿园教师提出了新的挑战。在新的时代要求下不断提升自身的专业品性，成为幼儿园教师面临的重要命题。《幼儿园教师专业标准（试行）》从专业理念与师德、专业知识、专业能力三方面提出了幼儿园教师专业发展的维度。

三、幼儿园教师专业发展的途径

幼儿园教师专业发展的途径可以从社会、幼儿园和教师个人这三个角度划分为三种形式，即终身专业学习、团队专业学习和行动研究学习②。

（一）终身专业学习

"终身教育"这一理念，是在1965年联合国教科文组织主持召开的成人教育促进国际会议期间，由保罗·朗格朗正式提出来的，当前已经在世界范围内广泛应用，并成为一种教育发展与改革的思潮。其主要目的是提醒人们应该把教育看成是个人一生中连续不断的学习过程，既包括正规教育，又包括非正规教育。教师要认识到终身学习不仅是知识经济时代社会发展的客观要求，也是教师职业生涯发展的要求。教师面向的对象是具有主动性的人，教师工作的结果会直接影响到幼儿的知识视野和思维深度。教师面对的环境是永远处于变化之中的，没有一种方法可以"放之四海而皆准"。因此，在当今学习化的社会里，幼儿园教师应将所有职前、职后教育，校内、校外教育，都融入终身教育的体系之中，主动唤起自身学习的主动性、积极性和创造性。在职前学习期间，要增强学习动机、明确学习任务；在职后的培训过程中，要善于有针对性地学习如何解决工作中遇到的实际问题，增强自学能力。

（二）团队专业学习

教师学习共同体是借助团队成员的智慧促进教师个体专业发展的一种有效形式。共同体是一个社会学的概念，它是由德国社会学家滕尼斯提出的，用来强调人与人之间的紧密关系、共同的精神意识和对"共同体"的归属感与认同感。教师学习共同体实际上就是教师们聚在一起形成一个团队从而进行学习的一种方式。共同体成员需要有共享的信念和目标、园领导的支持和环境的支持，进而形成教学研合一的学习形式。教师学习共同体的意义就在于大家能够互相学习，分享各种学习资源，促进同事之间的相互支持与合作，并将教育理论与现实中的教育问题相结合，增强教育教学的效果。例如，幼儿园教师之间可以组织观摩教学活动，相互学习、相互评价，共同促进教育教学能力的提升。

瑞吉欧教育体系的代表人物马拉古兹认为，"教师必须放弃孤立、沉默的工作模式"，加强同事之间的交流，提倡教师的团队学习。因为团队学习能够激发集体的思维，培养合作的能力，加快学习的速度，进而发挥更大的学习效果。重视成员之间的共享性交流是团队学习的特征之一。在瑞吉欧教师成长的过程中，同事之间的交流十分常见，而且每周平均会有6小时的时间，专门用于教师之间的交流和讨论，

---

① 顾荣芳.论幼儿园教师专业发展的本质.幼儿教育,2005(3).
② 杭梅主编.幼儿教育学.高等教育出版社,2009:61.

以便有效地解决教学实践中出现的问题。幼儿园应当充分发挥团队学习的优势,引导教师形成学习共同体,以灵活多样的形式,围绕教师在教学过程中遇到的问题,通过集体的智慧予以解决,进而在彼此的教育和自我教育中促进教师个体的专业发展。

(三) 行动研究学习

自20世纪30—40年代科利尔(Collier)和卢因(Lewin)明确提出并实施行动研究以来,行动研究在包括教育在内的许多领域都开始了尝试,并在不断探索的过程中走向了丰富与深入的研究。行动研究于20世纪80年代传入我国教育领域之后,越来越受到教师的青睐。行动研究首先是"为行动的研究",其次是"对行动的研究",再次是"在行动中的研究"。由此可以看出,行动研究中的人员,就是将要应用研究结果的人,并且研究结果的应用者也是研究的产生者。这种双重身份的整合,使得研究的过程实际上成为研究者不断学习和发展的过程①。

美国著名学者波斯纳认为:"没有反思的经验是狭窄的经验,只有经过反思,经验方能上升到一定的理论高度,并对后继教学行为产生影响。"②而行动研究的主要特征就是由行动者自己担任行动人员,以行动本身为研究主题。幼儿园教师在现实的教育情境中以一种研究者的态度自觉主动地反思自身的教育理念是否正确、教育行为是否恰当,不断研究幼儿的心理及行为特点,探索和尝试适合不同幼儿的教育方法,最终达到自身知识的完善和教育的最优化。

近年来的大量研究成果表明,以先进的理论为指导,立足教育实践场所的行动研究是幼儿园教师成长的重要途径,它将影响教师专业发展的内部和外部因素有机地统一起来。而学前教育实践性强的特点也决定了,幼儿园教师要想成为有专业品性的教师,就必须成为自身实践的研究者,具有研究意识和能力,关注每一次教育活动和周围发生的教育现象,对日常工作保持一份职业敏感和反思探索的习惯,善于从工作中发现问题并不断地对自己的教育行为进行改进。

【本章练习题】

一、单项选择题

1. 我国幼儿园教师的角色经历了以下哪种转变过程( )。
A. 教养员—保姆—幼稚教师—幼儿园教师
B. 教养—幼稚教师—保姆—幼儿园教师
C. 保姆—教养员—幼稚教师—幼儿园教师
D. 保姆—幼稚教师—教养员—幼儿园教师

2.《幼儿园教师专业标准(试行)》颁布的时间是( )。
A. 2012年10月 B. 2012年6月
C. 2012年2月 D. 2012年7月

二、简答题

1. 幼儿园教师的职业特点是什么?
2. 幼儿园教师应该承担怎样的角色?
3. 幼儿园教师专业标准包含哪些基本内容?
4. 幼儿园教师应该遵守哪些职业道德?
5. 幼儿园教师的专业理念体现在哪些方面?
6. 幼儿园教师应该具备哪些专业能力?

---

① 傅道春主编. 教师的成长与发展. 北京:教育科学出版社,2001:184.
② 王春燕. 直面教师专业成长的基础:实践性智慧. 幼儿教育(教育科学版),2006(3)

三、论述题
试根据幼儿园教师专业标准的基本要求谈谈如何促进幼儿园教师的专业发展。

四、材料分析题
黄老师刚进班,周楷就跑过来说:"老师,我们种的绿豆破皮儿了,上面还有小白点呢!"徐虎也急着问道:"那个小白点是小芽芽吗?"黄一说:"不像,妈妈买来的绿豆芽可比它长。""黄老师,那到底是什么呀?"黄老师没有立刻回答,而是笑着表扬了孩子们的发现,鼓励大家每天都要关注绿豆种子的变化,并把变化过程记录在表中。小朋友们听了马上行动起来,比以前观察的兴趣更高了。

问题:请对黄老师和小朋友的行为进行分析。

五、活动设计题
请根据下面素材设计一节大班美术活动方案,要求写出活动名称、活动目标、活动准备和活动的主要环节。

大班孩子马上要从幼儿园毕业了。近来他们总是讨论幼儿园期间发生的趣事,也在商量着把美丽的幼儿园和幼儿园中发生的故事画下来送给亲爱的老师。班主任陈老师看到后十分感动,专门设计了一节主题为"我和我的幼儿园"的美术活动,想用最简单的方法与孩子们一起留下最美好的回忆。

六、写作题

教师颂
余 羽

为人师表杏坛箴,纸笔粉尘赤子心。
辛苦耕耘培幼蕾,殷勤浇灌育新琛。
青灯夜伴佳文阅,寒露晨陪妙语吟。
字字珠玑织锦绣,经纶满腹化甘霖。

综合上述材料引发的思考和感悟,写一篇不少于800字的议论文。
要求:用规范的现代汉语写作,角度自选,立意自定,标题自拟。

参考文献

[1] 奥地利鲁道夫·斯坦纳. 童年的王国[M]. 潘定凯,译. 深圳:深圳报业集团出版社,2014.
[2] 蔡元培. 蔡元培美学文选[M]. 北京:北京大学出版社,1983.
[3] 蔡迎旗. 学前教育概论[M]. 武汉:华中师范大学出版社,2006.
[4] 陈汉才. 中国古代幼儿教育史[M]. 广州:广东高等教育出版社,1996.
[5] 程妍涛,徐鸿. 幼儿教师专业生活论[M]. 济南:山东人民出版社,2010.
[6] 傅建明. 学前教育学[M]. 北京:中央广播电视大学出版社,2007.
[7] 傅道春. 教师的成长与发展[M]. 北京:教育科学出版社,2001.
[8] 黄人颂. 学前教育学[M]. 北京:人民教育出版社,2000.
[9] 黄晓星. 华德福在中国:迈向个性的教育[M]. 海口:南方出版社,2014.
[10] 杭梅. 幼儿教育学[M]. 北京:高等教育出版社,2009.
[11] 教育部基础教育司. 幼儿园教育指导纲要(试行)解读[M]. 南京:江苏教育出版社,2002.
[12] 教育部教育工作司. 幼儿园教师专业标准(试行)解读[M]. 北京:北京师范大学出版社,2013.
[13] 刘晓东,卢乐珍. 学前教育学[M]. 南京:江苏教育出版社,2009.
[14] 刘晓东. 儿童教育新论[M]. 南京:江苏教育出版社,2008.
[15] 刘铮. 人口学词典[M]. 北京:人民出版社,1986.
[16] 刘炎. 幼儿教育概论[M]. 北京:中国劳动社会保障育出版社,2000.
[17] 刘晶波. 师幼互动行为研究——我在幼儿园里看到了什么[M]. 南京:南京师范大学出版社,1999.
[18] 林怡. 别以为你会爱孩子. 林怡的智慧教养[M]. 北京:中信出版社,2012.
[19] 李生兰. 学前教育学[M]. 上海:华东师范大学出版社,2010.
[20] 李建新. 中国人口结构问题[M]. 北京:中国科学文献出版社,2009.
[21] 梁志燊. 学前教育学. 北京:北京师范大学出版社,2001.
[22] 卢梭. 爱弥尔[M]. 李平沤,译. 北京:商务印书馆,1994.
[23] 王海英. 学前教育社会学[M]. 南京:江苏教育出版社,2009.
[24] 王坤庆. 现代教育哲学[M]. 武汉:华中师范大学出版社,1986.
[25] 万钫. 学前卫生学[M]. 长沙:湖南师范大学出版社,2000.
[26] 虞永平. 学前教育学[M]. 苏州:苏州大学出版社,2001.
[27] 叶澜. 教育概论[M]. 北京:人民教育出版社,1991.
[28] 叶澜. 教师角色与教师专业发展新探[M]. 北京:教育科学出版社,2001.
[29] 岳亚平. 学前教育原理[M]. 北京:高等教育出版社,2014.
[30] 周宗奎. 现代儿童发展心理学[M]. 合肥:安徽人民出版社,1999.
[31] 郑金洲. 教育文化学[M]. 北京:人民教育出版社,2000.
[32] 钟启泉. 现代课程论[M]. 上海:上海教育出版社,2003.
[33] 张燕. 幼儿教师专业发展[M]. 北京:北京师范大学出版社,2006.
[34] 中华人民共和国教育部计划财务司. 中国教育成就——统计资料(1949—1983)[M]. 北京:人民教

育出版社,1984.
- [35]白益民.教师的自我更新:背景、机制与建议[J].华东师范大学学报:教育科学版,2002(4).
- [36]方明,陈厚云.幼儿教育影响长远——介绍美国学前教育长期效果的研究[J].教育科学研究,1995(5).
- [37]冯永刚.游戏在幼儿德育中的价值[J].山东教育,2004(3).
- [38]冯晓霞,朱细文.瑞吉欧教育理念中的儿童与教师[J].学前教育,2000(12).
- [39]费广洪.华德福幼儿教育课程理念及其启示[J].教育理论与实践,2008(10).
- [40]郭冬梅.华德福教育理念对当前幼儿园教学的启示[J].中国校外教育下旬刊,2014(3).
- [41]顾荣芳.论幼儿园教师专业发展的本质[J].幼儿教育,2005(3).
- [42]龚晖,郑蓉,程志宏.瑞吉欧教育体系的理论基础和方案教学[J].早期教育,2005(8).
- [43]龚爱辉.浅谈瑞吉欧幼教模式的基本理念[J].素质教育:教师教育版,2011(8).
- [44]胡敏,毛志燕.华德福教育理念及其启示.学理论,2013(1).
- [45]胡竹箐.中国人个体社会化的几个概念辨析.心理学探新,2011(2).
- [46]卢乐珍.让道德启蒙融入幼儿生活.学前教育研究,2004(9).
- [47]李金,廖琴.华德福教育中的自然元素及其对幼儿园环境设计的启示.特立学刊,2016(4).
- [48]史慧中.中华人民共和国幼儿教育50年大事记.幼儿教育,1999(1).
- [49]杨佳,周红安,杨汉麟.西方儿童观的历史演进[J].合肥师范学院学报,2011(4).
- [50]叶澜.新世纪教师专业素养培养初探[J].教育研究与实验,1998(1).
- [51]张娜.迈向儿童灵性的教育——华德福幼稚园在美国的实践[J].教育导刊,2008(1).
- [52]张俐.保护童年——华德福幼儿教育[J].中华家教,2005(10).
- [53]周欣.儿童数学学习的个别差异和个性化数学教育[J].幼儿教育,2006(7-8).
- [54]国务院.中国儿童发展纲要(2011—2020)[S],2011.
- [55]中华人民共和国国家统计局.2010年第六次全国人口普查主要数据公报(第1号)[S].2011.
- [56]中华人民共和国国家统计局.2015年国民经济和社会发展统计公报[S].2016.